A Z Y L

DIANE ACKERMAN

AZYL

HISTORIA INSPIROWANA PRAWDZIWYMI WYDARZENIAMI

Z angielskiego przełożyła
Olga Zienkiewicz

Świat Książki
wydawnictwo

Tytuł oryginału
The Zookeeper's Wife. A War Story

Wydawca
Magdalena Hildebrand

Redaktor prowadzący
Tomasz Jendryczko

Redakcja
Elżbieta Lewczuk

Korekta
Anna Sidorek
Alicja Chylińska

Świat Książki
Warszawa 2017

Świat Książki Sp. z o.o.
02-103 Warszawa, ul. Hankiewicza 2

Księgarnia internetowa: swiatksiazki.pl

Skład i łamanie
WERS

Druk i oprawa
Pozkal

Dystrybucja
Firma Księgarska Olesiejuk sp. z o.o., sp. j.
05-850 Ożarów Mazowiecki, ul. Poznańska 91
e-mail: hurt@olesiejuk.pl, tel. 22 733 50 10
www.olesiejuk.pl

ISBN 978-83-7943-496-1
Nr 90092511

Antoninie
oraz jej rodzinie – ludzkiej i zwierzęcej

OD AUTORKI

Jan i Antonina Żabińscy byli chrześcijanami i prowadzili ogród zoologiczny. Hitlerowski rasizm budził w nich grozę, ale wykorzystując pośrednio manię nazistów na punkcie rzadkich zwierząt, zdołali kilkudziesięciu ludziom uratować życie. Losy Żabińskich zapisały się niejako między wierszami historii przez duże H, jak to czasami bywa z aktami niezwykłej ofiarności. W okupowanej Polsce czasu wojny nawet podanie spragnionemu Żydowi kubka wody podlegało karze śmierci, tym bardziej ich bohaterstwo zadziwia i zasługuje na upamiętnienie.

Opowiedziałam tę historię, wykorzystując wiele źródeł, które podaję w bibliografii, ale przede wszystkim polegałam na wspomnieniach (spisanych „na podstawie dziennika i luźnych notatek") „żony Noego", pani dyrektorowej w warszawskim ogrodzie zoologicznym, Antoniny Żabińskiej. Książka *Ludzie i zwierzęta* tchnie zmysłowym bogactwem świata przyrody. Czerpałam także z książek Antoniny dla dzieci, takich jak *Życie w zoo*[1], z książek i wspomnień Jana Żabińskiego oraz wywiadów opublikowanych w czasopismach wychodzących po polsku, po hebrajsku i w jidysz. Wszędzie tam, gdzie opisuję wrażenia Antoniny lub Jana słowami „pomyślał", „poczuła", „zastanawiała się", sięgam po cytaty z ich utworów lub wywiadów. Przydały mi się również fotografie rodzinne (stąd moja wiedza o zegarku, który Jan nosił na przegubie lewej ręki, a także o upodobaniu Antoniny do strojów w groszki), rozmowy z synem Żabińskich Ryszardem i wieloma osobami w warszawskim zoo, oraz warszawiankami, rówieśnicami Antoniny, które również działały

5

w podziemiu. W pracy pomogła mi lektura pism Lutza Hecka, zwiedzanie przejmującej ekspozycji w Muzeum Powstania Warszawskiego, Muzeum Holokaustu w Waszyngtonie, odwiedziny w archiwum państwowego Ogrodu Zoologicznego, materiały i dokumenty gromadzone potajemnie w warszawskim getcie przez zespół historyków (przechowane w bańkach po mleku i metalowych skrzynkach), które znajdują się obecnie w Żydowskim Instytucie Historycznym, świadectwa przedstawione izraelskiemu instytutowi Yad Vashem przyznającemu wyjątkowy tytuł Sprawiedliwego wśród Narodów Świata oraz inne relacje zebrane w ramach znakomitego Shoah Project, a także listy, zapiski, pamiętniki, artykuły i dorobek twórczy mieszkańców warszawskiego getta. Naczytałam się o dążeniu narodowego socjalizmu nie tylko do władzy militarnej i dominacji ideologicznej, ale również, z jednej strony, do przeobrażenia światowych ekosystemów poprzez niszczenie flory i fauny (z istotami ludzkimi włącznie) w niektórych krajach, a z drugiej, o dokładaniu wszelkich starań, by chronić zagrożone zwierzęta i ich środowisko, a nawet odtworzyć wymarłe gatunki, jak żubr czy tur. Studiowałam opisy dzikich zwierząt i roślin w Polsce (a poznawanie świata przyrody obfitowało w niespodzianki), polskich obyczajów, polskiej kuchni i folkloru. Ślęczałam nad rozprawami o lekach, naukowcach i broni hitlerowskich Niemiec. Z prawdziwą satysfakcją uczyłam się o chasydyzmie, Kabale i pogańskim mistycyzmie początków XX wieku, o okultystycznym podłożu nazizmu oraz zgłębiałam takie zagadnienia, jak historia społeczna i polityczna Polski czy też wzornictwo abażurów z epoki.

Wiele zawdzięczam mojej nieocenionej konsultantce do spraw polskich, Magdzie Day, która do dwudziestego szóstego roku życia mieszkała w Warszawie, a także jej córce, Agacie Okulicz-Kozaryn. Podczas wizyty w Polsce (tylko jednej) zbierałam wrażenia z Puszczy Białowieskiej, ogrodu zoologicznego w Warszawie i jego okolic, gdzie myszkowałam wokół starej willi i wędrowałam śladami Antoniny po okolicznych ulicach. Szczególne wyrazy wdzięczności należą się byłemu dyrektorowi warszawskiego zoo, dr. Janowi Maciejowi Rembiszewskiemu i jego żonie Ewie Zbonikowskiej za czas wspaniałomyślnie mi poświęcony i za życzliwość, oraz pracownikom zoo za ich znajomość rzeczy, umiejętności i gościnność. Dziękuję również Elizabeth Butler za niezmordowaną i niezawodną pomoc sekretarską.

Z tą historią łączy mnie więź bardzo osobista, co zresztą jest regułą w przypadku tematów moich książek. Moi dziadkowie ze strony matki pochodzili z Polski. W dzieciństwie chłonęłam opowieści o życiu codziennym Łętowni pod Przemyślem, skąd dziadek wyjechał przed drugą wojną światową, a od matki słyszałam o jej niektórych krewnych i znajomych, którzy podczas okupacji ukrywali się lub znaleźli w obozach. Dorastając w małym wiejskim gospodarstwie, dziadek poznał wiele ludowych przypowieści przekazywanych z ust do ust z pokolenia na pokolenie. Była wśród nich jedna o tym, jak w małym objazdowym cyrku zdechł lew. Dyrektor cyrku zaproponował biednemu Żydowi, żeby udawał tego lwa na arenie. Żyd się zgodził, bo bardzo potrzebował pieniędzy. Dyrektor powiedział mu: „Włożysz na siebie lwią skórę i będziesz siedział w klatce, i wszyscy wezmą cię za prawdziwego lwa". Biedak tak też uczynił, mrucząc pod nosem, „czego to ja się w życiu nie imałem", gdy nagle zza pleców dobiegł go jakiś hałas. Obejrzał się i zobaczył drugiego lwa, który wlazł do klatki, pożerając biednego Żyda wzrokiem. Struchlałemu i bezradnemu nie przyszło do głowy nic innego, jak tylko gorliwie zaintonować hebrajską modlitwę. Ledwo jednak wykrzyknął trzęsącym się głosem *Szma Israel...* (Słuchaj, Izraelu), drugi lew podjął recytację słowami *adenoj elohejnu* (Pan nasz Bóg) i oba lwy zgodnie dokończyły modlitwę. Nie miałam wówczas pojęcia, jak ta wymyślona ludowa opowiastka okaże się przedziwnie znacząca w kontekście opowieści całkiem prawdziwej.

ROZDZIAŁ 1

LATO 1935

Kwitnące na ówczesnych peryferiach Warszawy lipy stały skąpane w blasku słońca, którego promienie pięły się po białych ścianach zdobnej stiukami, przeszklonej willi z początku lat trzydziestych. Dyrektor ogrodu zoologicznego i jego żona spali na piętrze, na łożu z brzozowego drewna, używanego do budowy kanoe, produkcji szpatułek i windsorskich krzeseł. Po lewej mieli dwa wysokie okna z parapetem tak szerokim, że można było na nim siedzieć, pod którym tkwił niewielki kaloryfer. Na parkiecie leżały dywaniki w orientalne wzory, a w kącie pokoju królował brzozowy fotel.

Kiedy wietrzyk rozchylił tiulowe firanki na tyle, by do środka dostało się trochę ziarnistego światła niedającego jeszcze cieni, Antonina miała już dzięki ledwo wyłaniającym się z mroku przedmiotom punkt zaczepienia w realnym świecie. Wkrótce zaczną pokrzykiwać gibony, a w następującej zaraz potem kakofonii i umarły oka by nie zmrużył, nie mówiąc o żonie dyrektora zoo. Czekały na nią rozliczne codzienne obowiązki, a znana była z tego, że robota paliła się jej w rękach, czy chodziło o gotowanie, szycie czy malowanie ścian. Ale dyrektorowej nie brakowało także zadań związanych z zoo, czasem niezwykłych (jak uspokajanie malutkiego hieniątka), mobilizujących całą jej wiedzę i wrodzone zdolności.

Jej mąż, Jan Żabiński, wstawał zwykle wcześniej; w spodniach i koszuli schodził na dół, wsunąwszy zegarek na owłosiony nadgarstek lewej ręki. Wysoki i smukły, z wydatnym nosem, ciemnymi oczami i krzepkimi ramionami robotnika przypominał trochę budową swego

9

teścia, Antoniego Erdmana, polskiego inżyniera kolejnictwa, który mieszkał w Petersburgu, choć sprawy zawodowe gnały go po całej Rosji. Ojca Antoniny razem z żoną i wieloma innymi przedstawicielami inteligencji rozstrzelano w początkach rewolucji rosyjskiej 1917 roku, kiedy Antonina miała zaledwie dziewięć lat. I tak jak Antoni, był Jan po trosze inżynierem, chociaż łączył raczej ludzi ze zwierzętami, a także umacniał w ludziach to, co mają wspólnego ze światem natury.

Swoją okoloną wianuszkiem ciemnobrązowych włosów łysinę Jan musiał latem chronić przed spiekotą, a zimą przed mrozem, dlatego na fotografiach robionych na świeżym powietrzu widać go z reguły w miękkim, filcowym kapeluszu, nadającym mu wygląd człowieka konkretnego i zajętego. Na niektórych zdjęciach we wnętrzach uchwycono go przy biurku lub w studiu radiowym – sprawia na nich wrażenie człowieka drażliwego. Na jego twarzy nawet świeżo po goleniu kładł się cień mocnego zarostu, szczególnie w rowku między nosem a ustami. A pięknego wykroju pełnej górnej wargi mogła mu pozazdrościć niejedna kobieta, bez pomocy konturówki niemająca szans na tak idealne „serduszko”, zresztą jedyny kobiecy rys w wyglądzie Jana.

Po śmierci rodziców ciotka posłała Antoninę do klasy fortepianu w miejskim konserwatorium i do szkoły w Taszkiencie, którą ukończyła w wieku piętnastu lat. Przed upływem roku przeniosły się do Warszawy, a Antonina podjęła naukę języków obcych, rysunku i malarstwa. Zajmowała się trochę nauczaniem, zdała egzamin na archiwistkę i pracowała w warszawskiej Szkole Głównej Gospodarstwa Wiejskiego, gdzie poznała Jana, starszego od niej o jedenaście lat zoologa, który studiował rysunek i malarstwo na Akademii Sztuk Pięknych i z którym łączyło ją zamiłowanie zarówno do zwierząt, jak i do sztuki animalistycznej. Kiedy w 1929 roku zwolniło się stanowisko dyrektora ogrodu zoologicznego (dyrektor założyciel zmarł po dwóch latach od jego objęcia), Jan i Antonina z radością skorzystali z propozycji zamieszkania wśród zwierząt i rozwijania nowego zoo. W 1931 roku pobrali się i przeprowadzili na drugi, ten gorszy brzeg Wisły, czyli na Pragę, która wówczas była dzielnicą przemysłową, ale oddaloną tylko o piętnaście minut tramwajem od Śródmieścia, a której charakteru przydawała własna gwara.

W dawnych czasach ogrody zoologiczne były własnością prywatną. Każdy mógł sobie założyć gabinet osobliwości, ale hodowanie krokodyli, wielkich żółwi, potężnych nosorożców czy rzadkich orłów wymagało środków, a także odrobiny szaleństwa i było powodem do dumy. W XVII wieku król Jan III Sobieski trzymał na dworze wiele egzotycznych zwierząt, a magnaci niekiedy popisywali się bogactwem, zakładając w swoich dobrach menażerie.

Polscy naukowcy od lat marzyli o dużym stołecznym zoo na europejską miarę, szczególnie na miarę ogrodów w Niemczech, słynnych na cały świat. Dzieciaki też domagały się zoologu. Częścią europejskiej kultury są niezliczone bajki, w których występują mówiące ludzkim głosem zwierzęta – czasem bardzo przypominające te prawdziwe, a czasem będące uroczym wymysłem. Działają na dziecięcą wyobraźnię, a dorosłych przenoszą w ukochane lasy i łąki dzieciństwa. Antonina cieszyła się, że jej zoo ma do pokazania całą masę legendarnych stworzeń jak żywcem wyjętych z kart książek, a ludzie mogą spotkać się oko w oko z dzikimi bestiami. Mało kto będzie miał w życiu okazję, by na własne oczy zobaczyć żywego pingwina, który zjeżdża na brzuchu z nadmorskiego pagórka do wody, albo igłozwierza z Gór Skalistych, zwijającego się w kulę jak gigantyczna szyszka. Antonina wierzyła, że obejrzenie ich w zoo poszerza ludziom horyzonty, a myśleniu o przyrodzie nadaje bardziej osobisty wymiar, kiedy poznajemy obyczaje zwierząt i ich imiona. To prawdziwa dzika natura, tyle że groźna bestia znalazła się w klatce i dała oswoić.

O świcie, z nadejściem kolejnego zoologicznego ranka, szpak wyśpiewywał wiązankę podkradzionych melodyjek, gdzieś z dala dorzucały kilka skrzekliwych arpedżiów strzyżyki, a kukułki nawoływały monotonnie jak ścienny zegar, który się zaciął na jednej godzinie. Nagle odzywały się gibony, które wydzierały się tak głośno, że wilki i likaony zaczynały szczekać, hieny chichotać, lwy porykiwać, kruki krakać, pawie krzyczeć, nosorożec prychać, lisy skowytać, hipopotamy dudnić. Potem gibony rozpoczynały występy w duetach, przy czym samce przeplatały wrzaski cichymi popiskiwaniami, a samice buczały grubo, swoim „wielkim wołaniem". W zoo mieszkało kilkanaście gibonów dobranych w stadła, a te zapamiętale odśpiewują swoje kurtuazyjne pieśni, uwertury, kody, interludia, duety i solówki. Antonina i Jan nauczyli się żyć wedle pór roku bardziej niż według formalnego kalendarza. Jak większość istot swego gatunku kierowali się zegarem, ale ich rutynowe zajęcia nigdy nie były do końca rutyną, skoro składały się na nią dwie równoległe rzeczywistości, jedna dostosowana do zwierząt i ta druga, typowo ludzka. Kiedy ze sobą kolidowały, to Jan wracał do domu bardzo późno albo Antonina zrywała się w środku nocy, żeby, na przykład, odbierać poród żyrafy (ryzykowna operacja, bo matka rodzi na stojąco, małe wypada główką w dół, a poza tym żyrafa nie życzy sobie żadnej pomocy). Dzięki temu właściwie codziennie można się było spodziewać urozmaiceń, a choć kosztowały sporo trudu i nerwów, to jednak naznaczały życie Antoniny wieloma miłymi niespodziankami.

Z sypialni Antoniny na piętrze szklane drzwi balkonowe prowadziły na szeroki taras z tyłu domu, na który można było wejść ze wszystkich trzech sypialni i z wąskiego schowka zwanego przez nich stryszkiem. Z tarasu rozciągał się widok na strzeliste tuje i bzy posadzone pod sześcioma wysokimi oknami pokoju dziennego, do którego podmuch znad rzeki przywiewał zapachy. Późną wiosną wiatr kołysał liliowymi kiśćmi bzu jak kadzielnicami, a słodki odurzający aromat napływał falami, w przerwach dając odetchnąć powonieniu. Z tarasu wdycha się powietrze na wysokości koron miłorzębów i świerków, a człowiek czuje się jak istota żyjąca pod sklepieniem drzew i nieba. O brzasku tysiące wilgotnych kryształków zdobi jałowiec, po którym wzrok prześlizguje się w stronę ociężałych gałęzi dębu, za bażanciarnię, do głównej bramy zoo od Ratuszowej pięćdziesiąt metrów dalej. Kiedy jest ciepło, a wokół unosi się usypiająca, miodowa woń kwitnących żółtawo lip i brzęczenie niezliczonych pszczół, warszawiacy często zażywają przechadzki po drugiej stronie ulicy, w parku Praskim.

Przyjęło się, że lipy szczególnie oddają klimat lata, którego najważniejszy miesiąc bierze od nich nazwę. W Warszawie lipy zdobią parki, cmentarze i place; całe ich szpalery w hełmach z gęstego listowia stoją wzdłuż eleganckich alei. Do lip ciągną pszczoły, boże służki darzone szacunkiem za miód i za wosk na kościelne gromnice – dlatego tak często sadzono lipy przy kościołach. Miód był cenny; na początku XV wieku mazowieckim wieśniakom groziła kara śmierci za jego kradzież lub zniszczenie barci.

Za czasów Antoniny pszczoły nie budziły już tak gwałtownych emocji, ale nadal chętnie je hodowano. Jan także trzymał na skraju zoo kilka uli, przycupniętych razem jak plemienne chaty. Polskie gospodynie słodziły miodem kawę, robiły z niego krupnik (gorąca wódka z miodem) i piekły pierniki albo pierniczki. Napar z lipy pijało się na przeziębienie albo uspokojenie. Tego lata w drodze na przystanek, do kościoła czy na targ, Antonina chodziła parkowymi korytarzami gęstymi od zapachu lip.

Po drugiej stronie rzeki linia zabudowań Starego Miasta wyłaniała się z porannej mgiełki jak tekst pisany atramentem sympatycznym – najpierw same dachy, z wytłaczanymi dachówkami nachodzącymi na siebie jak gołębie pióra, potem rzędy turkusowych, różowych, żółtych, czerwonych, rudych i płowych domów ciągnących się wzdłuż brukowanych kocimi łbami uliczek prowadzących do staromiejskiego Rynku. W latach trzydziestych ubiegłego wieku na Pradze działało targowisko w pobliżu fabryki wódek na Ząbkowskiej, zaprojektowanej na podobieństwo średniowiecznego zamku. Znacznie więcej z kolorowego jarmarku miało jednak Stare Miasto, gdzie pod żółtymi i płowymi markizami w dziesiątkach kramów handlowano różnościami, od wyrobów rzemiosła po żywność, w witrynach sklepów wystawiano bursztyn, a szkolona papuga za parę groszy wybierała ze słoika świstek papieru z wróżbą.

Tuż za Starym Miastem rozciągała się duża dzielnica żydowska, z plątaniną uliczek pełnych kobiet w perukach i pejsatych mężczyzn. Jej swoisty klimat tworzyły religijne pląsy, mieszanina dialektów i zapachów, biedne sklepiczki, farbowane jedwabie. Na płaskich dachach budynków żeliwne balkony piętrzyły się jeden nad drugim jak loże w operze, z tą tylko różnicą, że zamiast ludzi wychylały się z nich rosnące w doniczkach pomidory lub kwiaty. Można tu było także dostać szczególny rodzaj pierogów – ciągliwe *kreplech* wielkości pięści, nadziewane duszonym mięsem z przyprawami i cebulą, następnie gotowane, pieczone, a potem jeszcze podsmażane, aż stawały się połyskliwe i chrupiące, twarde jak bajgle.

Ta dzielnica była tętniącym życiem sercem wschodnioeuropejskiej kultury żydowskiej, którą tworzyły teatr i film, prasa, artyści i wydawnictwa, ruchy polityczne, kluby sportowe i literackie. Przez wieki Polska oferowała bezpieczne schronienie Żydom uciekającym przed prześladowaniami w Anglii, Francji, Niemczech i Hiszpanii. Na niektórych monetach bitych w Polsce w XII wieku widnieją nawet hebrajskie napisy, a wedle jednej z legend żydowska nazwa kraju, *Polin*, pochodzi od słów *po lin*, czyli „spocznij tu". Niemniej w Warszawie XX wieku, mieście liczącym 1,3 miliona mieszkańców, w jednej trzeciej Żydów, panowała atmosfera antysemityzmu. Większość Żydów skupiła się w swojej dzielnicy, zachowując odmienny ubiór, język i kulturę, niektórzy nie znali nawet polskiego, ale *część* mieszkała w wytworniejszych miejscach, jak miasto długie i szerokie.

W letnie poranki Antonina stawała przy szerokiej, płaskiej u góry balustradzie tarasu z morelowych płytek, rękawami czerwonego szlafroka zgarniając z ich chłodnej powierzchni rosę. Nie wszystkie wycia, skomlenia, wrzaski i tupoty dochodziły z oddali – niektóre wydobywały się z podziemnych trzewi samej willi, inne dobiegały z ganku, tarasu czy strychu. Żabińscy przygarniali pod swój dach osierocone noworodki lub zwierzęta chore, nie mówiąc o zwykłych domowych ulubieńcach. Do obowiązków Antoniny należało karmienie i oporządzanie lokatorów, o co podopieczni hałaśliwie się dopominali.

W willi nie mieli zakazu wstępu nawet do salonu. Pejzaże za szybami sześciu wysokich okien można by wziąć za obrazy, toteż w wąskim, podługowatym pokoju dziennym granice między tym, co w środku, a tym, co na dworze, łatwo się zacierały. Naprzeciwko okien na półkach długiego drewnianego regału leżała masa książek, prasy, gniazd, piór, małych czaszek, jajek, rogów i wiele innych dziwnych przedmiotów. Na dywanie w perskie wzory stał fortepian obok foteli usłanych czerwonymi poduszkami. W najdalszym i najcieplejszym kącie znajdował się obłożony ciemnobrązowymi kafelkami piec, a nad nim królowała wypłowiała od słońca czaszka żubra. Fotele stały pod oknami, przez które wpadało popołudniowe światło.

Pewien dziennikarz przeprowadzający z Janem wywiad zdumiał się na widok dwóch kotów, które wkroczyły do salonu, jeden z zabandażowaną łapą, drugi – ogonem. Za nimi wmaszerowała papuga w metalowym kołnierzu, a potem przykuśtykał kruk ze złamanym skrzydłem. W willi roiło się od zwierzaków, co Jan tłumaczył po prostu: „Nie wystarczy badać zwierząt z bezpiecznej odległości – trzeba z nimi mieszkać, żeby naprawdę poznać ich obyczaje i psychologię". Podczas codziennych objazdów zoo za rowerem Jana kłusował chwiejnie duży łoś o imieniu Adam, nieodłączny towarzysz.

Miało w sobie coś z czarnoksięstwa życie w intymnej bliskości z takimi stworzeniami jak lwiątko, wilcze szczenię, małpiątko czy orlątko, gdy zwierzęce wonie, chroboty i odgłosy mieszały się z zapachami ludzkiego ciała i kuchni, z ludzkim śmiechem i gwarem w rodzinnej atmosferze wspólnego legowiska. Na początku nowi domownicy trzymali się swoich dotychczasowych pór snu i karmienia, ale stopniowo zwierzęta dostosowywały się do siebie nawzajem, żyjąc podobnym rytmem. Nie dotyczyło to jednak oddychania, tak że nocą z ich posapywań i pochrapywań powstawała zoologiczna kantata, której takty trudno by odmierzyć.

Antonina była zafascynowana sposobem zmysłowego odbierania świata przez zwierzęta. Razem z Janem szybko się nauczyli spowalniać swoje ruchy przy drapieżnikach. Wielkie koty, którym blisko osadzone oczy szalenie ograniczają postrzeganie głębi, łatwo wyprowadzić z równowagi gwałtownym gestem, stojąc o krok czy dwa od nich. Dla odmiany zwierzęta łowne, na przykład jelenie, mogą się pochwalić bardzo szerokim polem widzenia (żeby zauważyć w porę drapieżców podkradających się do nich od tyłu czy z boku), ale za to z byle powodu wpadają w panikę. Okulały orlik grubodzioby, trzymany na uwięzi w piwnicy, to właściwie para teleskopowych oczu i skrzydeł. Hieniątka widziały Antoninę nawet w zupełnej ciemności. Inne zwierzęta wyczuwały jej zapach, gdy się zbliżała, lub lekkie drgania desek pod jej stopami, słyszały najcichszy szelest jej sukni, umiały nawet wychwycić ruch powietrza wywołany jej ruchem. Żabińska zazdrościła im tych cudownie wysublimowanych zmysłów; człowiek obdarzony takimi zwyczajnymi zwierzęcymi umiejętnościami zyskałby w oczach Europejczyków miano czarodzieja.

Antonina uwielbiała wyślizgnąć się na chwilę ze swej ludzkiej skóry, by spojrzeć na świat oczami tego czy innego zwierzaka, i często zapisywała obserwacje czynione z takiego punktu widzenia, intuicyjnie domyślając się trosk i umiejętności swych podopiecznych, łącznie z tym, jak widzą, słyszą, czują, czego się boją, a co zapamiętują. Kiedy wkraczała w domenę ich postrzegania, dochodziło do swoistej zamiany wrażliwości i jak małe rysiczki, które wykarmiła, podpatrywała dziwny świat głośnych, górujących nad nimi istot, które miały:

„nogi mniejsze i większe, obute w miękkie pantofle i skórzane, twarde trzewiki, ciche i głośne, o obojętnym zapachu materiału i mocnej, drażniącej woni pasty. Sukienne pantofle chodziły spokojnie, miękko i lekko: nie potrącały przedmiotów, nie robiły hałasu w pokoju... Rozlegało się ciche wabienie: Ki-ci! ki-ci!... W szparce za szafą lub pod stołem ukazywała się nowa istota – głowa o puszystej, żółtawej grzywie i oczy patrzące przez szklane szybki okularów... Dość prędko nauczyły się kojarzyć sukienne pantofle z włochatym szlafrokiem, puszystą głową i cienkim głosem".

Chętna do takiego porzucania ludzkiej skóry, dostrajania swoich zmysłów do ich zmysłów, Antonina zajmowała się swoimi podopiecznymi z życzliwym zainteresowaniem, a coś w jej nastawieniu działało na nie uspokajająco. Swoją niesamowitą zdolnością poskramiania najkrnąbrniejszych zwierząt zaskarbiła sobie szacunek zarówno dozorców w zoo, jak i męża, który co prawda wierzył w naukowe wytłumaczenie tego zjawiska, niemniej uważał je za dziwne i tajemnicze. Naukowiec do szpiku kości, Jan przyznawał Antoninie zdolność wysyłania „metafizycznych fal", niemal szamańskiej empatii w stosunku do zwierząt: „ma niesłychanie cienką skórę... trafnie odgaduje, co tkwi we wnętrzu jej zwierzęcych przyjaciół... nie robi ze zwierząt ludzi, raczej sama zatraca właściwości homo sapiens i przemienia się [w nie]... Ma wrodzony dar czynienia nad zwierzętami bystrych, wręcz precyzyjnych obserwacji i wyjątkowo... umie trafić w sedno... posługuje się szóstym zmysłem... od wczesnego dzieciństwa". W kuchni co rano Antonina nalewała sobie szklankę herbaty i brała się do wyparzania butelek ze smoczkami do karmienia najmłodszych domowników. W ten sposób udało jej się wychować dwie małe rysiczki z puszczy białowieskiej, które trafiły w jej opiekuńcze ręce latem 1931 roku.

Rozpościerająca się na pograniczu polsko-białoruskim Białowieża służyła jako miejsce łowów królom i carom (którzy postawili tu elegancki pałacyk), ale za czasów Antoniny znalazła się już we władaniu naukowców, polityków i kłusowników. Największe zwierzęta lądowe Europy, żubry, toczyły tu swoje boje, a ich wyginięcie w puszczy pobudziło w dużej mierze ruch ochrony przyrody w Polsce. Antonina, dwujęzyczna Polka urodzona w Rosji, czuła się jak u siebie w tej zielonej enklawie, gdzie mogła przechadzać się w cieniu drzew liczących po pięćset lat, zewsząd otoczona nieprzeniknioną knieją, otulona nią jak kołdrą. Połacie dziewiczego boru wzięto pod ochronę, tworząc nienaruszalne królestwo, które nawet samoloty omijały na swoich trasach, by nie płoszyć zwierzyny ani nie skazić roślinności. Spozierającemu w niebo spod otwartych koron drzew obserwatorowi mogły tylko mignąć z daleka jak malutkie, bezgłośne ptaki.

Pomimo zakazu w Białowieży wciąż polowano, niekiedy osierocone młode trafiały do zoo w skrzynce z napisem „żywe zwierzę". Zoo było dla nich ratunkiem, więc przez kwiecień, maj i czerwiec, okres rozrodu, Antonina wciąż się spodziewała ładunku, z którym trzeba się było obchodzić jak z jajkiem, przestrzegając specyficznych wymagań w kwestii diety i obyczajów. Miesięczne wilcze szczenię żyłoby, w normalnych warunkach, pod opieką matki i innych członków rodziny do wieku dwu lat. Czyściutki, towarzyski borsunio dobrze znosił długie spacery i posiłki złożone z owadów i zielska. Prążkowane warchlaczki doceniały wszelkie kuchenne resztki. Jelonek jadł z butelki do połowy zimy, a na parkiecie nogi mu się rozjeżdżały na wszystkie strony.

Do ulubieńców Antoniny należały Tofi i Tufa, trzytygodniowe rysiczki, które trzeba było karmić z butelki przez pół roku, choć jeszcze przez co najmniej następne pół nie osiągnęły samodzielności (a i potem lubiły spacery na smyczy najruchliwszymi ulicami Pragi, ku osłupieniu przechodniów). Ponieważ rysie są w Europie wielką rzadkością, Jan osobiście pojechał po kociaki do Białowieży, a Antonina podjęła się wychować je w domu.

Kiedy Jan zajechał taksówką pod bramę główną zoo pewnego letniego wieczora, strażnik wybiegł mu naprzeciw, by pomóc wyładować niedużą drewnianą skrzynkę i zanieść ją do willi, gdzie Antonina czekała jak na szpilkach z podgrzaną mieszanką, wysterylizowanymi butelkami i smoczkami. Po uniesieniu wieka wbiły w nich gniewny wzrok dwa malutkie, nakrapiane kłębki futra, które wściekle sycząc, gryzły i drapały przy każdej próbie wyjęcia ich ze skrzynki.

– One się boją ludzkich rąk z ruchomymi palcami – zasugerowała cicho Antonina. – I naszej głośnej rozmowy, i ostrego światła lampy.

Kocięta drżały, „ledwie żywe z przerażenia", zapisała w swoim dzienniku Żabińska. Delikatnie chwyciła za rozgrzany fałd futra na karku, a rysiątko bez protestu dało się podnieść ze ściółki, zwisając bezwładnie. Wzięła więc i drugie.

„Rysięta lubiły ten dotyk i chwyt palców. Być może ich skóra pamiętała jeszcze szczęki matki, która w ten sposób przenosiła je z miejsca na miejsce".

Kiedy Antonina postawiła rysiątka na podłodze w jadalni, smyrgnęły zaraz w różne strony, badając przez parę chwil nieznany i śliski teren, a potem schowały się pod szafą, jak pod skalnym nawisem, wciskając się w najciemniejszy zakamarek.

W 1932 roku urodził się syn Żabińskich, Ryszard, czyli Rysio. Nie będąc członkiem „czworonożnej, puchatej lub skrzydlatej" załogi zoo, dołączył do grona domowników jako jeszcze jedno rozbrykane szczenię – gaworząc i czepiając się wszystkiego jak małpka, ganiając na czworakach jak niedźwiedź, jaśniejszy zimą i ciemniejszy latem jak wilk. W jednej ze swoich książek dla dzieci Żabińska opisała odbywającą się w tym samym czasie naukę chodzenia trojga domowników: syna, lwa i szympansa. Z zachwytem odnosząc się do wszystkich młodych ssaków, od nosorożca do oposa, sprawowała władzę jak królowa matka i opiekunka innych matek. Nic szczególnie zaskakującego w mieście, którego symbolem już w XV wieku była na dokumentach, a od XVIII oficjalnie jest pół kobieta, pół ryba, czyli Syrenka z mieczem. A zoo szybko stało się jej „zielonym królestwem zwierząt na prawym brzegu Wisły", hałaśliwym rajskim ogrodem w pejzażu częściowo miejskim, częściowo parkowym.

ROZDZIAŁ 2

„Adolfa trzeba powstrzymać" – stwierdził stanowczo jeden z dozorców. Jan wiedział, że nie chodzi mu o Hitlera, tylko „Adolfa kidnapera", stojącego na czele gromady rezusów i prowodyra akcji przeciw najstarszej samicy, Marcie, której syna wykradł i oddał swojej ulubionej partnerce, Nelly, mającej już jedno własne dziecko. To nie w porządku. „Każda z matek powinna przecież karmić własne dziecko, niesłusznie więc było, aby Nelly szczyciła się dwojaczkami, a Marta nie mogła się wykazać żadnym potomkiem".

Inni dozorcy przedstawiali bieżące informacje o stanie zdrowia najbardziej znanych okazów, jak żyrafa Róża, likaon Mary czy źrebak Sahib, pieszczoszek całego zoo, „raczkujący już w zagrodzie koni Przewalskiego". Słoniom wyskakuje czasami na trąbach opryszczka, a w warunkach niewoli łatwo może dojść do zakażeń ptasim retrowirusem czy chorobą taką jak gruźlica między człowiekiem a papugami, słoniami, gepardami czy innymi zwierzętami, i to w obydwie strony, co zwłaszcza przed wynalezieniem antybiotyków, czyli za czasów Jana, w razie każdej poważniejszej infekcji groziło zdziesiątkowaniem populacji, czy to zwierzęcej, czy ludzkiej. Aby temu zapobiec, wzywano weterynarza, doktora Łopatyńskiego, który przybywał zawsze na charczącym motocyklu, zarumieniony od wiatru, przyodziany w skórzaną kurtkę, wielką czapkę z długimi, powiewającymi nausznikami i w binoklach na czubku nosa.

O czym jeszcze rozmawiano na codziennych naradach? Na starej fotografii Jan stoi przy dużym, rozkopanym basenie dla hipopotamów, częściowo obudowanym potężnymi, drewnianymi wręgami, jakich używa się do budowy kadłubów statków. Sądząc z roślinności stanowiącej tło zdjęcia, zrobiono je latem, a zatem z wszelkimi pracami w wykopie trzeba było zdążyć przed zamarznięciem gruntu, co w Polsce może nastąpić już w październiku. Można zatem przypuszczać, że Jan domagał się informacji o postępie robót i popędzał majstra. Kolejnym problemem były kradzieże, a ponieważ handel egzotycznymi zwierzętami był na porządku dziennym, zoo patrolowali dniem i nocą uzbrojeni strażnicy[1].

Wielka wizja zoo przebija z wielu książek i audycji Jana. Liczył na to, że warszawskie zoo pewnego dnia zacznie do złudzenia przypominać naturalne środowiska jego mieszkańców, a gatunki sobie wrogie będą w nim pokojowo współistnieć. Ten miraż pierwotnego rozbrojenia wymagał zdobycia całych hektarów ziemi, wykopania połączonych rowów i zainstalowania zróżnicowanej sieci wodno-kanalizacyjnej. Jan przymierzał się do stworzenia zoo na światowym poziomie, ściśle splecionego z życiem Warszawy, zarówno towarzyskim jak i kulturalnym, a nawet rozważał dodanie do niego wesołego miasteczka.

Głównym zadaniem każdego zoo, czy to staroświeckiego, czy nowoczesnego, jest utrzymanie zwierząt w zdrowiu fizycznym i psychicznym oraz, nade wszystko, w bezpiecznym zamknięciu. Jak świat światem, ogrody zoologiczne musiały sobie radzić z istnymi artystami ucieczek, takimi jak rączonogie źrebaki nerwowych koziołków skalnych, które w mgnieniu oka potrafią przeskoczyć nad głową człowieka i wylądować na skalnym występie wielkości chusteczki do nosa. Te silne i przysadziste antylopki z wygiętym grzbietem ważą niecałe dwadzieścia kilo, a skaczą na czubkach pionowych kopytek ze zręcznością baletnic tańczących na puentach. Spłoszone brykają po całym wybiegu i mogą przeskoczyć ogrodzenie, a ponadto, jak wszystkie antylopy, dają ogromne susy jak na sprężynach. Jak wieść gminna niesie, w 1919 roku pewien Birmańczyk wpadł na pomysł wynalazku, który umożliwiałby człowiekowi poruszanie się w zbliżony sposób[2]. Był to rodzaj sprężynującego drążka, dzięki któremu córka wynalazcy, Pogo, miała przeskakiwać kałuże w drodze do szkoły.

W naszych czasach, po wypadku z jaguarem, któremu niemal się udało pokonać fosę w warszawskim zoo, dr Rembiszewski zainstalował płot pod napięciem, podobny do tych, jakimi rolnicy grodzą pola, żeby nie wchodziły na nie dzikie zwierzęta, tylko znacznie wyższy. Jan również korzystał z elektrycznych pastuchów, być może omawiał ich efektywność z uwzględnieniem rozkładu wybiegu dla wielkich kotów.

Codziennie po śniadaniu Antonina szła do budynku biurowego, żeby pełnić honory pani domu, ponieważ poza prowadzeniem gospodarstwa i pielęgnowaniem chorych zwierzaków występowała także w roli przewodniczki różnych osobistości z kraju i zagranicy lub udzielała informacji dziennikarzom i urzędnikom państwowym. Umilała im wizytę opowiadaniem anegdotek i ciekawostek, które czerpała z książek, opowieści Jana lub własnych doświadczeń. Spacerując po zoo, mogła pokazać gościom zakątki przypominające miniaturowe mokradła, pustynie, lasy, łąki czy sawanny. Jedne miejsca pozostawały ocienione, inne tonęły w blasku słońca, a rozmieszczone zgodnie z przemyślanym planem drzewa, krzewy i skałki osłaniały przed mroźnymi zimowymi wichurami, które zrywały czasami dach ze stajni.

Zwiedzanie zaczynało się od bramy głównej przy Ratuszowej, u szczytu długiej prostej alei, do której przylegały wybiegi, z przyciągającą od razu wzrok różową sadzawką pełną ruchliwych flamingów, z dziobami zamkniętymi jak czarne portmonetki, taplających się w płytkiej wodzie na czerwonych, wygiętych w kolanach w odwrotną stronę nogach[3]. Nie tak jaskrawo upierzone jak flamingi kubańskie, które zawdzięczają umaszczenie figurującym w ich jadłospisie skorupiakom, nadawały się jednak na atrakcyjnych odźwiernych ogrodu, a ponadto z ich grona dobiegały najrozmaitsze pokrakiwania, gulgoty i chrapliwe zawodzenia. Nieopodal mieszkało w klatkach ptactwo ze wszystkich stron świata: hałaśliwe i barwne egzotyczne okazy jak ara, majna, marabut czy żuraw koroniasty sąsiadowały z rodzimymi gatunkami, malutką sóweczką czy wielkim puchaczem, zdolnym unieść w szponach żywego królika.

Pawie i sarny mogły włóczyć się po zoo bez żadnych ograniczeń, choć z reguły oddalały się truchtem od nadchodzących ludzi, jak odpychane niewidzialną falą. Na szczycie pagórka, gotowa do ataku, wygrzewała się w słońcu gepardzica, od czasu do czasu zamierając na widok wolno przemieszczającego się jelonka czy pawia. Wprawdzie ta mająca swobodę ruchów zdobycz na pewno ogromnie denerwowała drapieżniki, ale zarazem pobudzała zmysły i przypominała o ich dzikiej naturze. Czarne łabędzie, pelikany i inne ptaki bagienne i wodne pływały lub brodziły po stawie w kształcie smoka. Po lewej na otwartych wybiegach pasły się żubry, antylopy, zebry, strusie i wielbłądy. Po prawej można było podziwiać tygrysy, lwy i hipopotamy. Dalej żwirowa alejka zakręcała wokół zagrody żyraf i wiodła obok pomieszczenia gadów, słoni, małp, fok i niedźwiedzi. W pobliżu między drzewami kryła się dyrektorska willa, w zasięgu pohukiwań z ptaszarni, a tuż przed zagrodą szympansów położoną na wschód od pingwinów.

W stepowych siedliskach żyły dzikie afrykańskie psy, likaony długonogie, węszące podejrzliwie i nastawiające wielkie sterczące uszy, zawsze w ruchu. Ich łacińska nazwa Lycaon pictus (pies malowany) nawiązuje do urody futra, w nieregularne, czarne, żółte i rude łaty, nie zdradza natomiast ich zajadłości ani wytrzymałości; potrafią kilometrami ciągnąć wierzgającą zebrę lub ścigać antylopę. Posiadając pierwsze ich okazy w Europie, warszawskie zoo miało się czym szczycić, nawet jeśli afrykańscy farmerzy uważali je za dokuczliwe szkodniki. W Warszawie podziwiano je jak gwiazdy estrady, z efektownym, niepowtarzalnym umaszczeniem, a przed ich wybiegiem zawsze gromadził się tłumek gapiów. W warszawskim zoo przyszła również na świat pierwsza urodzona w niewoli zebra Grevy'ego, której matka pochodziła z Abisynii. Na pierwszy rzut oka wygląda jak każda inna zebra z podręcznika do przyrody, choć jest od niej wyższa, bardziej prążkowana, a jej węższe paski układają się pionowo na tułowiu i poziomo na nogach aż po same kopyta.

No i była jeszcze Tuzinka, cała porośnięta niemowlęcym meszkiem, dwunaste słoniątko urodzone do tamtej pory w niewoli, czemu zresztą zawdzięczała imię. Antonina odbierała ten poród o 3.30 nad ranem w chłodną kwietniową noc. W swoim dzienniczku porównała Tuzinkę do „ogromnego tobołka", największego zwierzęcego noworodka, jakiego kiedykolwiek widziała, o wadze około 120 kilo, wysokiego na prawie metr, z niebieskimi oczami i czarną grzywką, wielkimi uszami w kształcie płatków bratka i przydługim w stosunku do ciała ogonkiem – chwiejące się na nogach, oszołomione dziecko wrzucone w wir życiowych wrażeń. W błękitnych oczach błyskało to samo zdumienie, które Antonina widywała w oczach innych zwierzęcych noworodków – wytrzeszczonych, zafascynowanych, ale i ogłupiałych od nadmiaru światła i gwaru. Tuzinka ssała swoją matkę uginając tylne nogi i zadzierając wysoko miękki pysk. Widać było po jej oczach, że świat poza tym strumieniem ciepłego mleka i krzepiącym dudnieniem matczynego serca przestawał dla niej istnieć. W tej właśnie pozie uchwycił ją w 1937 roku fotograf, którego dzieło w postaci czarno-białej pocztówki cieszyło się, obok szmacianych słoników, dużym powodzeniem jako pamiątka z Warszawy. Na starych zdjęciach widać tłum zachwyconych zwiedzających, którzy chcieli pogłaskać Tuzinkę i jej matkę Kasię, wyciągające ku nim trąby z drugiej strony niewielkiej, najeżonej metalowymi kolcami fosy. Ponieważ słonie nie skaczą, uwięzłyby w rowie prawie dwumetrowej głębokości, szerokim na kolejne dwa metry u góry i zwężającym się na dole, pod warunkiem oczywiście, że nie zasypią go ziemią i błotem i nie przemaszerują wierzchem, jak to niektórym się udawało.

Na zapachowy krajobraz zoo składały się rozliczne zwierzęce wonie, jedne delikatne, a inne przyprawiające w pierwszym odruchu niemal o mdłości. Szczególne znaki pozostawiają samce hien, które wypychają na zewnątrz gruczoł koło odbytu i sączą z niego smrodliwą wydzielinę znaną fachowcom jako „hienie masełko". Każdy pozostawiony ślad śmierdzi znacząco co najmniej miesiąc, a dorosły samiec „maluje" około stu pięćdziesięciu takich znaków na rok. Następnie hipopotam, sygnalizujący swoje panowanie popisem defekacji z jednoczesnym wprawianiem ogonka w szybki ruch obrotowy w celu rozrzucenia łajna najdalej jak się da. Samce wołów piżmowych zazwyczaj spryskują się własnym moczem, a lwom morskim śmierdzi z pyska na metr, z powodu gnijących między zębami resztek pożywienia. Kakapo, nocna, nielotna papuga z niezwykłymi białymi oczami i pomarańczowym dziobem, pachnie jak stary futerał na klarnet. W okresie godowym słoniom samcom cieknie z małych gruczołów koło oczu bardzo aromatyczna, słodkawa wydzielina. Grzebieniaste pióra alki pachną mandarynkami, zwłaszcza w porze godów, kiedy wdzięczące się ptaki wsuwają sobie nawzajem dzioby w wonne kryzy z piór na szyjach. Wszystkie zwierzęta nadają sygnały zapachowe równie wyraźne i specyficzne jak ich głosy. Antonina wkrótce przywykła do ciężkiej aury tych komunikatów, zawierających ostrzeżenie, zaproszenie lub najnowsze wiadomości.

Żabińska wierzyła, że ludzie powinni bardziej się kontaktować ze zwierzęcą stroną swojej natury, ale sądziła też, że i zwierzęta „szukają opieki i bliskości człowieka" z odwzajemnioną w pewnym sensie tęsknotą. Wyobraźnia prowadziła ją do krainy bezwzględnej walki, w której rodzice znikają na zawsze. Grając w przewracanego berka z małymi rysiczkami, karmiąc je z ręki, dając się im lizać po palcach szorstkimi, ciepłymi językami i ubijać łapami legowisko na jej podołku, Antonina czuła, jak ociepla się przestrzeń między dzikim a oswojonym, a jej własna więź z ogrodem zoologicznym umacnia się, by „trwać zawsze".

Żabińska otwierała przed swoimi gośćmi wyjątkowy most łączący ich z dziką naturą. Najpierw musieli jednak przekroczyć rzekę kratownicowym mostem, na bardziej szemraną stronę miasta. Słuchając pasjonujących opowieści Antoniny o rysicach i innych zwierzętach, mieli wrażenie, jakby z nieskończonego zielonego tła wyłaniała się na chwilę jedna konkretna postać lub historia, jakaś nazwana ziemska istota. Żabińscy radzi byli reżyserom kręcącym filmy na terenie zoo czy organizatorom przedstawień i koncertów, chętnie wypożyczali na potrzeby spektakli zwierzęta, z których największym powodzeniem cieszyły się lwiątka. „Zoo tętniło życiem. Odwiedzały je nie tylko tłumy młodzieży, miłośników zwierząt czy spacerowiczów. Współpracowały z nim uniwersyteckie zakłady biologii, krajowe i zagraniczne, Państwowy Zakład Higieny, a nawet – Akademia Sztuk Pięknych". Warszawscy graficy zaprojektowali w stylu art deco plakaty reklamujące zoo, a dyrektor z żoną zapraszali artystów wszelkiej maści, by rozwinęli tu skrzydła swojej wyobraźni.

ROZDZIAŁ 3

Pewnego dnia Jan podczas swego zwyczajowego objazdu ogrodu zostawił rower i łosia Adama skubiącego trawę i krzaczki przed ciepłą ptaszarnią, przesyconą woniami wilgotnego siana i wapna. Naprzeciw klatki zastał niską kobietę poruszającą zgiętymi w łokciach rękami, jakby chciała naśladować puszące się i krygujące ptaki. Z ciemnymi kręconymi włosami, krępym ciałem okrytym czymś w rodzaju kitla, spod którego wystawały cienkie nogi, sama się niemal kwalifikowała do zamknięcia za tymi kratami. Rozhuśtana na trapezie zezowata papuga zaskrzeczała: „Jak się nazywasz? Jak się nazywasz?". A stojąca przed klatką zawtórowała melodyjnie: „Jak się nazywasz? Jak się nazywasz?". Papuga wychyliła się i przyjrzała gościowi bacznie najpierw jednym, a potem drugim okiem.

– Dzień dobry – powiedział Jan. Kobieta przedstawiła się jako Magdalena Gross, które to nazwisko Żabiński dobrze znał, ponieważ rzeźby tej artystki miały wzięcie u zamożnych Polaków i międzynarodową renomę. Nigdy nie słyszał, by Magdalena rzeźbiła także zwierzęta, bo też faktycznie do tej pory tego nie robiła. Później opowiadała Antoninie, że zoo tak ją zafrapowało przy pierwszej wizycie, że zaczęła rękami rzeźbić w powietrzu i postanowiła przynieść tu narzędzia i wyruszyć na safari, a los skierował jej kroki do budynku pełnego ptaków o kształtach tak opływowych jak futurystyczne pociągi. Jan ucałował jej dłoń i poprosił, by zechciała uczynić mu ten honor i potraktować zoo jak plenerowe studio ze zwierzętami w roli niesfornych modeli.

We wszystkich relacjach wysoka, smukła i jasnowłosa Antonina jawi się niczym łagodna walkiria, podczas gdy Żydówka Magdalena, niska brunetka, wprost tryskała energią. Antonina postrzegała Magdalenę jako urzekający zlepek sprzeczności: dobitna, choć wrażliwa, śmiała, choć skromna, zwariowana, choć bardzo zdyscyplinowana, podekscytowana życiem, czym może najbardziej ujęła Antoninę, niekoniecznie podzielającą stoicyzm i poważne usposobienie Jana. Były mniej więcej rówieśnicami i miały wspólnych przyjaciół, łączyło je umiłowanie sztuki i muzyki, a także podobne poczucie humoru, co razem miało się okazać zaczątkiem ważnej przyjaźni.

Co Antonina podała, kiedy Magdalena przyszła do niej na podwieczorek? Warszawiacy przeważnie częstują gości herbatą i słodyczami, zaś Antonina hodowała róże i robiła dużo przetworów, więc pewnie nie obeszło się bez pączków z konfiturą z róży.

Magdalena zwierzyła się Antoninie, że zanim trafiła do zoo, przeżywała kryzys twórczy, przygnębiona brakiem natchnienia. Przy bramie uderzył ją widok chmary brodzących w wodzie flamingów, a za nimi odkryła bajeczne panoptikum rojące się od jeszcze dziwniejszych stworzeń o niesamowitych kształtach i barwach przewyższających wyrafinowaniem każdą malarską paletę. Ten spektakl miał dla niej moc objawienia i zainspirował do wyrzeźbienia całego cyklu postaci zwierząt, który przysporzył jej międzynarodowej sławy.

Latem 1939 roku ogród zoologiczny prezentował się wspaniale, a Antonina zaczęła snuć ambitne plany na nadchodzącą wiosnę, kiedy mieli wraz z Janem dostąpić zaszczytu goszczenia w Warszawie dorocznego zjazdu Międzynarodowego Stowarzyszenia Dyrektorów Ogrodów Zoologicznych. To jednak wymagało spychania za próg świadomości fundamentalnych lęków zawartych w słowach „o ile nasz świat się nie zawali". Rok wcześniej, we wrześniu 1938, Francja i Wielka Brytania pogodziły się z faktem zajęcia przez Hitlera Sudetenlandu, części Czechosłowacji zamieszkanej głównie przez Niemców, ale Polacy mieli powody do niepokoju o swoje granice. Na mocy postanowień z lat 1918–1922 Polska uzyskała kosztem Niemiec wschodnią część Śląska i tzw. korytarz lub województwo pomorskie, oddzielające Prusy Wschodnie od Niemiec, a Gdańsk, ważny dotychczas niemiecki port bałtycki uzyskał status wolnego miasta, otwartego tak na Niemców, jak i na Polaków. W miesiąc po wtargnięciu do Czechosłowacji Hitler zażądał „zwrotu" Gdańska i pozwolenia na budowę eksterytorialnej szosy przecinającej korytarz pomorski. Z dyplomatycznych przepychanek na początku roku 1939 od marca przebijała już otwarta wrogość, a Hitler potajemnie rozkazał swoim generałom „rozwiązać kwestię polską". Stosunki między Polską a Niemcami pogarszały się systematycznie, a przed Polakami stanęło coraz wyraźniejsze widmo wojny, przerażające, ale nie zaskakujące. Niemcy od średniowiecza tyle już razy zagrażały Polsce, że zmagania Słowian z germańskim najeźdźcą weszły do kanonu polskiej tradycji patriotycznej. Przez swoje położenie w Europie środkowo-wschodniej Polska była odwiecznie skazana na grabieżcze najazdy obcych wojsk i na przesuwanie granic tam i z powrotem. Na niektórych terenach dzieci porozumiewały się z sąsiadami pięcioma językami.

Antonina nie chciała się zastanawiać nad wojną, zwłaszcza że w tej ostatniej straciła oboje rodziców, pocieszała się więc, jak większość Polaków, myślą o bliskim sojuszu z Francją, utrzymującą potężną armię, i gwarancjach bezpieczeństwa ze strony Anglii. Jako urodzona optymistka Żabińska wolała skupić się na swoim szczęśliwym życiu. Koniec końców w roku 1939 nie tak wiele Polek mogło się cieszyć udanym małżeństwem, zdrowym synem i pasjonującą pracą zawodową, nie mówiąc już o dostatku zwierzęcego przychówku, który traktowała jak przybrane dzieci. Doceniając te błogosławieństwa, Antonina na początku sierpnia w radosnym nastroju wybrała się z Rysiem, jego opiekunką i bernardynem Zośką do małej letniskowej miejscowości Rejentówka. Zoo zostało pod pieczą Jana. Żabińska wzięła w podróż także Koko, sędziwą różową papugę ze skłonnościami do zawrotów głowy, wskutek których spadała z drążka, i wyskubywania sobie nerwowo piór na piersi. Antonina zakładała jej zatem zapobiegawczo metalowy kołnierz, który działał jak wzmacniacz papuzich skrzeczeń, i jechała z nadzieją, że skoro papuga „odetchnie leśnym powietrzem i dostanie do jedzenia pędy i gałęzie z drzew i krzewów innych niż w ogrodzie", to jej niedomagania ustąpią, a barwne pióra odrosną. Dorosłe już rysice nie opuszczały zoo, ale do Rejentówki Antonina zabrała nowy nabytek: młodego borsuka zwanego Borsuniem, zbyt małego, by zostawić go bez opieki. Nade wszystko zależało jej na wyciągnięciu Rysia z Warszawy, huczącej od pogłosek o wojnie, na, jak się okazało, ostatnie dla niej i dla niego beztroskie wakacje na wsi.

Wiejski domek Żabińskich znajdował się na pagórku na skraju lasku, sześć kilometrów od szerokiego rozlewiska Bugu i kilka minut od jego małego dopływu, Rządzy[1]. Antonina przybyła z Rysiem w upalny letni dzień, gdy powietrze przesycone było aromatem sosnowej żywicy, kwitnących petunii i innych roślin. Zachodzące słońce rzucało ostatnie promienie na czubki starych drzew, a w dolnych regionach lasu robiło się już ciemno i zaczynała grać smyczkowa orkiestra świerszczy, przemieszana z wołaniami kukułek i bzykaniem wygłodniałych komarzyc.

Po chwili Antonina mogła zasiąść na jednej z werandek ocienionych winoroślą „pachnącą swym własnym, delikatnym, ledwie zauważalnym kwieciem, milszym od woni róż, od bzu i jaśminu, a nawet najsłodszego aromatu – żółtego łubinu na polach", podczas gdy „o parę kroków od wybujałych traw wyrastała... strzelista ściana lasu, zieleniąca się młodymi liśćmi dębu, maźnięta tu i ówdzie białą smugą brzozy". Oboje z Rysiem zapadali w zielony bezmiar, na pozór odległy o lata świetlne od Warszawy, w oddaleniu nieprzeliczalnym na kilometry. Mieszkańcom domku, pozbawionym nawet radia, to przyroda dostarczała nauk, wiadomości i rozrywki. Do ich ulubionych zabaw należało szukanie i liczenie osik w lesie.

Co lato chatka czekała na nich i furmankę wiozącą „naczynia i garnki kuchenne, balię i bieliznę, ubrania, pościel i większy zapas suchego prowiantu", a dzięki przybyszom – ludziom i zwierzętom – letnisko zaczynało przypominać cyrk. Po ustawieniu dużej stojącej ptasiej klatki na werandzie i nakarmieniu kakadu cząstkami pomarańczy Ryś zakładał borsukowi szelki i próbował namówić go do pójścia na spacer na smyczy, co mu się w końcu udawało, z tą poprawką, że to Borsunio pędem ciągnął Rysia. Tak jak inne zwierzaki z jej kręgu, borsuk zapałał sympatią do Antoniny, która traktowała go jak „przybrane dziecko", uczyła przychodzić na wołanie po imieniu, taplać się z nim w rzeczce i włazić na łóżko na karmienie z butelki ze smoczkiem. Za to Borsunio sam się nauczył drapać w drzwi, kiedy chciał wyjść za potrzebą, oraz brać kąpiel w wanience w całkiem ludzkiej pozie, na plecach, przednimi łapkami ochlapując się mydlinami. W dzienniczku Antonina notowała przykłady tego dziwnego pomieszania wrodzonych instynktów z ludzkimi obyczajami i jedyną w swoim rodzaju osobowością Borsunia. Wielce akuratny w kwestii załatwiania naturalnych potrzeb wykopał sobie w tym celu dołki po dwóch stronach domku i wracał galopkiem nawet z dalekich spacerów, żeby z tych toalet skorzystać. Pewnego dnia jednak Borsunio przepadł jak kamień w wodę, a Antonina bezskutecznie przeszukiwała wszystkie jego ulubione miejsca na drzemkę, czyli szufladę z pościelą, łóżko, gdzie zwykle mościł się między prześcieradłem a poszwą na kołdrę, oraz walizkę wychowawczyni Rysia. Kiedy wreszcie zajrzała pod łóżko Rysia, borsuk na jej oczach wypchnął na środek pokoju nocnik Rysia, po czym zrobił z niego jak najwłaściwszy użytek.

Pod koniec wakacji, w drodze powrotnej z Helu, do Rejentówki zajechali koledzy Rysia, Marek i Zbyszek (synowie lekarza mieszkającego zaraz za parkiem Praskim), by jeden przez drugiego paplać o tych wszystkich okrętach zacumowanych w porcie gdyńskim, o wędzeniu ryb i rejsach żaglówką, o ciągłych zmianach na Mierzei Helskiej. Siedząc w przyćmionym świetle lampy w zapadającym wokół domku zmierzchu, Antonina słyszała chłopców rozmawiających na ganku o swoich letnich przygodach. Zdała sobie sprawę, że z pobytu nad Bałtykiem przed trzema laty Rysiowi zostały pewnie w pamięci ledwie jakieś strzępy wrażeń, załamujące się fale i rozprażony upałem piasek plaży.

– „Na przyszły rok żaden cywil nie pokaże się na cyplu – powiedział Marek.

– Ale dlaczego? – zaciekawił się Rysio.

– Trzeba być gotowym na wypadek wojny.

Upomniany wzrokiem przez brata Marek objął Rysia i powiedział życzliwie: – Co tam Hel! Ty lepiej opowiedz nam teraz o Borsuniu".

I Ryś „z początku cicho, nieśmiało, jąkając się, wreszcie porwany tematem, z zapałem wyliczał wszystkie wyczyny Borsunia. Chłopcy pokładali się ze śmiechu, zwłaszcza gdy przyszła kolej na historię sąsiadki oblanej wodą" we śnie, kiedy Borsunio wywrócił wiadro, włażąc jej cichaczem do łóżka.

„Jak dobrze słyszeć ich śmiech – pomyślała Antonina, ale ta wieczysta zadra kłująca Rysia... wojna w istocie była dla niego pojęciem bardzo mglistym. ...wyrazy jak »fortyfikacja« czy »kontrtorpedowiec« kojarzyły mu się co najwyżej z zabawkami, ślicznymi okręcikami, które puszczał w zatokach obok fortec z piasku, zbudowanych własnymi rękami na brzegu Rządzy. Istniała jeszcze porywająca zabawa w wojnę czerwonoskórych z obstrzałem szyszkami, ale innej, prawdziwej wojny jeszcze nie znał".

I starsi chłopcy, i sama Antonina sądzili, że wojna dotyczy dorosłych, nie dzieci. Żabińska wyczuwała, że Ryś miałby ochotę zasypać ich pytaniami, choć nie chciał, żeby zabrzmiały głupio, czy, co gorsza, dziecinnie, więc nic nie mówił o niewidzialnej bombie pod nogami, której eksplozji tak się wszyscy obawiali.

„Temat, poruszony tak lekko naiwnymi ustami dzieci, drasnął mi serce smutkiem. Patrzyłam na ożywione twarze chłopców, o różowozłotych od opalenizny policzkach, jasne od łagodnego światła dużej lampy naftowej... co będzie z nimi, jeżeli się zacznie?". Uciekała od tego pytania, omijała je i próbowała ubrać w inne słowa od wielu miesięcy. Musiała w końcu przyznać sama przed sobą, że: „Nasza republika zwierzęca, utworzona w najgwarniejszym i najruchliwszym ze wszystkich miast Polski, istniała niby małe autonomiczne państewko pod protektoratem władz stołecznych. Państewko to było tak bardzo odrębne, że kto w nim mieszkał lub przekroczył jego bramy, często czuł się jak na wyspie odciętej niemal od reszty świata i mógł niekiedy nawet zapomnieć o wielu niepokojach i o tym, że rozpętywane fale zła, zalewające świat, mogą z łatwością i ową wysepkę pochłonąć". Gdy zapadała ciemność zacierająca kontury rzeczy, dopadał ją nieokreślony lęk. Gotowa natychmiast łatać dziury, jakie los wyszarpnąłby w życiu syna, w tym przypadku mogła tylko bezsilnie czekać.

Postanowiła jak najlepiej wykorzystać ostatnią letnią sielankę i dlatego rankiem następnego dnia zarządziła grzybobranie, z nagrodami i zaszczytami dla tych, którzy wytropią najwięcej najdorodniejszych rydzów, borowików i pieczarek, które zamierzała zamarynować. W razie wybuchu wojny pajda chleba z marynowanymi grzybkami domowej roboty wywoła nawet zimą wspomnienie wakacji, kąpieli w rzece i cudów wyczynianych przez Borsunia w tych lepszych czasach. Ruszyli nad Bug, a sześć dzielących ich od rzeki kilometrów Zośka pokonywała na piechotę, Ryś częściowo na barana, a Borsunio w plecaku. Po drodze urządzali na łąkach postoje, żeby się posilić i rozegrać mecz między dwiema pięcioosobowymi drużynami z Zośką i Borsuniem w roli bramkarzy, chociaż ten ostatni nie dawał sobie wyrwać piłki, jeśli już udało mu się dostać ją w swoje pazury i wpić w nią zaciekle zęby.

Pod koniec tygodnia Antonina z reguły zostawiała Rysia pod opieką wychowawczyni na wsi i jechała do Warszawy, żeby spędzić parę dni z Janem. W czwartek 24 sierpnia 1939 roku (tego samego dnia Wielka Brytania ponowiła swoje sojusznicze gwarancje dla Polski w razie inwazji Niemiec) Antonina wybrała się właśnie do miasta, w którym ku jej przerażeniu wznoszono już stanowiska obrony przeciwlotniczej (a tydzień później, co wstrząsnęło nią najbardziej, pojawiły się afisze o natychmiastowej mobilizacji). Dzień wcześniej świat osłupiał na wieść o podpisaniu przez ministrów spraw zagranicznych, Ribbentropa i Mołotowa, paktu o nieagresji między niemiecką Rzeszą i Związkiem Radzieckim.

„Berlin od Moskwy dzieli tylko Polska" – pomyślała Antonina.

Ani ona, ani Jan nie znali tajnej klauzuli paktu o podwójnej inwazji i mającym po nim nastąpić podziale Polski i jej żyznych ziem między dwóch agresorów.

„Z dyplomatami nigdy nic nie wiadomo. Może to tylko zagrywka" – pomyślała.

Jan wiedział, że w Polsce nie ma dość samolotów, broni czy sprzętu wojennego, by stawić czoło potędze Niemiec, Żabińscy zaczęli zatem na serio rozważać wysłanie Rysia w bezpieczniejsze miejsce, do jakiejś miejscowości pozbawionej strategicznego znaczenia, o ile takowa w ogóle istniała.

Antonina czuła się jakby została „zbudzona z długiego snu albo jakby śniła jakiś koszmar", tak czy inaczej przeżywała psychiczne trzęsienie ziemi. Bawiąc z dala od stolicy, tam gdzie bieg życia wyznaczał „spokojny, równy ład pracy rolnika, odcięta od gwaru miejskiego harmonia białych wydm piaszczystych i brzóz płaczących", gdzie każdy dzień urozmaicały swoimi wyczynami ekscentryczne zwierzaki i ciekawski chłopczyk, można było niemal zapomnieć o tym, co działo się na świecie, a przynajmniej zachować w tej sprawie pogodę ducha, trwając uparcie w swojej naiwności.

ROZDZIAŁ 4

WARSZAWA, 1 WRZEŚNIA 1939

Tuż przed świtem Antoninę zbudził dobiegający z oddali odgłos przypominający grzechot sypiącego się metalową rynną żwiru, w którym szybko domyśliła się samolotowych silników. Żeby to były polskie samoloty, żeby to były manewry, modliła się w duchu, wychodząc na taras i badając wzrokiem dziwnie bezsłoneczne niebo, które jak nigdy przedtem po krańce horyzontu okryła gęsta, jedwabna, żółtobiała zasłona, ni to dymu, ni to mgły wiszącej tuż nad ziemią. Jan, weteran pierwszej wojny światowej, spędził tę noc na posterunku, „gdzieś poza zoo", w wąwozach miasta, od którego odgradzała Antoninę Wisła.

Słyszała, „jak dziesiątki, a może nawet setki silników warczały złowróżbnie", a ten dźwięk przypominał jej „daleki łoskot fal morskich walonych sztormem".

Jan wrócił do domu o ósmej rano z bardzo wyrywkowymi wiadomościami. „To nie zapowiadany ćwiczebny nalot, to już są bombowce Luftwaffe, osłaniające nadciągające niemieckie wojska". Skoro Ryś ze swoją opiekunką mieli bezpieczne schronienie w Rejentówce, Żabińscy postanowili udać się do krewnych mieszkających w pobliskim Zalesiu, ale na razie czekali na najświeższe wieści.

Tego dnia powinien się zacząć rok szkolny, a ulice zaroić od dzieci w mundurkach i z tornistrami. Zamiast nich z tarasu widać było biegnących z wielu stron polskich żołnierzy: zajmowali stanowiska na ulicach, trawnikach, nawet w ogrodzie zoologicznym i wznosili zapory balonowe, ustawiali działka przeciwlotnicze i układali w stertach długie, czarne pociski armatnie, zwężające się z jednego końca jak zwierzęce bobki.

Zwierzęta w zoo pozostawały jakby nieświadome niebezpieczeństwa. Nie bały się niewielkich pożarów, przywykłe od lat do spokoju przydomowych ognisk, ale ich niepokój wywołali żołnierze, których tylu wkroczyło z samego rana. Jedynymi istotami ludzkimi, jakie widywały o tej porze, było kilkunastu dozorców w niebieskich kombinezonach, którzy dostarczali im pożywienie. Rysice zaczęły ni to pomrukiwać groźnie, ni to miauczeć, pantery kłapać zębami i burczeć, szympansy popiskiwać, niedźwiedzie porykiwać jak osły, a jaguar charczał, jakby mu coś utkwiło w gardle.

Do dziewiątej ludzie już się dowiedzieli, że Hitler uzasadnił swoją napaść sfingowanym incydentem granicznym w Gliwicach, gdzie przebrani w polskie mundury esesmani zajęli miejscową radiostację i nadali apel, wzywając rzekomo do broni przeciw Niemcom. W prowokację nikt nie uwierzył, mimo że natychmiast ściągnięto zagranicznych korespondentów, którym Niemcy na dowód pokazywali zwłoki ubranych w polskie mundury więźniów. O 4 nad ranem niemiecki okręt wojenny Schleswig-Holstein otworzył ogień do polskiego posterunku na Westerplatte. Armia Czerwona rozpoczęła przygotowania do inwazji od wschodu.

Antonina i Jan spakowali się pospiesznie i ruszyli na piechotę przez most w nadziei, że dotrą do Zalesia, odległego o zaledwie kilkanaście kilometrów na południowy wschód od centrum. Niedaleko placu Zbawiciela ryk silników nasilił się i nad głowami ujrzeli samoloty wyłaniające się spomiędzy dachów domów jak w fotoplastykonie. Rozległ się świst i huk bomb padających zaledwie kilka przecznic dalej, a zaraz potem buchnęły kłęby czarnego dymu. Trzaskały pękające dachówki, z łoskotem rozpadały się mury.

Po każdej bombie unosił się inny zapach, zależnie od tego, w co uderzyła, co od jej wybuchu zawrzało i wyparowało, a co można wyczuć w obłoku pary, której drobiny mieszają się z powietrzem i rozpraszają. Można wtedy wychwycić węchem tysiące rozmaitych woni, od ogórka po kalafonię. Kiedy pocisk trafi w piekarnię, wzniesie się tuman pyłu pachnącego drożdżami, zakwasem, jajkami, melasą i zbożem. Woń goździków, octu i przypalonego mięsa sygnalizuje zniszczony sklep rzeźnika. Swąd palących się ciał i drewna oznaczał bombę zapalającą, przez którą domy stawały w ogniu, a ludzie ginęli szybką śmiercią. „Musimy wracać" – powiedział Jan. Dotarli do murów Starego Miasta i przebiegli przez most. Dotarłszy z powrotem do zoo Antonina zanotowała: „Nie wiem, czy byłabym zdolna do czegoś więcej niż słuchania energicznych poleceń:»Weźmiesz konie, ubrania zimowe i większą ilość żywności, zostaniecie na wsi. Spiesz się...«".

Dla Jana znalezienie miejscowości pozbawionej militarnego znaczenia okazało się równaniem z wieloma niewiadomymi. Ani on, ani Antonina nie byli psychicznie przygotowani na niemiecką inwazję, martwili się, ale wmawiali sobie, że strach ma wielkie oczy, zamiast dostrzegać oznaki nadciągającego kataklizmu. Antonina zastanawiała się teraz, jak mogli się tak mylić, Jan zaś skupił się na szukaniu bezpiecznej kryjówki dla rodziny. Sam miał zostać, pilnować zoo, dopóki się da, i czekać na dalsze rozkazy.

Jan rozumował tak: – Lada chwila zamkną rogatki, a armia niemiecka nadciąga również od wschodu, więc lepiej będzie, jeśli wrócisz do Rejentówki.

Mimo obaw Antonina przystała na to:

– To przynajmniej znane miejsce, a Rysiowi kojarzy się z dobrymi czasami.

W rzeczywistości nie miała pojęcia, co będzie lepsze, ale polegając na przeczuciu męża, wzięła się do pakowania i wkrótce wdrapała na furmankę wyładowaną zapasami na dłuższy wyjazd. Trzeba było wyruszyć szybko, żeby zdążyć przed tłokiem na drogach.

Do letniska Rejentówka mieli z Warszawy jakieś czterdzieści kilometrów, ale pokonanie tej odległości polną drogą zajęło Antoninie i woźnicy aż siedem godzin z powodu tysięcy uciekinierów, opuszczających stolicę głównie na piechotę, gdyż samochody, ciężarówki i większość koni rekwirowało na swoje potrzeby wojsko. Kobiety, dzieci i starcy ciągnęli w ponurym transie, dźwigając, co tylko się dało unieść, walizki i małe dzieci, pchając przed sobą dziecinne wózki lub taczki, ciągnąc dwukółki, najczęściej mając na sobie kilka warstw ubrania, plecaki i torby, a po bokach związane, huśtające się na sznurowadłach buty. Droga biegła szpalerem wysokich topoli, sosen i świerków, z wtulonymi niekiedy w gałęzie dużymi kulami jemioły. Bociany w gniazdach na słupach telegraficznych wciąż jeszcze tuczyły się przed trudnym lotem do Afryki. Na polach rozciągających się po obu stronach drogi gdzieniegdzie połyskiwały jeszcze kłosy zboża lub sterczały wiechcie kukurydzy. Antonina pisała o strużkach potu i zapierającym dech kurzu.

Daleki grzmot zwiastował atak niemieckich samolotów, które zogromniały w ciągu sekund, zagarniając całe niebo tuż nad głowami ludzi, płosząc konie i wzniecając panikę. Grad kul z karabinów maszynowych rozpędził wszystkich w tumanach pyłu, oprócz tych nieszczęśliwców, których od razu powalił. Drogę usłały ciała bocianów, droździków i gawronów, a także posiekane ogniem gałęzie i upuszczone tobołki. Uniknięcie kuli było dziełem czystego przypadku i Antoninie się to przez siedem godzin udawało, ale już na zawsze wyrył się w jej pamięci widok zabitych i umierających[1].

Pobyt w Rejentówce oszczędził przynajmniej jej synowi takich obrazów, trudnych do wymazania, szczególnie z umysłu małego dziecka, pracowicie badającego świat, uczącego się, czego można po nim oczekiwać i jak poukładać na właściwych miejscach te wszystkie prawdy powiązane ze sobą miliardami nici. „Przygotuj się na taki świat, bo to na resztę życia – mówi dziecku jego mózg – ten zamęt i niepewność". „Co cię nie zabije, to cię wzmocni", napisał Nietzsche w Zmierzchu bogów, jakby wolę można było hartować jak samurajski miecz kuty na gorąco, zginany i przekuwany na nowo, póki nie stanie się niezniszczalny. Ale walić młotem w tkankę psychiki małego chłopca? Jak to na niego wpłynie? Obawy o syna mieszały się w myślach Antoniny z oburzeniem na Niemców, za których sprawą „nowoczesna wojna pozwala mordować kobiety, dzieci i cywilów".

Gdy spod kurzu wyłoniło się znów błękitne niebo, Żabińska dostrzegła na nim dwa polskie myśliwce atakujące ciężkie niemieckie bombowce. Z daleka było w choreografii tej sceny coś znajomego, jakby rozgniewane strzyżyki próbowały odciągnąć jastrzębia, a ludzie cieszyli się głośno za każdym razem, gdy smugi dymu sygnalizowały, że myśliwce zdołały dziobnąć ogniem bombowiec. Przecież tak sprawnym siłom powietrznym musi się udać odeprzeć Luftwaffe? Sznury pocisków błysnęły w chylącym się ku zachodowi słońcu jak cekiny, a „jeden z bombowców zasłonił się nagle białym pióropuszem dymu i buchnął fontanną krwawych płomieni, spadając w błyskawicznym wirażu na ziemię. Nad wierzchołkami sosen ukazał się niemiecki pilot i balansując pod spadochronem rozkwitłym na tle błękitu, zniżał się wolno ku ziemi".

Antonina nie zdawała sobie sprawy ze skali zagrożenia, pokładając ufność w polskich siłach powietrznych, które mogły się poszczycić znakomicie wyszkoloną i słynącą z odwagi kadrą (szczególnie tą z Brygady Pościgowej biorącej udział w obronie Warszawy). Ale sprzęt, jakim dysponowali piloci, nieliczne i przestarzałe myśliwce PZL P.11, nie miał żadnych szans w starciu z szybkimi, zwrotnymi sztukasami JU87. Polskie bombowce Karaś nadlatywały nad niemieckie czołgi tak powoli i równo, że stanowiły łatwy cel dla działek przeciwlotniczych. Żabińska nie wiedziała, że Niemcy wypróbowują na Polsce nowy sposób prowadzenia działań wojennych, nazwany później *Blitzkrieg* (wojna błyskawiczna), a polegający na rzuceniu jednocześnie wszelkich dostępnych rodzajów broni (wojsk pancernych, lotnictwa, artylerii, kawalerii i piechoty), w nieustającym i zmasowanym ataku, mającym zaskoczyć i przerazić nieprzyjaciela.

Rejentówka, kiedy Antonina wreszcie do niej dotarła, świeciła pustkami: sezon się skończył, letnicy wyjechali, nawet pocztę zamknięto. Wyczerpana, zdenerwowana i brudna ruszyła do ich wtulonej w wysokie drzewa i błogą ciszę chatki, gdzie czekały znajome zapachy i poczucie bezpieczeństwa, woń gliny mieszała się z aromatem ziół i traw, próchniejącego drewna i żywicy. Łatwo sobie wyobrazić, jak mocno ściskała w ramionach Rysia i jak witała się z jego opiekunką, potem jadła zupę, kaszę gryczaną lub ziemniaki na spóźniony obiad, rozpakowywała się, kąpała, stęskniona powrotu do utartych obyczajów, jakby to było tylko kolejne lato na wsi, ale nie mogła się całkiem uspokoić ani stłumić złych przeczuć.

Przez kilka dni często stawali na ganku, obserwując, jak kolejne fale niemieckich samolotów w drodze na Warszawę znaczą niebo równymi czarnymi szlaczkami z otępiającą regularnością: co dzień około piątej rano i zaraz po zachodzie, a Antonina nie wiedziała, na kogo spadają ich bomby. W Rejentówce też zrobiło się dziwnie, bez letników i zwierzaków, bo nigdy wcześniej nie spędzali tu czasu jesienią. Wysokie lipy już żółkły, a liście dębów rdzawo brązowiały. Zieleni nie traciły tylko klony, których skrzydlatymi nasionami zajadały się grubodzioby z pomarańczowymi ogonkami. Przy piaszczystych dróżkach rosły jarzębiny, a widlaste sumaki wyciągały aksamitne liście ze stożkowatymi gronami czerwonych, włochatych owocków. Błękitna lawenda, biały wieczornik, różowy oset, pomarańczowy astrowaty jastrzębiec i żółta nawłoć stroiły łąki na jesień w pejzażu, który mienił się inną barwą z każdym podmuchem wiatru, przeczesującym źdźbła i łodyżki, jakby ktoś gładził pluszowy dywan.

Jan, który przyjechał kolejką 5 września, zastał Antoninę „zupełnie roztrzęsioną i bez reszty zdezorientowaną".

Dotarły do niego pogłoski, „że Niemcy posuwają się ku Warszawie również od Prus Wschodnich, mogą zatem być wkrótce w Rejentówce". Frontu nie ma, ale stolica będzie broniona, a do nalotów „można się przyzwyczaić". Lepiej więc wrócić do domu.

Nawet jeśli Jan nie był do końca przekonany, Antonina przystała na to, po części dlatego, że był dobry w planowaniu, a jego pomysły zwykle trafiały w dziesiątkę, a po drugie dlatego, że razem „łatwiej przeżywać strach, niepewność i nieszczęścia".

Nocą wsiedli do zaciemnionej kolejki podmiejskiej i dotarli do miasta o brzasku, kiedy słońca jeszcze nie było widać zza horyzontu, a wszystko zamierało na granicy nocy przed porannymi nalotami. Według Antoniny na stacji czekały na nich konie, a podczas tej przejażdżki na chwilę może odnaleźli pierwotny spokój czasów sprzed wynalezienia silników i poddali się urokowi bezwietrznej nocy, smakującego rosą chłodu, kwitnących na grządkach astrów, barwnych liści, skrzypiących osi bryczki, kląskania końskich kopyt na bruku, wobec których wojna wydawała się mało realna i odległa, zupełnie jak dalekie światło księżyca.

Wysiadając przy głównej bramie, Antonina ocknęła się już zupełnie na widok strat: porozrywanego bombami asfaltu, powygryzanych pociskami ze ścian odłamków murów, trawników zrytych kołami dział, starych wierzb i lip kołyszących poharatanymi konarami. Tuliła Rysia mocno do siebie, jakby ta smutna atmosfera mogła się im udzielić. Na swoje nieszczęście zoo przylegało do rzeki pomiędzy dwoma ruchliwymi mostami, stanowiącymi ważne cele dla Niemców, a razem z polskim batalionem, który tu teraz stacjonował, stało się celem wręcz pierwszorzędnym na kilkanaście kolejnych dni. Klucząc między szczątkami, Żabińscy dotarli do willi z lejem od bomby na podwórku. Wzrok Antoniny padł na rabatki stratowane końskimi kopytami. Nie mogła oderwać oczu od delikatnych kielichów, wdeptanych w ziemię „niby zabarwione krople łez".

Tuż przed świtem bitwa rozgorzała na nowo. Stojących na frontowym ganku zaskoczyło chrapliwe echo wybuchów i pękających żelaznych przęseł. „Grunt dygotał jak w febrze... istne trzęsienie ziemi, która »chodziła« pod stopami". Gdy Żabińscy wbiegli do domu, „trzeszczały wiązania dachu, podłóg i ścian. Na wybiegach zwierząt rozlegały się ciężkie stękania lwów i rozdzierające miauczenia tygrysów". Antonina wiedziała, że kocie matki „chwytały zębami za karki swoje młode i, oszalałe ze strachu, miotały się po klatkach, daremnie szukając skrytki" na swoje skarby. „Słonie trąbiły. Hieny szlochały przeraźliwym chichotem przerywanym jak gdyby czkawką, psy wyły w podwórzu, a rezusy, podniecone niepokojem, staczały ze sobą bójki, wydając piski i krzyki histeryczne". W tym piekielnym rwetesie dozorcy nadal roznosili zwierzętom wodę i pokarm oraz sprawdzali zamknięcia wybiegów i klatek.

Półtonowa bomba zniszczyła skalisty wybieg niedźwiedzi polarnych, otwierając im drogę na wolność przez rozwalone mury, fosy i barierki. Na widok pokrwawionych drapieżników, które krążyły po swojej posiadłości ledwie żywe ze strachu, dowódca polskiego oddziału kazał je od razu zastrzelić. Potem zapadła decyzja o zabiciu innych groźnych zwierząt, jak lwy czy tygrysy, w obawie przed ich ucieczką. Zastrzelono także słonia Jasia, ojca Tuzinki.

Z frontowego ganku Antonina zobaczyła „obok studni grupę żołnierzy... i kilku ludzi z personelu ogrodu. Stali milcząc... jeden z dozorców płakał". „Ile zwierząt już nam zabili" – zastanawiała się. „Wypadki następowały po sobie tak błyskawicznie, że nie było nawet czasu na ból". Należało zatroszczyć się o pozostałe przy życiu stworzenia. Jan z Antoniną pomagali dozorcom w karmieniu, opatrywaniu i uspokajaniu zwierząt na tyle, na ile było to możliwe. Ludzie mogą przynajmniej spakować manatki, przemieszczać się, improwizować, rozmyślała z rozpaczą Antonina. „Wojna to więcej niż prawdopodobieństwo zmarnowania tak wrażliwego organizmu jak ogród zoologiczny... chodziło o los istot żywych, zdanych na człowieka, zależnych od niego w stopniu znacznie większym niż zwierzęta domowe. O przeniesieniu zoo gdzie indziej, w miejsce bezpieczne, nie było mowy". Nawet gdyby wojna skończyła się równie szybko, jak zaczęła, jej pokłosie będzie nas dużo kosztować, uświadomiła sobie. Skąd wziąć jedzenie i pieniądze na utrzymanie zoo? Starając się odpędzić ponure myśli, Jan z Antoniną gromadzili jednak „większe niż zazwyczaj zapasy siana, owsa, kaszy, suszonych owoców i ryb, mąki i sucharów oraz, naturalnie, węgla i drzewa".

7 września do drzwi frontowych zapukał oficer wojska polskiego i oficjalnie wydał wszystkim zdolnym do noszenia broni mężczyznom, łącznie z czterdziestodwuletnim Janem, rozkaz stawienia się do walki na froncie północno-zachodnim, a wszystkim cywilom rozkaz natychmiastowego opuszczenia terenu zoo. Antonina spakowała najpotrzebniejsze rzeczy i powędrowała z Rysiem na drugą stronę Wisły do swojej szwagierki mieszkającej na ulicy Kapucyńskiej pod numerem trzecim.

ROZDZIAŁ 5

W nocy, w małym mieszkanku przy Kapucyńskiej, Antonina poznała nowe odgłosy wojny: huk niemieckich dział artyleryjskich. Gdzieś indziej kobiety w jej wieku lekkim krokiem wkraczały do nocnych klubów, żeby tańczyć przy muzyce Glenna Millera, w rytm porywających melodii jak *String of pearls* czy *Little brown jug*. Inne szalały w przydrożnych knajpach przy najnowszym wynalazku: szafie grającej[1]. Młodzi małżonkowie wynajmowali opiekunkę do dziecka, żeby pójść do kina na hity roku 1939: *Ninoczkę* z Gretą Garbo, *Reguły gry* Jeana Renoira, *Czarnoksiężnika z Oz* z Judy Garland. Urządzano rodzinne wypady na wieś, żeby podziwiać barwy jesieni z okien samochodu i zajadać się szarlotką i kukurydzą w cieście na miejscowych dożynkach. Podczas okupacji dla wielu Polaków życie straciło wszelki urok. Pozbawieni wszystkiego, co nadawało mu sens i smak, zostali uwięzieni w rzeczywistości sprowadzonej do spraw najbardziej podstawowych, pochłaniających niemal całą energię, czas, pieniądze i myśli.

Zupełnie jak zwierzęce matki, Antonina rozpaczliwie szukała bezpiecznej kryjówki dla swego potomstwa, ale brakowało jej „instynktu zwierząt, które przenoszą w paszczy swoje młode poza zasięg grożącego im niebezpieczeństwa". Nie mogła zostać na trzecim piętrze w mieszkaniu szwagierki, ale przed zejściem do piwnic powstrzymywała ją myśl „o całkowitym odcięciu od świata przez zasypanie". Za najlepsze wyjście uznała ulokowanie się w małej pracowni abażurów, o ile, oczywiście, właścicielki zechcą ją przyjąć.

Z Rysiem na rękach zeszła na parter i zapukała do drzwi, które otworzyły dwie staruszki, panie Caderska i Stokowska.

– Wchodźcie, wchodźcie – zawołały, i obrzuciwszy szybkim spojrzeniem korytarz za plecami Antoniny, zamknęły za nią drzwi.

Przed jej oczami rozpostarła się nowa kraina, ni to rafa koralowa, ni to planetarium. Ciasny, zagracony pokoik przesiąkł wonią płótna, kleju i farb, potu i płatków na mleku. Pod sufitem wisiała cała galeria abażurów, inne piętrzyły się w wysokich piramidach lub przykucnęły na podłodze jak egzotyczne latawce. Drewniane półki uginały się jak w spiżarni pod rulonami materiałów, mosiężnymi okuciami, narzędziami, gwoździkami i połyskującymi tackami ozdób, posegregowanych według tworzywa: szkła, plastiku, drewna lub metalu. W takich pracowniach kobiety tamtej epoki szyły ręcznie nowe abażury i naprawiały stare.

Błądząc wzrokiem po pokoju, Antonina dostrzegła pewnie różne wzory modne w latach trzydziestych, od biedermeieru po secesję i styl nowoczesny – abażury z różowego jedwabiu w kształcie tulipana, zdobione brokatowymi chryzantemami, z zielonego szyfonu, ze wstawkami z koronki i białej satyny, kremowe geometryczne bryły z plisowanego atłasu, jaskrawożółte klosze w kształcie napoleońskiego czako, ośmiokątne abażury z perforowanych metalowych ramek nabijanych przy brzegach sztucznymi klejnotami, z ciemnobursztynową miką wieńczącą globusowaty trzon z gipsu inkrustowany secesyjnymi łucznikami polującymi na jelenia, kopuły z czerwonopomarańczowego szkła, chropawego, jakby miało gęsią skórkę, z kryształkowymi wisiorkami wiszącymi u mosiężnej gondoli z bluszczowatymi nacięciami. To modne czerwone szkło zwane *gorge-le-pigeon*, za czasów Antoniny często używane do produkcji pucharków do wina, miało po ciemku kolor wiśniowy, a podświetlone jarzyło się blaskiem zorzy. Barwiono je gołębią krwią, czyli eliksirem stosowanym również do klasyfikacji wysokogatunkowych rubinów (których najpiękniejsze okazy lśnią jak świeża krew).

Ryś zwrócił uwagę matki na najdalszy kąt pokoju, w którym ku jej zdumieniu między abażurami przycupnęły w narzuconych byle jakich ubraniach kobiety z dziećmi z sąsiedztwa.

– Dzień dobry, dzień dobry, dzień dobry – witała się ze wszystkimi Antonina.

Coś w tym sklepiku działało kojąco, tak że trafiali tu przemarznięci i bezdomni wskutek bombardowań, przyjmowani z babciną gościnnością przez dwie prowadzące go starsze panie, gotowe dzielić się niewielkim mieszkankiem, skromnymi zapasami węgla, jedzenia i pościeli. Jak pisała Antonina:

„Atmosfera w pracowni abażurów przyciągała wszystkich jak magnes. Było to zasługą dwóch pożółkłych, zasuszonych jak mumijki staruszeczek, które wprost promieniowały łagodnością i ciepłem. Niby ćmy wokół tego światła dobroci gromadzili się tu lokatorzy z górnych pięter i suteren, osoby z sąsiednich zrujnowanych kamienic, a nawet i z innych ulic".

Antonina patrzyła ze wzruszeniem, jak drobne, pomarszczone ręce podają jedzenie (głównie płatki na mleku), podsuwają dziecku jakiś przysmak, album z pocztówkami albo grę. Co noc wybierała na nocleg miejsce na materacu pod solidną framugą drzwi, osłaniając Rysia własnym ciałem, i zapadała na krótko w głęboką studnię snu, w miarę jak przeszłość rysowała się coraz bardziej idyllicznie, a wspomnienia odpływały coraz dalej. Tyle miała przedtem planów na nadchodzący rok, a teraz zastanawiała się, czy przeżyje z Rysiem tę noc, czy zobaczy jeszcze kiedyś Jana, czy syn doczeka kolejnych urodzin. Codziennie „żyliśmy oczekiwaniem śmierci", pisze Antonina w swoich pamiętnikach, dodając gorzkie słowa o braku „pomocy sprzymierzeńców z Zachodu. Jedna angielska eskadra lotnicza... położyłaby natychmiast kres bombardowaniom niemieckim... jeszcze bardziej przygnębiały docierające do nas słuchy, jakoby marszałek Śmigły znalazł się poza granicami kraju, jakoby cały rząd wyjechał do Rumunii i został tam internowany. Wywołało to nową falę oburzenia, żalu i goryczy".

Kiedy Anglia i Francja wypowiedziały Niemcom wojnę, Polaków ogarnęła ogromna radość, a w radiu nieustannie puszczano hymny obu państw, ale w połowie września nic nie zapowiadało końca bezustannych nalotów i ostrzału ciężkiej artylerii. „Życie oblężonych toczyło się pod gradem bomb i kul" – pisała z niedowierzaniem Żabińska w swoich pamiętnikach. W mieście zabrakło najpierw normalnych udogodnień, jak gaz i woda, potem zamilkło radio i przestały wychodzić gazety. „Ludzie przebiegali ulice z gorączkowym pośpiechem", ale majaczyło już widmo głodu i ludzie, ryzykując życie, stali w olbrzymich kolejkach po koninę lub chleb. Przez trzy tygodnie Antonina słyszała odłamki pocisków siekące po dachach w dzień i głuche dudnienie bomb w nocy. Przeraźliwy gwizd poprzedzał porażający huk, i Antonina wstrzymywała oddech w oczekiwaniu na najgorsze i oddychała z ulgą, kiedy to nie jej, ale czyjeś inne życie waliło się w gruzy z rykiem eksplozji. Na ucho oceniała odległość, ale zaraz rozlegał się kolejny świst i wszystko zaczynało się od nowa.

Wyjście na ulicę wymagało nie lada odwagi, a wtedy oczom Antoniny ukazywał się krajobraz iście filmowy: kłęby żółtawego dymu, rumowiska, poszarpane ruiny w miejscu, gdzie kiedyś stały domy, unoszone wiatrem listy i fiolki po lekarstwach, ranni ludzie i martwe konie o dziwnie powyginanych nogach. Największe wrażenie nierzeczywistości sprawiał przypominający śnieg biały obłok wirujący leciutko w powietrzu. Jak bajkowa zawieja unosiła się nad murami miasta chmura pierza z poduszek i kołder. Przed wiekami polski król odparł turecką nawałę, wykorzystując w bitwie husarzy ze sztucznymi pierzastymi skrzydłami, których łopot w galopie przerażał konie przeciwnika i zmuszał go do odwrotu. Wielu warszawiaków mogło się w tej puchowej zamieci dopatrzyć piór ginącej na polu bitwy husarii, aniołów stróżów miasta.

Pewnego razu Antonina nie doczekała się wybuchu: pocisk, który trafił w ich dom, utkwił w suficie trzeciego piętra. Tego wieczoru przeniosła Rysia do piwnicy pobliskiego kościoła. Gdy „rano zapanowała cisza. Równie przerażająca", wróciła z nim do pracowni. „Czyż nie byłam podobna – pisała – do lwicy w klatce, która „brała w zęby swoje młode i przenosiła je z miejsca na miejsce... w popłochu".

Nie miała żadnych wieści od Jana i ze zmartwienia prawie nie mogła spać, ale powiedziała sobie, że zawiodłaby męża, gdyby nie próbowała ratować pozostałych jeszcze przy życiu zwierząt w zoo. O ile takie są, zreflektowała się, a poza tym, czy dwóch wyrostków, którym powierzono tymczasowo ich doglądanie, da sobie radę z tym zadaniem?

Nie było wyjścia, zostawiła Rysia pod opieką szwagierki i półżywa ze strachu zdołała się przemóc, by ruszyć przez most pod ostrzałem i w huku bomb. „Tak chyba czuje się zwierzę ścigane przez obławę" – pomyślała wśród tego pandemonium. „Nie nadawałam się na bohaterkę", ocenia się zbyt surowo we wspomnieniach, a mimo to przedarła się do zoo, dręczona wspomnieniami ostatnich chwil słonia Jasia i wielkich kotów zastrzelonych przez żołnierzy bez żadnych ceregieli i jeszcze gorszym lękiem: a może się okaże, że to one miały największe szczęście?

ROZDZIAŁ 6

Hitlerowskie bombowce obracały Warszawę w perzynę, nie oszczędzając niczego, nawet zoo, które leżało niedaleko stanowiska artylerii przeciwlotniczej. Tego pogodnego dnia niebiosa nad zoo się rozstąpiły i zionęły świszczącym ogniem, od którego klatki eksplodowały, woda z fos lunęła deszczem, żelazne kraty rozsunęły się ze zgrzytem. Drewniane zabudowania osunęły się pod naporem żaru. Odłamki szkła i metalu raniły skórę, pióra, kopyta i łuski, bez różnicy. Ranne zebry rozbiegły się, prążkowane strużkami krwi, przerażone wyjce i orangutany z rozdzierającym wrzaskiem wspinały się na drzewa i chowały w zaroślach, uwolnione węże wiły się w trawie, a krokodyle dźwigały z trudem na podkurczone łapki i ruszały pospiesznym truchtem. Pociski rozerwały siatki w ptaszarniach i papugi poszybowały w niebo jak azteccy bogowie, by zaraz zanurkować z powrotem. Inne rajskie ptaki kryły się w krzakach lub próbowały pofrunąć na opalonych skrzydłach. Niektóre zwierzęta, pochowane w swoich legowiskach i nieckach, pochłonęły fale ognia. Wstrząsający był widok dwóch martwych żyraf z powykręcanymi nogami. Z trudem dało się oddychać kłującym w gardle, zadymionym powietrzem, tym bardziej że cuchnęło spalonym drewnem, sianem i mięsem. Z jazgotu małp i ptaków powstał iście nieziemski chór, punktowany perkusją trzaskających kul i wybuchających bomb. Po całym zoo niósł się taki zgiełk, jakby dziesięć tysięcy piekielnych Furii próbowało swym wrzaskiem roznieść ten świat w proch i pył.

Antonina ruszyła z kilkoma dozorcami przez teren zoo. Starali się ratować niektóre zwierzęta, uwolnić inne i przy okazji samemu nie oberwać. Biegając od jednej klatki do drugiej, Antonina nie mogła przestać martwić się o męża, wiedząc, „ile w nim hartu i silnej woli; jeśli nawet niewinne stworzenia nie są bezpieczne, to na co on może liczyć...?". A co zastanie po powrocie, jeśli uda mu się wrócić? Jej myśl przeskoczyła na inny tor: co się stało ze słonicą Kasią, jedną z ich ulubienic? Okazało się, że z wybiegu słoni prawie nic nie zostało, a Kasi nie było (później Żabińska dowiedziała się, że zginęła trafiona odłamkiem), ale dobiegło ją z oddali trąbienie Tuzinki, dwuletniego słoniowego dziecka. Wiele małp spłonęło w swoim pawilonie albo zostało zastrzelonych, a inne pohukiwały trwożliwie po zaroślach i drzewach.

Cudownym zrządzeniem losu wiele zwierząt przeżyło w samym zoo, a część przewędrowała mostem na Stare Miasto, kiedy stolica płonęła. Komu nie zbrakło odwagi, żeby stanąć w oknie, albo miał pecha znaleźć się na zewnątrz, mógł podziwiać zjawiskowy korowód jak z kart Biblii. Foki i bobry taplały się nad brzegiem rzeki, wielbłądy i lamy wędrowały alejami, ślizgając się po bruku, strusie i antylopy truchtały ramię w ramię z lisami i wilkami, mrówkojady sunęły, wołając *choczi choczi*. Pod murami fabryk i kamienic przemykało jakieś futro czy skóra, pędem zmierzające na okalające miasto pola owsa, gryki i lnu, inne zwierzaki zagrzebywały się w korytach kanałków albo ukrywały na klatkach schodowych czy w szopach. Zanurzone w swoich basenach hipopotamy, wydry i bobry przetrwały. Jakoś udało się uniknąć śmierci także niedźwiedziom, żubrom, koniom Przewalskiego, wielbłądom, zebrom, rysiom, pawiom, części innych ptaków i małp oraz gadom.

Antonina wspomina, jak zagadnęła młodego żołnierza w pobliżu willi: „Czy nie widział pan dużego borsuka?".

„Jakiś borsuk raz bardzo długo dobijał się i drapał do drzwi willi, ale kiedy[śmy] go nie wpuścili, poszedł sobie gdzieś w krzaki".

„Biedny Borsunio", Antoninie serce się krajało na myśl o tym, jak ich wystraszony pupilek na próżno szukał schronienia w domu. „Mam nadzieję, że udało mu się uciec", zamajaczyło jej po chwili w głowie. Znów poczuła gorąco i dym, odzyskała czucie w nogach i popędziła sprawdzić, co z szorstkowłosymi mongolskimi konikami. Wszędzie leżały zwłoki innych koni i osiołków, łącznie z kucykiem Rysia, Figlarzem, ale cenne koniki Przewalskiego uratowały się jakimś sposobem i nadal pasły się na swoim wybiegu.

Antonina wyszła wreszcie z zoo i przez park Praski, aleją osmalonych ogniem lip, skierowała się z powrotem do swego i syna schronienia w pracowni abażurów. Zdezorientowana i wymęczona próbowała opowiadać o dymiących zgliszczach, wyrwanych z korzeniami drzewach i krzewach, okrwawionych ścianach i trupach. Pozbierawszy się trochę, poszła na Miodową 1 i wspięła po schodach do małego, ciasnego biura, w którym tłoczyło się mnóstwo podenerwowanych ludzi, rozsypywały stosy dokumentów, ale był także jej dawny znajomy, Adam Englert.

– Są jakieś wieści?

– Strona polska omawia z Niemcami warunki kapitulacji. Wojsko nasze nie ma amunicji, ludność jest pozbawiona żywności i wody... – powiedział ponuro.

Antonina słyszała jego głos, ale słowa odpływały, jakby jej umysł, krztusząc się już nadmiarem grozy, powiedział *non serviam*, więcej już nie przyjmuję do wiadomości.

Opadła ciężko na krzesło, jakby odebrało jej władzę w nogach. Do tej chwili nie dopuszczała do siebie myśli, że kraj może stracić niepodległość. Znowu. Okupacja nie byłaby niczym nowym, tak zresztą jak i wyzwalanie się spod niej, ale od ostatniej wojny z Niemcami upłynęło dwadzieścia jeden lat, dla Żabińskiej większość dotychczasowego życia, więc siedziała ogłuszona tą perspektywą. Od dziesięciu lat ogród zoologiczny za bezpieczną granicą Wisły rządził się swoimi prawami, jak „czuła, skomplikowana maszyna", której mechanizm tak dobrze współgrał z wrażliwością Antoniny.

Po powrocie do pracowni abażurów podzieliła się z jej mieszkańcami smutnymi wieściami od Englerta, które zadawały kłam radiowym apelom prezydenta miasta, Starzyńskiego, zagrzewającego do obrony stolicy za wszelką cenę i dodającego jej mieszkańcom otuchy:

„Gdy teraz do was mówię, widzę ją przez okna w całej wielkości i chwale, otoczoną kłębami dymu, rozczerwienioną płomieniami ognia, wspaniałą, niezniszczalną, wielką, walczącą Warszawę!"[1]. Zdezorientowani, nie wiedzieli, komu wierzyć.

Kilka dni później, już po kapitulacji Warszawy, Antonina siedziała z innymi przy stole zgłodniała, lecz zbyt przygnębiona, by cokolwiek przełknąć. Nagle rozległo się krótkie pukanie. Nikt już nie chodził w gości, nikt nie kupował lamp ani nie naprawiał abażurów. Niespokojnie uchyliła drzwi i ku swemu zdumieniu ujrzała Jana, z ulgą malującą się na twarzy mimo wyczerpania. Kiedy już wyściskali się i wycałowali, przyszedł czas na wysłuchanie jego relacji.

Jan z kolegami wyszli z Warszawy wieczorem 7 września, kierując się w stronę Brześcia nad Bugiem i jak wielu innych uczestników tej widmowej armii bezskutecznie szukając zorganizowanych oddziałów, do których mogliby się przyłączyć. W końcu się rozdzielili i 25 września Jan zatrzymał się u znajomych w Mieni. „Gospodyni, u której znalazł nocleg, obudziła go wczesnym rankiem, prosząc o pomoc, bo przyjechał oficer niemiecki, a ona nie może zrozumieć, o co mu chodzi. Spotkanie z hitlerowskim oficerem przedstawiało duże ryzyko", więc Jan, wkładając ubranie, szykował się na najgorsze i ćwiczył w myślach możliwe scenariusze. Zszedł po schodach z udawaną swobodą zadomowionego gościa, szukając wzrokiem człowieka w mundurze Wehrmachtu. Gdy Niemiec odwrócił się w jego stronę, Jana ogarnęło bezbrzeżne zdumienie i wręcz przyszło mu do głowy, że z wrażenia coś mu się przywidziało. Ale w tej samej chwili zaskoczenie, a po nim uśmiech pojawiły się na twarzy Niemca. Przed Janem stał we własnej osobie dr Müller, kolega z Międzynarodowego Stowarzyszenia Dyrektorów Ogrodów Zoologicznych, który kierował zoo w Królewcu, zwanym przed wojną Königsbergiem.

Ze śmiechem powiedział: „Znam tylko jednego Polaka, pana, kolego, i właśnie pana pierwszego tu spotykam!". Jak to się stało? Müller, który jako zaopatrzeniowiec przyjechał do Mieni po żywność, poinformował Jana o katastrofalnym położeniu Warszawy i zaofiarował mu swoją pomoc, gdy Jan postanowił natychmiast wracać, wskazując, że polskim cywilom w jego wieku grozi na drogach poważne niebezpieczeństwo. Najlepiej będzie, uznał, jeśli aresztuje Jana i zabierze ze sobą do Warszawy jako więźnia. Pomimo ich dawnej zażyłości Jan miał obawy, czy może mu zaufać. Niemniej Müller dotrzymał słowa i po kapitulacji Warszawy zawiózł Jana do miasta tak daleko, jak daleko mógł się w nie zapuścić. Na pożegnanie życzyli sobie spotkania w lepszych czasach i Jan ruszył w drogę między ruinami lub płonącymi domami, tracąc czasem wiarę, że kiedykolwiek dotrze na Kapucyńską, zobaczy Antoninę, Rysia – jeżeli w ogóle żyli... Wreszcie odnalazł tę trzypiętrową kamienicę, a kiedy na pierwsze pukanie nikt nie zareagował, nogi się pod nim ugięły z rozpaczy.

Teraz z kolei rozbici psychicznie gwałtowną ciszą, która nastała w mieście, Żabińscy wyprawili się na drugi brzeg do zoo, tym razem nie w deszczu pocisków czy odłamków. Kilku dawnych dozorców podjęło swoje zwykłe obowiązki, jak brygada duchów w na wpół wymordowanej osadzie, w której po stróżówce i kwaterach zostały zwęglone szczątki, a magazyny, warsztaty, słoniarnia, siedziby i wybiegi zwierząt także spłonęły lub zawaliły się. Najbardziej niesamowity widok przedstawiały roztopione kraty, które przybrały groteskowe kształty, niczym dzieła awangardowych rzeźbiarzy. Jana i Antoninę poruszył surrealistyczny widok willi, która wprawdzie ocalała, ale straciła wszystkie szyby w wysokich oknach, a drobiny szkła chrzęściły pod nogami jak piasek, przemieszane ze słomą, którą żołnierze wysłali podłogi, chroniąc się tu w czasie nalotów. Wszystko wymagało naprawy, szczególnie okna, ale ponieważ szyby należały wówczas do towarów luksusowych, zdecydowali się zabić okna dyktą, nawet jeśli oznaczało to odcięcie od świata zewnętrznego.

Najpierw jednak wszczęli poszukiwania rannych zwierząt, przeczesując teren zoo i wszystkie, nawet najmniej prawdopodobne zakamarki. Witali z radością odkrycie kolejnego zwierzaka, uwięzionego w gruzowisku, głodnego i wystraszonego, ale żywego. Według Antoniny w zoo zostało wiele trupów wojskowych koni ze wzdętymi brzuchami, wyszczerzonymi zębami i przerażeniem we wciąż otwartych oczach. Trzeba je było pogrzebać lub poćwiartować (by przekazać sarninę, koninę i mięso antylop głodnym mieszkańcom miasta), czego Jan z Antoniną nie byli się już w stanie podjąć, zostawili zatem to zadanie dozorcom i o zmierzchu, wymęczeni i przygnębieni, wrócili na Kapucyńską.

Następnego dnia, 29 września, ukazała się odezwa generała Rómmla, kończąca się słowami: „Ludność Warszawy, która bohaterskim zachowaniem swoim udowodniła swój głęboki patriotyzm, ma przyjąć fakt wkroczenia wojsk niemieckich ze spokojem, godnością i równowagą ducha"[2]. Może to i dobrze, w końcu będzie spokój i możliwość odbudowy, próbowała się pocieszyć Antonina.

„Po dżdżystym poranku słońce wyjrzało zza chmur; w tym pierwszym dniu października grzało jeszcze mocno". Na ulicach pojawiali się już niemieccy żołnierze, niósł się odgłos podkutych butów szczękających o bruk i gwar obcej mowy. Potem do pracowni abażurów dotarły inne dźwięki, bardziej przejrzyste i szeleszczące: warszawianie wylegali z domów.

– Jak myślisz, dokąd oni idą?

Cztery dni później Żabińscy dowiedzieli się, gdzie Hitler miał przyjmować defiladę swoich wojsk, i dołączyli do innych, pchani tą samą siłą. „W milczącym tłumie szliśmy ulicami Śródmieścia".

Wszędzie wokół słały się ślady zniszczenia. „Niektóre domy wyglądały jak zgilotynowane: podmuch zerwał z nich dachy. Rozpłaszczone pokracznie, osiadły na sąsiednich podwórkach. Inne, porozpruwane od góry do dołu, jakby rozglądały się za jakimś rąbkiem, by osłonić obnażone bezwstydnie wnętrze".

Gdzie indziej „zmoczone deszczem, ogołocone z tynków, krwawiące czerwoną cegłą mury ocalałych gmachów parowały w słońcu. Ostry dym z pogorzelisk i tlących się ruin ściskał gardło, gryzł w oczy". Na zdjęciach archiwalnych kronik filmowych widać ludzi obserwujących w oszołomieniu, jak „środkiem jezdni, szerokim nurtem płynęła rzeka zwycięskich wojsk. Wzbierała z godziny na godzinę, zmieniając się w istną powódź".

Jan zauważył bladość Antoniny.

– Duszę się – powiedziała. – Wydaje mi się, że ta powódź „nieuchronnie zmyje z powierzchni ziemi nie tylko Warszawę, lecz i resztę
naszego kraju", naszą przeszłość i nasz naród.

Ściśnięci w tłumie patrzyli na paradujące lśniące czołgi i działa, „wy-
poczęte, rumiane twarze" żołnierzy, rzucających niekiedy w ich stronę
tak wyzywające spojrzenia, że Jan musiał odwracać wzrok. W polskim
teatrze kukiełkowym, który wcale nie ograniczał się do tematyki dziecięcej, poruszano często w satyrycznej formie ważne kwestie społeczne, tak jak w starożytnym Rzymie. Ze starych filmów można się domyś-
lić, jakie ironiczne skojarzenia mogły w Polakach budzić paradująca,
wystrojona kawaleria i puszący się na trybunie Hitler pozdrawiający
swoje wojska wyciągniętą ręką, jakby pociągał za niewidoczne sznurki
marionetek.

Przedstawiciele głównych polskich partii politycznych już się zebrali
na tajnym spotkaniu w budynku banku, żeby koordynować działania
w konspiracji. Konspiracja była bliska odniesienia wielkiego sukcesu:
ładunek wybuchowy na trasie przejazdu Hitlera rozniósłby go na strzępy; do zamachu jednak nie doszło.

Miasto szybko i boleśnie przechodziło w niemieckie łapy, banki za-
mykano, urzędnikom nie płacono pensji. Żabińscy wrócili do domu, ale
pozbawieni pieniędzy i prowiantu, żywili się zapasami po stacjonują-
cych w ogrodzie polskich oddziałach. Nową niemiecką kolonią, Gene-
ralnym Gubernarorstwem, zarządzał osobisty prawnik Hitlera, Hans
Frank, od wczesnej młodości członek partii narodowosocjalistycznej,
czołowy jurysta Trzeciej Rzeszy, dostosowujący niemieckie prawo do
nazistowskiej ideologii oraz zwalczania wszelkiego ruchu oporu.

Już w pierwszym miesiącu swego urzędowania Hans Frank wydał
rozporządzenie „celem zwalczania czynów gwałtu", zgodnie z którym
kara śmierci groziła każdemu, kto przeciwstawiał się władzom niemieckim, dopuszczał się aktów sabotażu lub podpalenia, miał strzelbę
lub inny rodzaj broni, napadł na Niemca, naruszył godzinę policyjną,
słuchał radia, handlował na czarnym rynku, posiadał konspiracyjne
ulotki – albo też wiedział o takich występkach i nie zawiadomił policji. „Podżegacz i pomocnik" mieli być karani jak sprawca, a „czyn

zamierzony jak czyn dokonany". Zarówno czynne łamanie niemieckiego prawa, jak i bierne obserwowanie takiego aktu podlegały tej samej karze.

Później gubernator Frank wydał rozporządzenie o karze śmierci dla Żydów za przebywanie poza dzielnicą żydowską oraz takiej samej karze za udzielanie im pomocy lub schronienia. Ludzie mają to do siebie, że zwykle wolą trzymać się z dala, nie donosili więc, a jeszcze rzadziej donosili o niedonoszeniu, zaś brak chęci pociągał za sobą brak działania w postawionym na głowie łańcuchu przyczynowo-skutkowym. Gdzieś między robieniem czegoś i nierobieniem każdy dogadywał się ze swoim sumieniem, a większość Polaków ani nie ryzykowała życia za zbiegów, ani też ich nie wydawała.

Hitler upoważnił Franka „specjalnym rozkazem [do] bezwzględnego ograbienia tego obszaru jako terenu wojennego i zdobycznego" i polecił „uczynić z jego gospodarczej, społecznej, kulturalnej i politycznej budowy kupę gruzów"[3]. Do zadań Franka należało między innymi wymordowanie wszystkich wpływowych osób, nauczycieli, księży, właścicieli ziemskich, polityków, prawników i artystów. Rozpoczął następnie przesiedlanie ogromnych rzesz ludzkich zgodnie z niemieckimi planami, w wyniku których w ciągu pięciu lat 860 tysięcy Polaków wyrwano z ich siedzib i przeniesiono gdzie indziej, osadzając na ich ziemi 75 tysięcy Niemców. 130 tysięcy Polaków trafiło do Niemiec na roboty przymusowe, a 330 tysięcy po prostu rozstrzelano[4].

Polski ruch oporu odważnie i z dużą pomysłowością prowadził akcje dywersyjne, niszcząc niemieckie urządzenia, wykolejając pociągi, wysadzając w powietrze mosty, a ponadto wydawał ponad 1100 podziemnych druków, nadawał audycje radiowe, prowadził tajne nauczanie na poziomie licealnym i uniwersyteckim (z którego korzystało 100 tysięcy studentów), pomagał w ukrywaniu Żydów, dostarczał broń, produkował bomby, uwalniał więźniów, wystawiał spektakle teatralne, publikował książki, przeprowadzał procesy sądowe i posyłał kurierów do londyńskiego rządu na uchodźstwie. Wojskowe ramię podziemnego państwa, Armia Krajowa, liczyła u szczytu swoich możliwości 180 tysięcy członków. Jan Żabiński powiedział w powojennym wywiadzie:

„Od samego początku byłem związany z Armią Krajową na terenie zoo"[5]. Polskie państwo podziemne prowadziło nieustanną walkę przez sześć wojennych lat.

Kluczem do jego siły była konspiracyjna zasada „wiedzieć jak najmniej" oraz używanie pseudonimów i kryptonimów. Jeśli się nie znało swoich zwierzchników, pojmanie jednego człowieka nie zagrażało samemu rdzeniowi organizacji, tak samo wtedy, gdy się nie znało prawdziwych nazwisk współtowarzyszy. Podziemna komenda główna ciągle zmieniała lokale, tak jak i tajne komplety, które się przenosiły z jednego kościoła lub mieszkania do drugiego, podczas gdy rzesze łączniczek i nielegalnie drukowane biuletyny zapewniały obieg informacji. Chłopi wcielali w życie hasło „jak najmniej, jak najpóźniej i jak najgorsze" i zajmowali się sabotowaniem obowiązkowych dostaw do Niemiec, kierując zamiast tego żywność do mieszkańców miast, zaś władzom okupacyjnym po wielekroć zgłaszali dostawę tego samego żywca lub zboża, zawyżając ich wagę na kwitach, niszcząc lub ukrywając zapasy. Zatrudnieni przy niewolniczej pracy w tajnych zakładach rakietowych w Peenemunde, nie mając innych możliwości dokonania sabotażu, niekiedy oddawali mocz na części elektryczne, żeby spowodować ich korozję i unieszkodliwić rakiety. Ruch oporu składał się z tylu komórek, że każdy mógł znaleźć coś dla siebie, niezależnie od wieku, wykształcenia czy odwagi. Jan miał pewne upodobanie do ryzyka, które go ekscytowało, jak zwierzył się później dziennikarzowi i z typową dla siebie niechęcią do przesady dodał, że ta przyspieszająca bicie serca gra miała dla niego „coś z szachów: albo wygrana, albo przegrana".

ROZDZIAŁ 7

Jesienny chłód zakradał się już szparami, a nocami dął porywisty wiatr, łomocząc wypaczonymi okiennicami i hulając po płaskim dachu i tarasie willi Żabińskich. Mimo że zabudowania i pastwiska były zdewastowane, pracownicy zoo starali się przygotować nielicznym już wychowankom legowiska na zimę. Nic jednak nie wyglądało jak przed wojną, a już najmniej zależny od pory roku rozkład zajęć ogrodu zoologicznego. Tempo życia raptownie spowolniło, zoo zapadło w hibernację: aleje, którymi latem przetaczało się nawet dziesięć tysięcy ludzi, jesienią niemal pustoszały, mało kto zaglądał do małpiarni czy słoniarni, odwiedzał wyspę drapieżników czy basen fok. Teraz zniknęły jednak również wycieczki szkolne, które ustawiały się w długich kolejkach do przejażdżki na lamie, kucyku czy wielbłądzie. Delikatne stworzenia, jak flamingi czy pelikany, odważały się wychylić dzioby na zewnątrz tylko na krótki obowiązkowy spacer, który odbywały gęsiego, drepcząc ostrożnie po zamarzniętej ziemi. W miarę jak dni robiły się coraz krótsze, a na gałęziach ubywało liści, coraz więcej zwierząt przestawało wychodzić na powietrze, a z hałaśliwej muzyki ogrodu zostało tylko pomrukiwanie. Rozpoczął się martwy sezon, pora odpoczynku zwierząt i ludzkiej krzątaniny przy remontach i naprawach.

Nawet w tym okrojonym, wojennym stanie zoo pozostało „czułą", skomplikowaną maszyną, w której wystarczy niedociśnięcie śrubki, niedopasowanie trybów, a katastrofa gotowa". Dyrektorowi „nie wolno przeoczyć zardzewiałej zasuwy... zapomnieć o przekręceniu klucza w zamku, nie sprawdzić ciepłoty w budynkach, nie dojrzeć wycieku z nosa lub zjeżonej, zmatowiałej sierści". Te „wszystkie czynności nabierają szczególniejszej wagi zwłaszcza w okresie raptownych zmian pogody, wiatru, deszczów czy mrozu".

Brakowało teraz sprzątaczek, które grabiły opadłe liście, robotników, którzy ogacali słomą dachy i ściany stajni, ogrodników otulających róże i krzewy ozdobne, żeby nie przemarzły. Inni pracownicy w niebieskich kombinezonach kopcowaliby „buraki i marchew, przebierali cebulę, robili kiszonki w dołach silosowych – zwierzęta powinny zimą dostawać pokarm bogaty w witaminy" (tak nazwane w 1912 roku przez ich polskiego odkrywcę, biochemika Kazimierza Funka). Stodoły pękałyby w szwach od siana, magazyny – od owsa, mąki, kaszy, pestek słonecznika i dyni, mrówczych jaj i innych podstawowych produktów. Z ciężarówek wyładowywano by węgiel i koks, w kuźni reperowano zepsute narzędzia, plotło druciane siatki i oliwiono zamki. W stolarni naprawiano by płoty, stoły, ławki i półki, zbijano drzwi i okna do mających powstać wiosną dobudówek.

Normalną koleją rzeczy Żabińscy sporządzaliby teraz budżet na nadchodzący rok, czekali na przybycie nowych mieszkańców zoo i czytali sprawozdania, patrząc z okien biura na rzekę i spadziste dachy Starego Miasta. Wydział prasowy organizowałby pogadanki i koncerty, laboranci prowadzili badania próbek na swoich szkiełkach.

Martwy sezon, choć nigdy nie był łatwą porą roku, zwykle stwarzał możliwość bezpiecznego zaszycia się w prywatnym świecie, w którym mogli polegać na dobrze zaopatrzonych spichrzach, stałych zleceniach na dostawy karmy i własnej zaradności. Wojna podważyła te wszystkie pewniki.

Rano obudził Antoninę odgłos końskich kopyt. Podzieliła się z Janem radosną nowiną, że nie są całkiem sami, a zburzone miasto pomaga jak może „swojemu zoo żywić ocalałe zwierzęta". Od tej pory „dwie pary koni zwoziły codziennie ze... stołówek, kuchni restauracyjnych, a nawet z bloków mieszkalnych beczki pomyj, kosze odpadków i obierek".

– Tak, warszawiacy dbają o swoją polskość – odpowiedział Jan. – O wszystkie składniki życia, które ich wzbogacają i określają, a jednym z nich jest, na nasze szczęście, ogród zoologiczny.

Mimo to Antonina czuła, jak grunt usuwa się jej spod nóg, gdy władze okupacyjne postanowiły przenieść stolicę do Krakowa, w związku z czym Warszawie, jako miastu prowincjonalnemu, przestawało być potrzebne zoo. Żabińscy mogli „tylko czekać na jego ostateczną likwidację". Jak ohydnie brzmiało to słowo w stosunku do stworzeń, które znali po imieniu i nigdy nie były dla nich bezkształtną masą futer, skrzydeł i kopyt.

Antonina, Jan i Ryś zostali w willi sami, bez większych zapasów żywności, bez pieniędzy i bez pracy. Antonina piekła codziennie chleb, podawała rodzinie warzywa z własnego ogródka i przetwory z wron, gawronów, grzybów i owoców. Krewni i przyjaciele ze wsi co jakiś czas przysyłali pani dyrektorowej trochę żywności, niekiedy nawet boczek i masło, rzadkie przysmaki w zrujnowanym mieście, a rzeźnik, który przed wojną zaopatrywał zoo w mięso dla zwierząt, starał się teraz zdobyć go nieco dla ludzi.

Pewnego dnia pod koniec listopada na progu pojawił się w niemieckim mundurze były dozorca z berlińskiego zoo.

– Pan dyrektor Lutz Heck kazał mi przekazać państwu pozdrowienia i wiadomość – oznajmił oficjalnym tonem. – Służy pomocą, jeśli państwo czegoś potrzebują. Będzie czekał na mój telefon w tej sprawie.

Antonina z Janem spojrzeli po sobie, zaskoczeni i zbici z tropu. Znali Lutza Hecka z dorocznych zjazdów Międzynarodowego Stowarzyszenia Dyrektorów Ogrodów Zoologicznych, małego, elitarnego gremium złożonego z altruistów, pragmatyków, fanatyków i drani. W pierwszej połowie XX wieku „istniały dwa podstawowe kierunki hodowli okazów egzotycznych. Pierwszy polegał na stworzeniu zwierzęciu warunków klimatyczno-środowiskowych możliwie odpowiadających naturalnym. Kierunkowi temu hołdował profesor Ludwig Heck z berlińskiego zoo, a po nim jego syn, doktor Lutz Heck". Zgodnie z drugim kierunkiem, pozostawione same sobie egzotyczne zwierzęta przyzwyczają się do warunków, niezależnie od położenia nowego miejsca pobytu. Czołowym zwolennikiem tej teorii był młodszy syn profesora Hecka, Heinz Heck, dyrektor zoo w Monachium[1]. Warszawskie zoo było pierwszym w Polsce, w którym nie upychało się zwierząt do ciasnych klatek; wręcz przeciwnie, Jan starał się dostosować każdy wybieg do potrzeb mieszkańców i odtworzyć w miarę możliwości otoczenie, w jakim żyło by w stanie dzikim. Zoo mogło się też pochwalić dobrymi naturalnymi źródłami wody (studnie artezyjskie), rozległą siecią wodno-kanalizacyjną i wykwalifikowanym, pełnym poświęcenia personelem.

Na dorocznych zjazdach spory ideologiczne przeradzały się czasem w zażarte kłótnie, ale „panowała szczególna atmosfera, wręcz rodzinna", ponieważ wszyscy chlubili się swoimi ogrodami zoologicznymi, żyli podobnymi problemami i pasjami, tak że przeważała atmosfera życzliwości i przynależności do kręgu wtajemniczonych, pomimo barier językowych. Nikt poza Żabińskimi nie mówił po polsku, Antonina znała biegle tylko francuski i trochę rosyjski, ale i tak porozumiewano się „jakimś swoistym esperanto", głównie opartym na niemieckim i angielskim, z pomocą fotografii, odręcznych rysunków i pantomimy. Antonina, najmłodsza z dyrektorskich żon, urzekała towarzystwo swoją inteligencją i subtelną urodą, Jan zaś miał opinię energicznego i pełnego determinacji dyrektora, którego zoo prezentowało się wspaniale i mogło się pochwalić rzadkim przychówkiem.

Heck odnosił się do Żabińskich życzliwie, a do Antoniny wręcz szarmancko. Niemniej w swojej pracy zoologicznej, a teraz i politycznej, miał obsesję na punkcie czystości rasowej i doszły ich słuchy, że stał się zagorzałym i ważnym członkiem partii nazistowskiej, na jego przyjęciach i polowaniach bywali marszałek Rzeszy Göring i minister propagandy Goebbels.

Antonina odparła więc: „Proszę Herr doktorowi podziękować. Mieliśmy się niedługo spotkać w Warszawie, ale to już nieaktualne, zoo będzie zlikwidowane". Zdawała sobie sprawę, że „Heck zajmował w ówczesnej hierarchii niemieckiej bardzo wysokie stanowisko, był odpowiedzialny za całokształt zagadnień przyrodniczo-łowiecko-zoologicznych III Rzeszy", a zatem to właśnie jemu zlecono „likwidację warszawskiego zoo".

Następnego dnia berliński dozorca pojawił się znowu i zapowiedział wizytę samego Hecka. Zdziwieni Żabińscy głowili się, co począć. Nie ufali Heckowi, choć dla Antoniny był bardzo miły i przynajmniej teoretycznie powinien okazać im sympatię w tej sytuacji. Skoro w okupowanym kraju przetrwanie często zależało od posiadania wysoko postawionych znajomych, to zdrowy rozsądek nakazywał uprzejmość wobec Hecka. Antonina przypuszczała, że pragnął otoczyć ją opieką, jak jakiś średniowieczny rycerz, Parsifal, który podbija serce idealnej wybranki i dowodzi swojej szlachetności.

Antoninie, bijącej się z myślami, czy ta przygrywka zwiastuje ze strony Hecka pomoc, czy też im zaszkodzi, przyszło do głowy skojarzenie: „Z tego co wiemy, równie dobrze może się z nami bawić w kotka i myszkę. Duże koty też tak lubią".

Jan usiłował dopatrzyć się w postępowaniu Hecka przejawów dobrej woli: sam poświęcił się ochronie zwierząt, których był wielkim miłośnikiem, a strata, jaka dotknęła kolegę po fachu, powinna wzbudzić jego współczucie. I tak w strachu przemieszanym z nadzieją minęła im noc przed zapowiedzianą wizytą Hecka.

Po godzinie policyjnej Polakom nie wolno już było przechadzać się pod gwiazdami. Mogli wypatrywać sierpniowych Perseid i jesiennego deszczu meteorów – Drakonid, Orionid i Leonid – z okien i balkonów, ale z powodu ostrzału powietrze wciąż zasnuwały tumany pyłu, przez które przebijały się zjawiskowe zachody słońca i lekka mżawka przed świtem. Jak na ironię, dzięki zakrojonym na szeroką skalę działaniom wojennym, które niszczyły ziemię i zadawały jej groteskowe rany pól bitewnych, powstawały również zachwycające efekty świetlne na niebie. Teraz spadające meteory przywodziły na myśl już nie znikające w mgnieniu oka latawce, ale ogień artylerii i rozbłyski bomb, dawniej zaś jawiły się niczym wojownicy z dalekich światów, zaludnionych gwiazdami lśniącymi jak oszroniony drut kolczasty. Dawno temu

Kościół katolicki nadał Perseidom miano łez świętego Wawrzyńca, ponieważ pojawiały się blisko dnia tego świętego, ale bardziej naukowej wizji brudnych śnieżnych kul przyciąganych niewidzialnymi falami z krawędzi Układu Słonecznego, a potem ciskanych na ziemię, również nie brakuje własnego niezwykłego czaru.

ROZDZIAŁ 8

Lutz przejął dyrekcję berlińskiego zoo po swoim znamienitym ojcu w roku 1931 i prawie od razu zaczął je przekształcać ekologicznie i ideologicznie. Tego samego roku, kiedy w Berlinie odbyły się igrzyska olimpijskie, czyli w 1936, otworzył wystawę „Niemieckie Zoo", sławiącą faunę i florę Niemiec. Punkt centralny stanowiła „Wilcza Skała", wokół której zgromadzono na wybiegach między innymi niedźwiedzie, rysie i wydry. Dziś nikt by nie kwestionował przesłanek takiej śmiałej patriotycznej manifestacji dumy z rodzimych gatunków zwierząt w przekonaniu, że egzotyki nie trzeba szukać na końcu świata. Ale w kontekście epoki i skrajnie nacjonalistycznych poglądów, jakim hołdowano w jego rodzinie, trudno wątpić, że głosząc mit wyższości rasowej Niemiec, chciał przypodobać się nazistom. Na jednej z fotografii z 1936 roku widać Hecka u boku Göringa na polowaniu w Schorfheide, ogromnej posiadłości w Prusach; rok później został członkiem partii narodowo-socjalistycznej.

Heckowi, zapalonemu amatorowi łowów na grubego zwierza, najwspanialszych wrażeń dostarczały niebezpieczeństwa i przygody podczas odbywanych kilka razy do roku wypraw po nowe nabytki do swojego zoo czy też po kolejne okazałe poroże na ścianę albo po to, by zmierzyć się twarzą w twarz z ogromną, rozwścieczoną niedźwiedzicą grizzly. Szczególnie cenił sobie brawurowe polowania, zwłaszcza w Afryce, które relacjonował w barwnych listach pisanych przy świetle kaganka lub obozowego ogniska. „Przede mną tli się ognisko, a za plecami bezkresna ciemność odzywa się głosami niewidocznych i tajemniczych dzikich zwierząt" – pisał[1]. Sam wśród pogrążonych we śnie towarzyszy, świadom, że wokół czają się drapieżniki, uwieczniał swoje wyczyny, po trosze, żeby ich nie zapomnieć, po trosze, by się nimi dzielić z przyjaciółmi w innej rzeczywistości, Europie odległej w jego odczuciu o lata świetlne. Do listów często dołączał zdjęcia ukazujące go w akcji, jak łowi na lasso żyrafę, prowadzi małego nosorożca, łapie mrównika, cofa się przed szarżującym słoniem.

Heck uwielbiał zbierać trofea: żywe okazy do umieszczenia w zoo, zabite zwierzęta do wypchania, fotografie do pokazywania i oprawiania w ramki. Jakby łupem z tych podróży w ich najintensywniejszym okresie miało być samo życie, które starał się uchwycić na stronach kolejnych tomów pamiętników, na setkach zdjęć i w książkach popularnonaukowych – na przykład *Tiere – mein Abenteuer* (Zwierzęta – moja przygoda). Dawał w nich wyraz swojemu namiętnemu zamiłowaniu do dzikiej przyrody i opisywał ze szczegółami wyczyny wymagające niezwykłej odwagi, hartu i umiejętności. Heck znał swoje mocne strony, podziwiał własne i cudze bohaterstwo, umiał opowiadać fascynujące historie przy poczęstunku na dorocznych zjazdach. Dawał się wprawdzie czasami ponieść megalomanii i koloryzował, ale obrał zawód zgodnie ze swoją naturą, który zawsze przyciągał ludzi z temperamentem odkrywców, niewytrzymujących w domowym zaciszu, za to w ciągłej pogoni za przeżyciami na tyle mocnymi, by bez wahania ryzykować życie. Bez takich śmiałków na naszych mapach ziemia wciąż widniałaby płaska jak talerz, a źródła Nilu pozostawały niezgłębioną zagadką. Heck niekiedy zabijał smoki – czy raczej ich współczesne namiastki – ale głównie zajmował się z zapałem ich chwytaniem, fotografowaniem i wystawianiem na pokaz. Z pasją i determinacją koncentrował się na jednym, upatrzonym okazie, czy to w stanie dzikim, czy żyjącym w niewoli, i póty wszelkimi dostępnymi sposobami wabił lub mamił, póki nie umęczył zwierzęcia lub jego właściciela na tyle, by osiągnąć swój cel.

Od paru dziesiątków lat bracia Heck snuli fantastyczne marzenia o odtworzeniu w czystej rasowo postaci trzech wymarłych gatunków zwierząt: neolitycznych koni zwanych leśnymi tarpanami, tura (dzikiego praprzodka wszystkich odmian europejskiego bydła hodowlanego) oraz żubra, „leśnego bizona". Heinz był w tę misję zaangażowany, ale Lutz oddał się jej bez reszty. W przededniu wojny Heckowie wyhodowali już własne odmiany tura i tarpana, ale polskie odpowiedniki miały więcej, wyraźnie dziedzicznych, cech oryginału. Lutza mogło zadowolić jedynie uzyskanie prehistorycznych okazów czystej krwi, nieskażonej krzyżówkami, a choć liczył na sławę i wpływy, jakich by mu to przysporzyło, to stały za tym jeszcze bardziej osobiste pobudki: dreszcz emocji towarzyszący wskrzeszaniu z niebytu niemal bajkowych stworzeń i sterowaniu ich losem, a może i polowaniu na nie dla sportu. Na inżynierię genetyczną trzeba było jeszcze czekać (do lat siedemdziesiątych XX wieku), Heck próbował zatem eugeniki, tradycyjnej metody chowu zwierząt odznaczających się określonymi cechami. Rozumował przy tym następująco: skoro zwierzę dziedziczy połowę swoich genów po każdym z rodziców, a geny wymarłych gatunków także występują w puli żyjących, więc jeśli uda się zagęścić te geny poprzez krzyżowanie osobników najbardziej przypominających wyginionych krewnych, to z czasem będzie można wyhodować takiego czystej krwi praprzodka. Dzięki wojnie Heck mógł bez przeszkód plądrować wschodnioeuropejskie ogrody zoologiczne i rezerwaty w poszukiwaniu najlepszych okazów.

Tak się składało, że wybrane przezeń gatunki żyły kiedyś na ziemiach polskich, ich historyczną siedzibą była między innymi Białowieża, a certyfikat szanowanego polskiego zoo uwiarygodniłby jego hodowlane ambicje. Po inwazji Niemiec na Polskę Heck przeczesywał wiejskie zagrody w poszukiwaniu klaczy najbardziej zbliżonych wyglądem do tarpanów, by krzyżować je z kilkoma dzikimi gatunkami, takimi jak konie szetlandzkie, Przewalskiego i arabskie, w nadziei na wyprodukowanie wymarzonego tarpana: ostrego, niemal niedającego się ujeździć zwierzęcia, którego malowane ochrą wizerunki spotkać można w kromaniońskich jaskiniach. Heck spodziewał się osiągnąć ten rezultat w dość szybkim czasie: w szóstym lub ósmym pokoleniu, ponieważ dzikie tarpany można było spotkać w puszczach północno-wschodniej Polski jeszcze w XVIII wieku.

W epoce lodowcowej, kiedy północną Europę skuła pokrywa lodu, a smagana mroźnym wiatrem tundra sięgała brzegów Morza Śródziemnego, wielkie stada tarpanów znajdowały schronienie w gęstych lasach i na żyznych łąkach porastających niziny środkowej Europy, cwałowały po stepach, hasały w Azji i obu Amerykach. W V wieku p.n.e. Herodot pisał o radosnym widoku stad tarpanów pasących się na mokradłach położonych niedaleko dzisiejszej Polski.

Przez wiele stuleci czystej krwi tarpany utrzymywały się w Europie, ponieważ udawało im się przechytrzyć wielu łowców, ale do XVIII wieku przetrwało ich już niewiele, częściowo z powodu swego cenionego przez smakoszy mięsa, słodkawego, a co ważniejsze – stanowiącego rzadkość, a po części dlatego, że większość tarpanów krzyżowała się ze zwykłymi gospodarskimi końmi. W 1880 roku na Ukrainie ludzie ścigający ostatnią tarpanicę zagonili ją do głębokiego jaru, w którym zginęła, a ostatni tarpan trzymany w niewoli zdechł siedem lat później w monachijskim zoo. Od tej chwili gatunek można oficjalnie uznać za wymarły, kolejny zamknięty rozdział w kronikach Ziemi.

Człowiek udomowił dzikiego konia przed sześciu tysiącami lat i niemal od początku poddawał go selekcji pod kątem swoich potrzeb: nieposkromione zabijał na pokarm, a łagodniejsze hodował, żeby przysposobić je do pługa i pod siodło. W trakcie tego procesu zmodyfikowaliśmy naturę konia, zmuszając go do wyzbycia się żywej, nieujarzmionej, niesfornej dzikości. Dumne, samowolne konie Przewalskiego zachowały to gniewne nieokiełznanie i Heck zamierzał uwzględnić ich bojowego ducha w genetycznej mieszance do wyprodukowania nowego tarpana. Zasługę „odkrycia" w 1879 roku dzikich azjatyckich koni przypisano pułkownikowi Mikołajowi Przewalskiemu, rosyjskiemu uczonemu polskiego pochodzenia, choć oczywiście, Mongołowie znali je od zawsze i nazywali *tahki*. Heck wkalkulował zatem werwę, temperament i wygląd koni Przewalskiego do swojej receptury, ale pragnął jeszcze starszych stworzeń – koni świata prehistorycznego.

Cóż za wspaniały wzorzec – jurny, spięty jak struna koń, wojowniczo przebierający kopytami, których każde uderzenie brzmi jak wyzwanie. Heinz Heck pisał po wojnie, że jego brat podjął próbę wstecznej hodowli z ciekawości, ale także „z myślą, że jeśli nie da się powstrzymać ludzkiej skłonności do samozniszczenia i siania spustoszenia wśród innych stworzeń, to pewną pociechą może być przywrócenie do życia przynajmniej kilku z tych gatunków, do których eksterminacji człowiek doprowadził"[2]. A po co z kolei wypuszczać tarpany do lasu, jeśli nie będzie można na nie zapolować?

Lutz Heck już wkrótce zajął się garstką ocalałych żubrów, z tymi, które ukradł warszawskiemu zoo włącznie, mając nadzieję, że tak jak niegdyś posłuży im duch białowieskich ostępów. Heck miał przed oczami obraz żubrów znów cwałujących po puszczańskich szlakach w promieniach słońca przebijającego korony trzydziestometrowych dębów, w lesie pulsującym życiem wilków, rysi, dzików i innej zwierzyny, do której grona wkrótce dołączy, jeśli plan się ziści, dziki koń.

Hecka fascynował również legendarny byk, tur, niegdyś największe zwierzę lądowe Europy, słynące z szalonej popędliwości i siły. Po stopnieniu lodowców, czyli jakieś dwanaście tysięcy lat temu, większość olbrzymich ssaków wyginęła, ale trochę turów przetrwało w zimnych borach północnej Europy i od tej garstki wywodzi się wszelkie europejskie bydło domowe, nawet jeśli udomowienie tura przed ośmiu tysiącami lat stanowiło nie lada problem. Ponieważ tury wyginęły w XVII wieku, czyli jak na proces ewolucji całkiem niedawno, Heck był pewien, że uda mu się ten gatunek odtworzyć i tym samym uchronić przed „rasową degeneracją". Marzyło mu się, żeby tur właśnie, obok swastyki, upowszechnił się jako symbol nazizmu. Na niektórych rysunkach z okresu Trzeciej Rzeszy widać wizerunek tura przepleciony ze swastyką w ramach wzmacniania ideowego przesłania wizją nieujarzmionej siły.

W wielu starożytnych kulturach tura, świętego byka, otaczano czcią, działo się tak szczególnie w Egipcie, na Cyprze, Sardynii i Krecie. W greckiej mitologii Zeus często przybiera postać byka, by tym skuteczniej zniewalać kuszące śmiertelniczki i płodzić z nimi potomstwo obdarzone nadnaturalnymi mocami; księżniczkę Europę także porwał jako tur, ogromny, czarny byk z krótką bródką i gigantycznymi, skierowanymi do przodu rogami (jak u bydła długorogiego czy na hełmach bohaterów sagi o Nibelungach). Trudno o lepszy totem dla Trzeciej

Rzeszy. Z entuzjazmem odnosili się do pasji Hecka w tym względzie wysocy funkcjonariusze partyjni, nie kryjąc, że chodzi o coś więcej niż tylko ratowanie wymarłych gatunków. Po dojściu Hitlera do władzy biologiczne aspiracje ruchu narodowo-socjalistycznego przekładały się na wiele przedsięwzięć mających na celu zaprowadzenie czystości rasowej, w imię której można było stosować sterylizację, przymusową eutanazję czy masowy mord[3]. Jeden z czołowych naukowców Rzeszy, kolega i dobry przyjaciel Hecka, Eugen Fischer, założył Instytut Antropologii, Genetyki i Eugeniki, wspierający sadystyczne eksperymenty dr. Mengele i innych lekarzy esesmanów, wykorzystujących więźniów obozów koncentracyjnych jako króliki doświadczalne[4].

Zafascynowany przemocą i krwistoczerwonym pojmowaniem męskości – z natury odważny, śmiały, gwałtowny, twardy, logicznie myślący – Eugen Fischer wierzył, że mutacje w rozwoju człowieka są równie szkodliwe, jak w przypadku zwierząt domowych, a mieszanie ras osłabia ludzkość w ten sam sposób, w jaki już wynaturzyło pewne „piękne, dobre i heroiczne" dzikie zwierzęta, wytracające swój pierwotny potencjał w genetycznej zbieraninie. Nazizm karmił się u swego zarania żywotną tradycją okultystyczną, z której wyrosły Towarzystwo Thule, Zakon Niemiecki, ruch volkistowski, pangermanizm i inne nacjonalistyczne kulty hołdujące wierze w półboskich Aryjczyków i konieczność wyeliminowania wszystkich pośledniejszych ras[5]. Wyznawcy tych kultów upajali się swoim rzekomo pradawnym rodowodem i nadludzkimi przodkami, których gnostyczne panowanie sprowadziło w czasach prehistorycznych aryjską mądrość, potęgę i dobrobyt na świat, dopóki nie wyparły go obce i wrogie wpływy (a konkretnie Żydzi, katolicy i wolnomularze). Owi praprzodkowie mieli jakoby utajemnić swoją zbawczą wiedzę w zaszyfrowanych przekazach (np. runach, mitach, tradycjach), których ostateczne odczytanie leży tylko w mocy ich duchowych spadkobierców.

Ideę rasowej czystości rozwinął tak naprawdę Konrad Lorenz, naukowiec i laureat Nagrody Nobla, który cieszył się wielkim mirem w kręgach narodowosocjalistycznych i podpisywał pod ideą Oswalda Spenglera, spopularyzowaną przezeń w *Zmierzchu Zachodu* (1920), iż wszelkie kultury czeka nieuchronny rozkład i upadek – ale nie podzielał pesymizmu Spenglera. W zamian ilustrował tę degrengoladę na przykładzie zwierząt udomowionych i przypadkowego krzyżowania osobników krzepkich z nijakimi. Biologiczną alternatywą tego procesu była, zdaniem Lorenza, higiena rasowa: „przemyślana, oparta na naukowych podstawach polityka rasowa", która powstrzyma popadanie gatunków w ruinę poprzez eliminację typów „zwyrodniałych"[6]. Lorenz używał wymiennie takich terminów jak gatunek, rasa i naród i przestrzegał, że „zdrowe ciało narodu często nie zauważa czynników rozkładu podstępnie je atakujących"[7]. Posługiwał się metaforą „raka fizycznej szpetoty" dla zobrazowania tego rozkładu i dowodził, iż zwierzę dąży zawsze nade wszystko do przetrwania swego gatunku. Odwołując się do przykazania rzekomo zawartego w Biblii, „będziesz kochał przyszłość ludu swego nad wszystko inne", Lorenz wzywał zatem do segregacji ludzi na „pełnowartościowych" i tych, którzy są „pośledniej wartości" (pod którym to pojęciem mieściły się u niego całe rasy ludzkie i wszyscy z wrodzonymi fizycznymi czy psychicznymi ułomnościami), do rugowania słabości zarówno u zwierząt, jak i ludzi.

Heck przyznawał mu słuszność, stawiając sobie za szczytny cel ni mniej ni więcej tylko przekształcenie środowiska naturalnego Niemiec, oczyszczenie go, wyszlifowanie, udoskonalenie. Wierny wyznawca nazizmu jeszcze na etapie raczkowania ruchu, Heck przypochlebiał się SS, chłonął nauki Fischera i Lorenza o czystości rasowej i wkradł się w łaski Hitlera, a co ważniejsze, Göringa, swego idealnego patrona[8]. W ramach tej sanitarnej utopii zadanie Hecka polegało zasadniczo na wymyślaniu na nowo przyrody, a Göring okazał się szczodrym mecenasem tych poczynań. W zamian Heck chciał przekazać Göringowi we władanie największy naturalny skarb Polski, fenomenalny ponadczasowy rezerwat na pograniczu polsko-rosyjskim, Puszczę Białowieską. W mniemaniu Hecka byłby to nieprześcigniony podarek dla człowieka, który znakował swoim herbem wszystko, co posiadał i lubił przebierać się w „pseudośredniowieczne stroje, składające się z długiego skórzanego kaftana, butów z cholewami za kolana, i obszernych jedwabnych koszul i paradować po swoich włościach z włócznią". W partii nazistowskiej wielu arystokratów zajmowało znaczące stanowiska, a wielu członków najwyższego dowództwa miało domki myśliwskie lub posiadłości, zatem ważną stroną pracy Hecka było znajdowanie najlepszych obszarów łowieckich i urozmaicanie asortymentu zwierzyny w nowatorski sposób. Polska, dziedziczka jedynej pierwotnej puszczy na kontynencie i rozsianych po jej ziemiach średniowiecznych zamczysk, mogła się pochwalić jednymi z najlepszych terenów myśliwskich w Europie. Na przedwojennych fotografiach Göring puszy się w swoim urządzonym z przepychem domku myśliwskim na północny wschód od Berlina, w posiadłości, której teren ciągnął się aż do Bałtyku i obejmował 16 tysięcy akrów prywatnego rezerwatu, staraniem właściciela pełnego łosi, jeleni, dzików, antylop i innej zwierzyny łownej.

Ogólnie rzecz biorąc, naziści byli wielkimi miłośnikami zwierząt i naturalnego środowiska, a po dojściu do władzy propagowali gimnastykę i zdrowy tryb życia, regularne wycieczki na wieś i szeroko zakrojoną politykę ochrony praw zwierząt. Göring chlubił się sponsorowaniem przybytków przyrody ("zielonych płuc") jako terenów rekreacyjnych i ochronnych zarazem i budową szerokich szos z rozpościerającymi się po bokach malowniczymi widokami. To przemawiało do Lutza Hecka, tak jak i do innych światowej sławy naukowców, jak fizyk Werner Heisenberg, biolog Karl von Frisch i projektant rakiet kosmicznych Wernher von Braun. Za panowania Trzeciej Rzeszy zwierzęta nabrały cech istot szlachetnych, mitycznych, niemal anielskich, tak jak i ludzie, naturalnie wyjąwszy Słowian, Cyganów, katolików czy Żydów. O ile operowani przez dr. Mengele obywali się bez żadnego znieczulenia, o tyle znamiennym przykładem nazistowskiej zoofilii było ukaranie wybitnego biologa za przeprowadzenie eksperymentu na robakach bez podania im środka przeciwbólowego.

ROZDZIAŁ 9

Przy obowiązującym zaciemnieniu, a bez większości zwierząt, ani blask słońca w pokoju, ani fantastyczny wielogłosowy chorał nie zwiastowały już w zoo nadejścia nowego dnia. Żabińscy budzili się w ciszy i mroku, za zabitymi dyktą oknami sypialni, zza których nie dochodziły prawie żadne lub bardzo przytłumione dźwięki. W ciszy tak głuchej zaczyna być słyszalne własne ciało: pulsowanie krwi w żyłach i praca pompujących powietrze płuc. W mroku tak nieprzeniknionym ogniki majaczą przed oczami, których spojrzenie kieruje się w głąb siebie. Jan wkładał ubranie przy drzwiach na taras, już niewidoczny dla leżącej w łóżku Antoniny. Jeśli sięgając ręką, natrafiła na pustą poduszkę po jego stronie, mogła ulec pokusie sennego rozpamiętywania życia zoo przed wojną, którego świetlistą aurą promieniują jej książki dla dzieci. Ale tego dnia czekały ją pilne zajęcia, bo wciąż zostało trochę zwierząt do nakarmienia, Rysia trzeba było wyprawić do szkoły, a dom posprzątać na wizytę Hecka.

Żabińska uważała Hecka za pyszałka, ze skłonnością do „naiwnych, sentymentalnych historyjek, typowo niemieckich", ale przyznawała, że okazywał im „wyjątkową kurtuazję", ją samą zaś „darzył pewnymi względami". Od wspólnych znajomych dowiedziała się, że przypomina Heckowi jego pierwszą wielką miłość, ale chyba niezbyt jej to pochlebiało. Ich drogi rzadko się przecinały, ale odwiedzali niekiedy z Janem berlińskie zoo, a Heck przysyłał im zdjęcia ze swoich ekspedycji z serdecznymi listami, w których wyrażał się z uznaniem o ich pracy.

Antonina wśliznęła się zatem w jedną ze swoich ulubionych sukienek w groszki na specjalne okazje (czasem z koronką albo marszczonym kołnierzykiem). Niemal na wszystkich fotografiach ma na sobie coś cętkowanego, jak rysie futerko albo w duże białe grochy na czarnym lub granatowym tle, podkreślającym jej jasne włosy.

Z ganku widzieli z Janem, jak samochód Hecka mija główną bramę i bez wątpienia zdążyli na czas przybrać odpowiedni wyraz twarzy, by powitać go z uśmiechem.

– Witajcie, przyjaciele! – odezwał się Heck, wysiadając z auta. Wysoki i wysportowany, z gładko zaczesanymi włosami i ciemnym, starannie przystrzyżonym wąsikiem, miał teraz na sobie mundur wysokiego rangą oficera SS, co od razu niemile ich uderzyło, jako że zawsze dotąd widywali go po cywilnemu, najwyżej w stroju myśliwskim.

Dla Jana miał serdeczny uścisk ręki, zaś na dłoni Antoniny złożył pocałunek. Co do tego nie ma wątpliwości, skoro taki obowiązywał zwyczaj, nie wiadomo jednak, jak ten pocałunek „naiwnego, sentymentalnego Niemca" wyglądał. Zdawkowo czy z fanfaronadą? Dotknął wargami skóry, czy nawet jej nie musnął? Ten konwencjonalny cmok, tak jak i uścisk dłoni, może wyrażać całą gamę różnych uczuciowych niuansów – cześć dla kobiecości, drżenie serca, niechętną uległość, przelotne pseudooddanie.

Rozmawiali zapewne z Janem o hodowli rzadkich zwierząt, zwłaszcza tych, których odrodzenie stało się życiową misją – albo, jak kto woli, obsesją – Hecka, tak pięknie współgrającą z marzeniem Hitlera o ujeżdżaniu czystej krwi koni i marzeniem Göringa o polowaniu na czystej krwi zwierzynę.

W kwestii rzadkich zwierząt Jana łączyła z Heckiem miłość do rodzimych polskich gatunków, szczególnie wielkiego kudłatego leśnego bizona (*Bison bison bonasus*), czyli żubra, najcięższego zwierzęcia lądowego Europy, brodatego krewniaka bizona amerykańskiego (*Bison bison*). Jako uznany ekspert w tej dziedzinie, Jan odgrywał ważną rolę w Międzynarodowym Towarzystwie Ochrony Żubra, założonym w Berlinie w 1923, które w pierwszej kolejności postanowiło zlokalizować wszystkie okazy żubra zachowane w ogrodach zoologicznych i prywatnych rękach.

Odszukano pięćdziesiąt cztery sztuki, przeważnie w wieku zbyt podeszłym na reprodukcję, a w 1932 roku Heinz Heck prześledził ich genealogię w pierwszej w Europie księdze rodowodowej żubra[1].

„Obłudna, konwencjonalna uprzejmość" Hecka nie zwiodła Antoniny: „Starał się w nas wmówić, że nie ma wpływu na postanowienia swoich władz, chociaż osobiście nie żywi wobec naszej placówki złych zamiarów". W końcu przeszli do rzeczywistego powodu jego wizyty, czyli zwierząt: „nieinteresujące Niemców okazy mają być wybite, a te, które przedstawiają dla nich jakąś wartość, przekazane berlińskiemu zoo.

– Proszę to potraktować, kolego... jako wasz depozyt, który, jeśli oczywiście przetrwa, natychmiast po zakończeniu wojny będzie do odebrania. A pani ulubionymi rysiczkami... zaopiekuję się osobiście. Mam nadzieję, że w naszym rezerwacie w Schorfheide będzie im naprawdę dobrze!".

Potem rozmowa zeszła „na tematy delikatne", innymi słowy polityczne, łącznie z tym, co działo się we wrześniu w bombardowanej Warszawie.

„Jedno jest dla was pocieszające – mówił Heck – że ten koszmar minął bezpowrotnie, że macie go za sobą, na tym terenie nie przewiduje się dalszych działań wojennych.

– A co zrobicie w razie wojny ze swoimi rzadkimi zwierzętami?

– Wiele razy już mnie o to pytano, a także: Co zrobicie z niebezpiecznymi zwierzętami? Przecież mogą wyjść na wolność w czasie nalotu?, i tak dalej. To straszna myśl. Prześladuje mnie wizja Berlina i mojego zoo po angielskim bombardowaniu. Wolę nie myśleć, jaki los czeka inne europejskie ogrody zoologiczne, jeśli zostaną zbombardowane. To chyba dlatego tak przeżywam waszą stratę, moi drodzy. To okropne, zrobię, co w mojej mocy, żeby wam pomóc[2].

– Czy Niemcy zwrócą się przeciw Rosji sowieckiej?

– Mają słuszne prawo, ale kampania taka byłaby uwieńczona powodzeniem jedynie u boku Anglików. Z chwilą, gdy mamy Anglię po drugiej stronie, szanse na zwycięstwo są bardzo niskie".

Za każde nieopatrznie rzucone słowo można było zapłacić bardzo wysoką cenę, Antonina przyjrzała się zatem uważnie Heckowi.

Z przelotnego wyrazu twarzy można odgadnąć wiele skrywanych emocji, strach albo poczucie winy za wypowiadane właśnie kłamstwo. Wojna zmroziła już nieco naturalną ufność Antoniny wobec ludzi, ale co do Hecka, to najwyraźniej „wstrząsnął nim widok zburzonego miasta" i los warszawskiego zoo. Niemniej jednak dziwił jego brak „entuzjazmu dla poczynań Hitlera" i „wypowiedź tego funkcjonariusza III Rzeszy wobec ludzi należących do podbitego narodu zrobiła... wrażenie dość niezwykłe", zwłaszcza że Żabińscy znali go dotąd jako człowieka skrytego, który „wierzył głęboko w niemiecką nieomylność". Tak czy owak, zabierał rysice i inne zwierzęta do Niemiec, w charakterze „pożyczki" i żeby się nimi „zaopiekować", a Antonina nie miała żadnego innego wyjścia, niż tylko się z tym pogodzić, robić dobrą minę do złej gry i starać się nie tracić nadziei.

ROZDZIAŁ 10

Z pism i poczynań Lutza Hecka wyłania się obraz człowieka zmiennego jak chorągiewka: w razie potrzeby czarującego, a kiedy indziej działającego z zimną premedytacją, drapieżnego lub ujmującego, zależnie od celu, jaki sobie akurat postawił. Mimo wszystko jak na zoologa zadziwiająco lekko zbywał przyjętą powszechnie tezę o witalności mieszańców, czyli korzystnym wpływie domieszek rasowych w procesie dziedziczenia cech. Musiał wiedzieć, że kundle mają lepszy system odpornościowy i więcej skutecznych zagrywek w swoim genetycznym rękawie niż okazy nieskazitelne rasowo, przy całej swej „doskonałości" narażone na to, że każda choroba atakująca jednego może położyć pokotem całą populację[1]. Dlatego właśnie ogrody zoologiczne skrupulatnie prowadzą księgi rodowodowe zagrożonych gatunków, jak gepardy czy żubry, i dokładają starań, by możliwie korzystnie kojarzyć je w pary. W każdym razie w zamierzchłej przeszłości, na długo przedtem, niż kogokolwiek można by określić mianem Aryjczyka, nasi przodkowie zamieszkiwali ziemię pospołu z innymi odmianami człowiekowatych, często się z nimi krzyżując, dzięki czemu na świat przychodziło zdrowsze, bardziej zażarcie trzymające się życia, rozwojowe potomstwo. Cała dzisiejsza ludzkość pochodzi od tych krzepkich, gadatliwych mieszańców, a konkretnie z genetycznego wąskiego gardła około setki osobników. Przeprowadzone w 2006 roku badania mitochondrialnego DNA u aszkenazyjskich Żydów (w 1931 roku stanowiących 92 procent światowego ogółu Żydów)[2] pozwoliły zredukować ich materiał genetyczny do puli czterech kobiet, które wyemigrowały z Bliskiego Wschodu do Włoch w II i III wieku naszej ery. Cała ludzkość pochodzi z puli genetycznej jednej osoby, według jednych kobiety, według innych mężczyzny[3]. Trudno uwierzyć w aż taką przypadkowość naszego istnienia, ale jako zjawisko przyrodnicze jesteśmy cudem.

Może po kilkudziesięciu latach obserwacji dzikich zwierząt Heck uznał czystki rasowe za konieczny zabieg higieniczny, napędzający reformę polegającą na zastąpieniu jednego rodu drugim, jeszcze odporniejszym, niejako na wzór dramatów rozgrywających się w całym królestwie zwierząt naturalną koleją rzeczy. Scenariusz zwykle wygląda podobnie, jak na przykład u lwów: intruz zapuszcza się do sąsiadującej domeny, zabija stojącego na czele stada samca i jego młode, pokrywa samice, wprowadzając swoje geny w miejsce rodu poprzednika i zagarnia jego terytorium. Przedstawiciele gatunku ludzkiego, dysponując takimi umiejętnościami jak podstęp i kłamstwo, radzą sobie z niepokojami moralnymi, typowymi także wyłącznie dla ich rasy, stosując takie określenia jak samoobrona, siła wyższa, lojalność, dobro ogółu. Tak się na przykład działo w roku 1915, kiedy Turcy wyrzynali Ormian podczas pierwszej wojny światowej, w połowie lat dziewięćdziesiątych, gdy Serbowie zaczęli mordować bośniackich Muzułmanów, czy w 1994 w Ruandzie, gdy setki tysięcy ludzi zginęło (nie licząc gwałtów na kobietach) w plemiennej wojnie między Hutu a Tutsi.

Inaczej było z Holokaustem, działaniem znacznie bardziej przemyślanym, nowoczesnym technologicznie i metodycznym, a zarazem bardziej prymitywnym, jak dowodzi biolog Lecomte du Nouy w *La dignité humaine* (1944): „Niemiecka zbrodnia jest największą zbrodnią w dziejach świata, ponieważ nie mieści się w skali historycznej: rozgrywa się na skalę ewolucyjną"[4]. Co nie oznacza, że ludzie wcześniej nie majstrowali przy ewolucji – doprowadziliśmy do wymarcia wielu gatunków zwierząt, a równie dobrze moglibyśmy wyniszczyć inne gatunki ludzi. Nawet jeśli tak, to, co instynktowne, nie musi być nieuchronne, niekiedy udaje nam się okiełznać wrodzone zapędy, nie zawsze gramy według zasad obowiązujących w przyrodzie. Niewątpliwie dążenia Hitlera do oczyszczenia swojej rasy i do zagrabienia terytorium znajdowały oddźwięk w jakichś atawistycznych skłonnościach takich ludzi jak Heck, któremu może nawet wydawały się diabelską koniecznością.

Heck myślał również praktycznie, że polskie ziemie ulegną wkrótce za sprawą Niemców przeobrażeniu, z ogrodami zoologicznymi włącznie. Jego wizyta w warszawskim zoo miała ukryty i niecny cel: chodziło mu o to, żeby zagrabić najwspanialsze okazy dla niemieckich ogrodów lub rezerwatów, razem z bezcenną dokumentacją rodowodową. I on, i jego brat Heinz liczyli na to, że zasłużą się nowemu germańskiemu imperium i przywrócą naturalnemu środowisku utracony wigor, tak jak Hitler zamierzał uzdrowić ludzkość.

Heck zarzekał się po kilkakroć, że nie ma nic wspólnego z zamknięciem ich zoo, a jego słabnące wpływy w najwyższym dowództwie nie wystarczą, by powstrzymać generałów. Antonina była pewna, że kłamał i nie tylko bardzo się liczono z jego zdaniem, ale i był zapewne osobiście odpowiedzialny za ich los. Żabińską nurtował niepokój o przyszłość zoo. Przy braku odpowiedniej konserwacji wszystko popadnie w ruinę, teren zostanie zaorany i zabudowany, a zoo zniknie z powierzchni ziemi wśród innych ofiar wojny. Zresztą Jan musiał zostać na miejscu, bo teren zoo bardzo się przydawał podziemiu, którego siły na Pradze miały w szczytowym okresie liczyć sześć tysięcy ludzi zorganizowanych w dziewięćdziesięciu oddziałach – ogromna armia dywersyjna[5].

Armia Krajowa, zbrojne ramię państwa podziemnego, kierowanego z Londynu przez polski rząd na uchodźstwie, dysponowała siatką komórek osadzonych w ściśle hierarchicznej strukturze, ze składami broni, szkołami, łącznikami i warsztatami do produkcji metodą chałupniczą granatów, bomb i radioodbiorników. Jako porucznik w strukturach AK Jan wymyślił formalną przykrywkę, dzięki której okupacyjne władze uznałyby zachowanie urządzeń zoo w dobrym stanie za korzystne. Niemcy mieli wielką armię do wykarmienia i uwielbiali wieprzowinę, więc Żabiński zwrócił się do Lutza Hecka z propozycją założenia na terenie byłego zoo dużej fermy świńskiej. Hodowla świń w ostrym klimacie wymusi konieczność zadbania o sypiące się pomieszczenia i grunty, a także zapewni zatrudnienie przynajmniej części dawnego personelu. Jan liczył na to, że pod pozorem zbierania odpadków dla tuczarni świń będzie mógł „przenieść gryps, boczek, masło i załatwić pewne zlecenia moich przyjaciół" z getta, tak wynika z oświadczenia, jakie złożył w Żydowskim Instytucie Historycznym. Antonina zaś pisała z wielkim smutkiem:

„Zrozumieliśmy, że nie można ocalić warszawskiego zoo, usiłowaliśmy więc zrealizować przynajmniej koncepcję Jana: zorganizować na terenie ogrodu dużą tuczarnię świń... co do inwentarza żywego, zapadła ostateczna już decyzja: nieinteresujące Niemców okazy mają być wybite".

Żabińska trafnie oceniała szczerość Hecka, bo wprawdzie zgodził się na fermę, ale los zwierząt „nieistotnych" z punktu widzenia jego projektów hodowlanych nic go nie obchodził. Najpierw więc zoo przez wiele dni przyjmowało i odprawiało hałaśliwą karawanę ciężarówek, którymi słoniczka Tuzinka miała powędrować do zoo w Królewcu, wielbłądy i lamy do Hanoweru, hipopotamy do Norymbergi, konie Przewalskiego do brata Lutza, Heinza, zaś rysie, zebry i żubry do samego Berlina. Antonina martwiła się, jak to zamieszanie odbije się na zwierzętach, które u kresu podróży będą musiały oswoić się z nowymi wybiegami, nowym personelem, przemawiającym do nich czule lub rozkazująco w innym języku, innymi obyczajami, mikroklimatami, porami posiłków. Do tego wszystkiego trzeba się będzie przyzwyczajać, szczególnie do nowych współlokatorów w klatkach i dozorców, a przede wszystkim do wyrwania ze stada lub zwierzęcej rodziny. A cała ta rewolucja spadała na nie, zanim jeszcze otrząsnęły się z szoku, jakim były bombardowania i pożary. Antonina wczuwała się w ich los podwójnie: jako ich ludzka przyjaciółka i jako ofiara tej samej przemocy.

Zabrawszy wszystkie zwierzęta potrzebne mu do hodowli, Heck postanowił urządzić w zoo sylwestrowe polowanie, jak to było od dawna w zwyczaju w północnej Europie, a miało związek ze staropogańską wiarą w to, że złe moce boją się hałasu. Młodzi mężczyźni jeździli wierzchem od gospodarstwa do gospodarstwa, przeganiając demony strzelaniną i pokrzykiwaniem, póki nie doczekali się zaproszenia na poczęstunek. Chłopcy biegali czasami wokół drzew, strzelając z wiatrówek, dzwoniąc dzwonkami i waląc w patelnie, czyli włączali się do ponadczasowego obrzędu, który służył wyrwaniu przyrody z zimowego snu i zapewnieniu urodzaju owoców i innych plonów.

Wynaturzając tę tradycję, Heck zaprosił znajomych esesmanów na nie lada gratkę: prywatne polowanie na terenie zoo dla uprzywilejowanych, szaleństwo okraszone różnorodnością egzotycznych łupów, które stanowiły bardzo łatwy cel nawet dla zupełnie zielonego czy pijanego strzelca. Łowca grubego zwierza współistniał w Hecku z przyrodnikiem i jakkolwiek dziwacznie to brzmi, ten dyrektor ogrodu zoologicznego nie miał nic przeciwko zabijaniu zwierząt w zoo należącym do kogo innego, jeśli tylko mógł się tym przypochlebić możnym swego świata. A ci przybyli z Heckiem w znakomitych humorach, dzięki rozlicznym napitkom i sukcesom armii niemieckiej, i ze śmiechem przemierzali zoo, strzelając dla przyjemności do uwięzionych lub spętanych zwierząt. Brakowało tylko Göringa z jego średniowieczną dzidą na dzika.

„Jak ozdrowieńca zwala z nóg nawrót gorączki, tak nas ścięło z nóg powtórne wykańczanie zwierząt", pisała Antonina w swoim pamiętniku. Akcję „przeprowadzono na chłodno, z rozmysłem – w pogodny, słoneczny dzień zimowy". Na widok pijanych i rozochoconych przyjaciół Hecka zabroniła Rysiowi wychodzić z domu.

– Pozwól mi pojeżdżać saneczkami z górki u lam – „grymasił, narzekał: Ciągle ma siedzieć w domu sam. Nudzi mi się! Puść mnie!".

– To może poczytam ci *Robinsona Crusoe*? – zaproponowała Antonina. Niechętnie poszedł za nią po schodach do swojego pokoju, gdzie umościł się przytulony do mamy na słuchanie swojej ulubionej książki. Jednak musiał wyczuwać posępny nastrój, bo wiercił się i nie mógł skupić. „Nagle ciszę przerwał huk karabinowych wystrzałów. Powtórzony przez echo, dotarł do naszych uszu raz jeszcze, chociaż okna były zamknięte na głucho.

– Mamo, co to znaczy? Kto strzela? Mamo!".

Ryś „szarpał mnie za rękę, tarmosił, a ja patrzyłam tępo w otwartą książkę; litery skakały mi przed oczami, nie mogłam wykrztusić słowa". Chociaż Antonina zniosła jakoś oszałamiającą huśtawkę wydarzeń ostatnich miesięcy, to rozstroiła ją ta „niepotrzebna, pozbawiona nawet politycznego sensu rzeź". Nie podyktował jej głód ani żadna inna konieczność, nie miała nawet żadnego politycznego podtekstu, nie był to planowany odstrzał z powodu nadmiaru osobników danego gatunku w stanie dzikim. Esesmani nie tylko mieli za nic wartość zwierząt jako stworzeń obdarzonych godną uwagi osobowością, ale nie dbali nawet o wrodzoną wszystkim istotom żywym zdolność odczuwania bólu i strachu. Iście pornograficzna rozrywka, w której życie zwierząt znaczyło mniej niż przelotny dreszczyk emocji, jakiej dostarczało zabijanie. Antonina jeszcze wtedy nie wiedziała, „ilu ludzi czeka ten sam los, który spotkał nasze zwierzęta". Widok i zapach tej jatki byłby jeszcze gorszy, ale jakąż udręką okazały się odgłosy wystrzałów i podpowiadane przez wyobraźnię obrazy miotających się z przerażenia, konających zwierząt. Szok, dwulicowość Hecka i własna bezradność sparaliżowały Antoninę. Skoro nie potrafiła ustrzec swoich zwierzęcych podopiecznych, to czy będzie umiała ochronić swego syna? A choćby wytłumaczyć mu, co się dzieje, bez narażania na przeżycie, którego groza miałaby nieodwracalne skutki? Aż do późnego wieczora słychać było pojedyncze strzały, których przypadkowość szarpała nerwy ze zdwojoną siłą.

„Jaskrawoamarantowy zachód zapowiadał wiatr na dzień następny – pisała później Żabińska. – Ścieżki, aleje i ścięte chłodem trawniki coraz grubszą warstwą zaścielał śnieg, padający chaotycznie dużymi płatami. W sinawobłękitnym świetle wieczoru grał ciche podzwonne pogrzebanym zwierzętom. Zataczając coraz węższe kręgi nad ogrodem krążyły dwa sępy i orzeł; podczas bombardowania wyleciały przez podziurawione kulami siatki wolier, a teraz mimo odzyskanej wolności nie chciały porzucić swej siedziby, zniżały stopniowo lot i kołując, opuszczały się na ziemię przy ganku naszej willi; przybywały jak co dzień na kolację, czekając, aż im się rzuci ochłapy końskiego mięsa. Ale i ci ostatni Mohikanie stali się łupem zwycięzców. Kilku oficerów gestapo zabrało trofea myśliwskie z sylwestrowego polowania na terenie zoo".

ROZDZIAŁ 11

„Na wiele tygodni zamarło życie ogrodu. Pustką wiało ze wszystkich kątów" klatek, w których zbrakło nagle znajomych pochrząkiwań i jazgotów. Do świadomości Antoniny nie docierała nowa, żałośnie smutna rzeczywistość, pogrążona „w martwej cmentarnej ciszy". Pozostało jej jedynie wmawiać sobie, „że to nie sen śmierci i zagłady, lecz sen zimowy, taki, jakim zasypiają niedźwiedzie czy borsuki" i taki, z którego budzą się wiosną z nową energią, przeciągając i prostując zesztywniałe członki, by wyruszyć na poszukiwanie pożywienia i dobierać się w pary. Regenerujący siły organizmu sen w czasie, gdy ziemia jest ścięta lodem, dni mrozem, a pokarm głęboko ukryty i lepiej smacznie spać w norze, ogrzanej energią czerpaną z własnych zapasów letniego sadła. A przy tym sen zimowy służy na przykład niedźwiedziom do wydawania na świat młodych, które ssą i wtulają się w futro matki do wiosny, pory rozkwitu. Antonina zastanawiała się, czy nie da się porównać tego uśpienia zwierząt ze stanem ludzi w czasie wojny i uznać, że „poświęcenie się dla idei, wiedza, nauka, zapał do pracy, wyrozumiałość i miłość" to „wewnętrzne zapasy, których nikt nie potrafi nam odebrać i z których musimy teraz czerpać".

Tyle tylko, że „podziemna egzystencja" rodziny Żabińskich nie miała nic wspólnego z „odprężeniem" snu zimowego zwierząt, skoro polegała na lawirowaniu między życiem a śmiercią w ustawicznym napięciu. Psychika broniła się przed nim „swoistym otępieniem". Nie było dla niego sensownej alternatywy. Jakże inaczej uporać się ze strachem i smutkiem, które budziły codzienne okropności: „łapanki, deportacje do Niemiec, tortury w gestapo i na Pawiaku, wysyłanie do obozów i masowe egzekucje". Dla Antoniny w każdym razie ta ucieczka, stoicyzm czy rozkojarzenie – jakkolwiek zwać ten stan ducha – nigdy do końca nie neutralizowało podskórnego „przerażenia, buntu i rozpaczy".

Niemcy przemianowywali polskie ulice, a na ziemiach włączonych do Rzeszy wprowadzali także zakaz mówienia po polsku w miejscach publicznych: w Gdańsku groziła za to nawet kara śmierci. Swój cel powiększenia „przestrzeni życiowej" (*Lebensraum*) naziści realizowali głównie kosztem Polski właśnie, gdzie Hitler wysłał swoje wojska „z rozkazem zabijania bez litości i pardonu wszystkich mężczyzn, kobiet i dzieci polskiej rasy i języka. Tylko w ten sposób zdobędziemy teren, którego bardzo potrzebujemy"[1]. Oszczędzano tylko te polskie dzieci (być może było ich aż dwieście tysięcy), które odznaczały się wybitnie nordyckimi rysami twarzy (a zatem i genami) i dlatego uprowadzano je do Niemiec, gdzie otrzymywały nowe nazwiska i były wychowywane na Niemców. Nie tylko bracia Heck, ale i niemieccy biologowie przywiązywali przesadną wagę do pozorów i wierzyli, że z osobników najbardziej podobnych do swych przodków da się wyhodować czystej krwi pierwowzór.

Rasistowska logika szła takim tropem: biologicznie doskonalsza rasa aryjska rozprzestrzeniła się w świecie i choć rozmaite mocarstwa upadły, wśród szlachetnie urodzonych przetrwały śladowe, rozpoznawalne cechy aryjskie, które można skumulować, zbierając je od potomków na Islandii, w Tybecie, Amazonii i innych regionach świata. Próbą wcielenia w życie tej teorii była zlecona przez Reichsführera Himmlera w styczniu 1939 roku Niemiecka Ekspedycja do Tybetu, której celem miało być odkrycie źródeł rasy aryjskiej. Na czele wyprawy stanął dwudziestosześcioletni przyrodnik, myśliwy i odkrywca Ernst Schäfer.

Himmler „dzielił co najmniej jedną pasję z Ernstem Schäferem", pisał Christopher Hale w swojej *Krucjacie alpinistów*: „fascynował się Wschodem oraz jego religiami" do tego stopnia, że „nosił książeczkę z zebranymi fragmentami z hinduskiej *Bhagavadgity* (Pieśni Pana). Dla niepozornego człowieczka, który siedział w środku zatrutej pajęczej sieci SS, Ernst Schäfer był emisariuszem z innego tajemniczego i przyprawiającego o dreszcz świata". Himmler „nienawidził chrześcijaństwa", w związku z czym Polacy zasługiwali w jego mniemaniu na surową karę choćby za to, że ich kraj miał mocno katolicki charakter[2].

Antonina pisała, że czuła, jakby jej światu wyrwano wnętrzności, a ona patrzyła, jak wolno wali się w gruzy. „Wojna błyskawiczna rozkładała się na długie etapy". W życie mieszkańców Warszawy wkroczyły kartki żywnościowe i czarny rynek z wygórowanymi cenami żywności, chociaż Antonina na szczęście mogła piec chleb z mąki kupionej jeszcze jesienią od szwagierki.

Pod koniec zimy „zaczęły nadchodzić z Danii transporty macior" i w marcu [1940] ruszyła tuczarnia świń, dla których pokarm „stanowiły odpadki z warszawskich restauracji, stołówek, szpitali". Świnie miały się świetnie pod aż nadto wykwalifikowaną opieką dawnych dozorców i wyprodukowały latem kilkaset prosiąt, dzięki czemu Żabińscy mieli co jeść, a Jan mógł wykorzystywać zoo do swego głównego teraz celu, czyli jako placówkę podziemia.

Pewnego wiosennego dnia Jan przyniósł dla syna świeżo urodzone prosiątko, którego matka trafiła do rzeźni. Nowy nabytek okazał się istną szczeciniastą frygą, otrzymał imię Moryś i w wieku dwóch i pół tygodnia „łudząco przypominał Prosiaczka z historii o Kubusiu Puchatku. Czyściutki, różowiutki i gładki, zachwycał marcepanową urodą".

Moryś zamieszkał na tak zwanym stryszku, czyli tak naprawdę w podłużnym, wąskim schowku przylegającym do tego samego tarasu, z którego można było wejść do sypialni na piętrze. Co rano Antonina zastawała go pod drzwiami pokoju Rysia, a po ich otwarciu „wpadał do środka, zagadując po swojemu »chru! chru!«", szturchał chłopca ryjkiem w nogę lub rękę, a Ryś na przywitanie drapał go po grzbiecie. Moryś wyginał się w literę C i pochrząkiwał z zadowolenia".

Moryś ważył się również na „wypady w niższe rejony domu", gdzie aż rojno bywało od głosów i zapachów, w labiryncie nóg ludzkich i meblowych. „Ledwo na dole w pokoju stołowym zaszczękały szkła i talerze, na szczycie schodów ukazywała się walcowata figurka. Moryś mrugał białymi, długimi rzęsami osłaniającymi maślane, niebieskie oczka; patrzył w dół i nasłuchiwał. Gdy tylko w rozmowie przy stole padło imię Morysia, prosiaczek natychmiast zstępował na dół, ostrożnie zsuwając się ze schodka na schodek. Potem obiegał jedzących dokoła, w nadziei, że ktoś rzuci mu smaczny kąsek", chociaż mało kto zostawiał coś na talerzu.

Po obiedzie Ryś szedł do ogrodu „po zielsko dla królików zamieszkujących dawną bażanciarnię", a Moryś deptał mu po piętach, żeby pokrzepić się ulubioną zieleniną lub korzonkami. Wrył się Antoninie w pamięć ten uroczy obrazek: mały chłopiec bawiący się ze swoim prosiaczkiem, „dwie drobne postaci, Rysia i Morysia, na tle zielonego pleneru. Patrząc na nie, można było na chwilę bodaj zapomnieć o wojennych tragediach". Wojna zabrała już jej synowi tyle dzieciństwa, tak wielu ulubieńców, łącznie z psem, hienką, kucykiem, szympansem i borsukiem, że Antonina z radością obserwowała te codzienne wyprawy Rysia z Morysiem do warzywniaka, miniaturki rajskiego ogrodu.

Dzień powszedni w zoo zawsze miał coś z łamigłówki, takiej na przykład: jak zachować pogodę ducha, serdeczność i humor w oszalałym, zabójczym i nieprzewidywalnym otoczeniu? Mieszkańcy willi codziennie widywali na terenie ogrodu zbrodniarzy wojennych, śmierć kładła się cieniem nawet na zwykłą domową krzątaninę, nie mówiąc o działalności konspiracyjnej, dopadała ludzi znienacka na ulicach. Pojęcie bezpieczeństwa rozsypało się w drobny mak. Czaszkę rozsadzały troski i obawy, a na scenie wyobraźni rozgrywały się dramaty obfitujące w tragiczne i triumfalne zdarzenia, ponieważ na nieszczęście strach przed śmiercią czyni cuda, jeśli idzie o koncentrację, pobudza twórcze moce i wyczula zmysły. Poleganie na swoich przeczuciach może wydawać się ryzykowne tylko wtedy, kiedy jest czas na „wydawanie się". Jeśli go brak, mózg reaguje automatycznie i obywa się bez wysublimowanej logicznej analizy, odwołując się w zamian do nagłych przebłysków geniuszu z zasobów awaryjnych i repertuaru pradawnych sztuczek.

ROZDZIAŁ 12

Jak mogło dojść do takiego barbarzyństwa w XX wieku?! – z niedowierzaniem zadawała sobie pytanie Antonina Żabińska. „Przecież świat dawno już potępił zbrodnię i barbarzyństwa ciemnych epok swojej przeszłości!", a mimo to znów wraca z całą siłą sadyzm nieokiełznany żadnymi względami religii i kultury.

Przygotowując przy kuchennym stole paczuszki dla przyjaciół z getta, Antonina mogła się tylko cieszyć, że nikt nie grzebie Janowi w kieszeniach czy wiaderkach, gdy wybiera się na kolejną zbiórkę odpadków dla kierowanej przez Weimara tuczarni świń. Zapewne bawił go paradoks polegający na noszeniu żywności ze świńskiej fermy do getta, ale nawet jeśli dawanie Żydom wieprzowiny trochę raziło, to i tak wszelkie przepisy dotyczące koszerności potraw dawno uchylono, a każdy z wdzięcznością przyjmował proteinowe dary, rzadkie i cenione po obu stronach muru.

„Początkowo ani Żydzi, ani Polacy nie rozumieli w pełni sensu zarządzeń rasistowskich" ani nie dawali wiary ponurym pogłoskom o wywożeniu i zabijaniu Żydów. „Dopóki czegoś z kategorii rzeczy »niesamowitych i niesłychanych« nie zobaczymy na własne oczy i nie doświadczymy na własnej skórze, skłonni jesteśmy uważać je za nieprawdopodobne, za plotkę, za przesadę lub po prostu za makabryczny żart", wspominała później Żabińska. Nawet we wdrożeniu przez Urząd Czystości Rasowej szczegółowej ewidencji żydowskiej ludności Warszawy dopatrywano się „sławetnej systematyczności niemieckiej i chęci usprawnienia techniki administracyjno-aprowizacyjnej", czyli działania typowej biurokratycznej machiny. Niemniej Niemcy, Polacy i Żydzi stawali teraz w osobnych kolejkach po chleb, a żywność racjonowano z dokładnością co do jednej kalorii, przy czym Niemcy mieli przydział 2613 kalorii dziennie, Polacy 669, a Żydzi tylko 184. W razie jakichś niejasności wystarczyło odwołać się do wypowiedzi gubernatora Franka: „Moje oczekiwania w stosunku do Żydów sprowadzają się do jednego: muszą oni zniknąć"[1]. *Verboten!* Tę nową komendę wszyscy szybko poznali: z ryku żołnierzy lub wypisaną wielkimi literami z wykrzyknikiem jak grożącym palcem na afiszach czy w gazetach. Zignorowanie tych trzech sylab groziło śmiercią. Wykrzyczane szczekliwie rozbrzmiewały od przeciskającego się między zaciśniętymi wargami „f" do wybuchowego „b", od chłodnej pogardy do otwarcie eksplodującej nienawiści.

Sygnałów ostrzegawczych i upokorzeń przybywało z każdym dniem: Żydom zabroniono wstępu do restauracji, parków, publicznych toalet, a nawet siadania na miejskich ławkach. Oznakowani opaskami z niebieską gwiazdą Dawida na białym tle nie mieli wkrótce prawa podróżować koleją czy tramwajem, byli publicznie stygmatyzowani, brutalnie poniewierani i mordowani. Wydano rozporządzenia zakazujące żydowskim muzykom wykonywania utworów nieżydowskich kompozytorów, wykluczające żydowskich prawników z palestry, odbierające żydowskim urzędnikom czy nauczycielom posady bez wypowiedzenia lub emerytury. Nielegalne stało się wstępowanie w związek małżeński lub utrzymywanie stosunków seksualnych między Żydami a nie--Żydami, Żydom nie wolno było zajmować się sztuką lub uczestniczyć w imprezach kulturalnych, żydowskim lekarzom odebrano prawo praktykowania zawodu poza gettem. Przemianowano ulice noszące żydowsko brzmiące nazwy, a Żydzi noszący „aryjskie" imiona mieli je zmienić na „Izrael" lub „Sara". Polacy szykujący się do ślubu musieli przedstawić zaświadczenie o „zdolności do zawarcia małżeństwa". Żydom nie wolno było zatrudniać Aryjczyków. Byki będące własnością Żydów nie mogły zapładniać aryjskich krów, a Żydom nie wolno było hodować gołębi pocztowych. Nazistowską ideologię i antysemickie karykatury propagowano także w wielu książkach dla dzieci, takich jak *Trujący grzyb*.

Niemieccy żołnierze zabawiali się, obcinając religijnym Żydom brody i pejsy, szydzili ze starych Żydów i Żydówek, każąc im niekiedy tańczyć na ulicy pod groźbą zastrzelenia na miejscu. Na archiwalnych filmach widać takie pary obcych sobie ludzi, walcujących niezdarnie, z twarzami zastygłymi ze strachu, ku uciesze klaszczących i roześmianych niemieckich żołdaków. Każdy Żyd, który nie ukłonił się i nie zdjął czapki przed przechodzącym obok Niemcem, zasługiwał zdaniem tego ostatniego na bestialskie pobicie. Naziści zagarniali wszelką gotówkę i oszczędności, rabowali meble, biżuterię, książki, pianina, zabawki, ubrania, medykamenty, radioodbiorniki i wszystko, co miało jakąkolwiek wartość. Ponad 100 tysięcy ludzi wyrwano z domu, żeby zaprząc do ciężkiej fizycznej pracy bez żadnej zapłaty, wykorzystywano ich i poniżano, a Żydówki na przykład zmuszano do używania własnej bielizny jako szmat do podłogi i sprzątania ubikacji.

I wreszcie, 2 października 1940 roku Niemcy nakazują wszystkim warszawskim Żydom przeniesienie się do dzielnicy żydowskiej w północnej części miasta (dawniej tu właśnie podczas epidemii przeprowadzano kwarantannę), a położonej dogodnie pomiędzy Dworcem Głównym, Ogrodem Saskim i Dworcem Gdańskim. Odbywało się to zwykle w ten sposób, że niemieccy żandarmi otaczali kilka kamienic, dając mieszkańcom pół godziny na opuszczenie mieszkań – nie mogli więc oni zabrać nic poza najbardziej osobistymi rzeczami, które byli w stanie unieść. Łącznie z Żydami przesiedlonymi z okolicznych wsi i miasteczek, na mocy tego rozporządzenia ponad 400 tysięcy Żydów stłoczono na obszarze stanowiącym zaledwie 5 procent powierzchni miasta. Nic dziwnego, że „rumor na ulicach niesłychany", jak określił natężenie hałasu jeden z mieszkańców, mógł poważnie nadszarpywać ich nerwy[2]. To zagęszczenie 27 tysięcy mieszkań, w którym na dwa i pół niewielkiego pokoju przypadało przeciętnie po kilkanaście osób – miało w zamierzeniu Niemców podłamywać morale, osłabiać ducha, upokarzać i zmiękczać wolę oporu.

W minionych wiekach w wielu krajach Europy powstawały żydowskie getta, ale niezależnie od tego, jak dawno istniały lub jak wielką budziły niechęć, tętniły życiem i nigdy nie były odcięte od świata, z którym miały ciągły kontakt dzięki dwukierunkowemu przepływowi podróżników, kupców i kultury. Getto w okupowanej Warszawie różniło się od nich diametralnie, bowiem jak określił to jeden z ocalałych, Michael Mazor: „W Warszawie getto było wyłącznie zorganizowaną formą śmierci –»szafką śmierci« (*Todeskätschen*), jak nazwał je jeden z niemieckich wartowników ustawionych przy bramie getta, miastem traktowanym przez Niemców jak cmentarz"[3]. Przeżywali tylko zaradni i czujni i nikt nie ważył się wychodzić z domu bez sprawdzenia, „Jak tam dzisiaj? – a czujne spojrzenia próbowały wymacać w stłoczonej ulicy niebezpieczeństwo. Przechodnie rzucali sobie nawzajem słowa ostrzeżenia, które zmieniały nagle cały kierunek ruchu ulicznego. Jedno słowo grozy, jeden gest – wtłaczał wielotysięczne tłumy w bramy, pozostawiając puste ulice, jakby obnażone"[4].

Życie, mimo wszystko, wciąż buzowało w getcie, gdziekolwiek i jakkolwiek mogło. Norman Davies uchwycił ten migawkowy obraz żywego pulsu getta na wczesnym etapie jego istnienia; ulica Leszno „przez dwa czy trzy lata pozostawała ruchliwą miejską arterią, z tłumem przechodniów, z rikszami i własnymi tramwajami, oznaczonymi niebieską gwiazdą Dawida. Miała swoje kawiarnie i restauracje, pod numerem 40 Kuchnia dla Literatów oferowała swe usługi nawet uboższym, nie brakowało też miejsc rozrywki. W fotoplastikonie pod numerem 27 każdy mógł sobie obejrzeć daleki świat w postaci serii obrazków przedstawiających tak egzotyczne miejsca jak Egipt, Chiny czy Kalifornia. Na chodniku stał klown z czerwonym nosem, zachęcając przechodniów, aby kupili bilet za sześćdziesiąt groszy. Pod numerem 2, w kawiarni Sztuka, codziennie odbywały się przedstawienia kabaretu lub koncerty z udziałem takich piosenkarek, jak Wiera Gran czy znana jako »słowik getta« Marysia Ajzensztadt oraz pianistów tej klasy co Władysław Szpilman i Artur Goldfeder. Pod numerem 35 w teatrze muzycznym Femina pokazywano bardziej ambitne przedstawienia – od szerokiego repertuaru polskiego, łącznie z rewią *Księżna Czardaszka...* po komedię o nader aktualnym tytule *Miłość szuka mieszkania*. Wszystko to razem było rozpaczliwą formą eskapizmu. Ktoś słusznie zauważył:»Jedyną bronią w getcie jest humor«". Wiele nazw gettowych ulic kojarzyć się mogło ze scenerią rajskiej krainy dostatku i przygody: Ogrodowa, Pawia, Chłodna, Dzika, Nowolipie, Smocza, Solna, Gęsia, Dzielna, Ciepła, Nalewki, Miła.

Na początku, póki getto nie było zbyt szczelnie zamknięte, żydowscy przyjaciele Żabińskich traktowali je jak tymczasową kolonię dla trędowatych, albo wierzyli w rychły upadek Hitlera i zwycięstwo sprawiedliwości, albo też w to, że przetrzymają najgorszy nawet sztorm, a „ostateczne rozwiązanie" oznacza wyrzucenie Żydów z Niemiec i Polski, ale przecież nie unicestwienie.

Decydując się na nieznaną przyszłość, zamiast natychmiastowego zagrożenia, większość Żydów przeprowadziła się zgodnie z nakazem, chociaż niektórzy poszli pod prąd, wybierając ryzyko życia w ukryciu po aryjskiej stronie miasta. Według Antoniny rozmowy jej przyjaciół mieszanego pochodzenia lub będących w mieszanym związku małżeńskim krążyły posępnie wokół rasistowskich ustaw norymberskich z 15 września 1935 roku, wedle których najmniejsza domieszka krwi żydowskiej była nieusuwalną skazą. Od tej reguły robiono wyjątek tylko w szczególnych przypadkach, jak na przykład słynnego odkrywcy i badacza Jedwabnego Szlaku, apologety nazizmu Svena Hedina, który towarzyszył Hitlerowi na trybunie podczas igrzysk olimpijskich w Berlinie w 1936 roku. Prapradziadek Hedina był rabinem, o czym w kręgu zaufanych Hitlera z pewnością wiedziano.

Wprawdzie mało kto był w stanie przewidzieć, że rasistowskie prawa staną się wkrótce sprawą życia i śmierci, ale zdarzały się pospieszne chrzty lub kupowanie fałszywych dokumentów. Z obawy, że Niemcy odkryją częściowo żydowskie pochodzenie Wandy, przyjaciele Żabińskich, Adam i Wanda Englertowie, wzięli fikcyjny rozwód, po którym miało nastąpić równie fikcyjne „zniknięcie" Wandy. Przedtem postanowili wydać przyjęcie pożegnalne dla rodziny i przyjaciół dokładnie w dzień letniego przesilenia.

Na noc świętojańską Arsenał udekorowano pewnie gałązkami bylicy, wysokiego ziela z gatunku astrowatych z fioletowymi łodygami, zielono-srebrzystymi liśćmi i drobnymi żółtymi kwiatami, z dawien dawna używanej do odczyniania uroków i odpędzania czarownic i demonów, zwłaszcza w noc Kupały, poprzedzającą dzień świętego Jana (którego ścięta głowa miała się, według legendy, potoczyć właśnie w zarośla bylicy lub piołunu). Przesądni wieśniacy wieszali pęczki tego ziela pod okapem obory, żeby odstraszyć czarownice wysysające nocą mleko z krowich wymion. Warszawianki plotły wianki między innymi z bylicy, a gospodynie domowe przywiązywały wiązanki ziół nad drzwiami i oknami, żeby oddalić „diabelstwo". Podczas diabelskiej w powszechnym rozumieniu okupacji kraju wybór dnia poprzedzającego noc świętojańską na przyjęcie nie mógł być przypadkowy.

22 czerwca Jan z Antoniną ruszyli więc w gości. Korzystając z ładnej pogody mogli zrobić sobie przyjemny spacer przez most Kierbedzia lub pojechać tramwajem. Na starych fotografiach zamknięte metalowe dźwigary mostu wyglądają jak spięte długim rzędem klamerek, których plecionka pstrzyła drogę szablonem kwadracików słonecznego blasku. Takie mosty zawodzą pozbawionymi rytmu i melodii poświstami wiatru, wibrują odczuwalną muzyką, przenikającymi do szpiku kości basami, którymi odzywają się także słonie, wydając infradźwięki, wyczuwalne w postaci wibracji gruntu, jeśli stoi się na ziemi w pobliżu miejsca „rozmowy".

Żabińscy zwykle szli na skróty przez park Praski, miejską oazę zieleni rozciągającą się na powierzchni 74 akrów na fortyfikacjach z czasów napoleońskich. W 1927 roku nowe zoo zajęło prawie połowę parku, ale dołożono przy tym starań, żeby wycinać jak najmniej starych drzew. Ich gałęzie osłaniały wysiadających z tramwaju aż do samej bramy zoo, za którą witał ich dalszy ciąg opowieści tych samych co w prologu akacji, klonolistnych sykomor, złotowłosów i kasztanowców. Tego popołudnia zabrakło im papierosów i dlatego Jan z Antoniną wybrali dłuższą drogę ulicą Łukasińskiego, żeby zahaczyć o mały sklepik pachnący mocnym polskim tytoniem. Ledwo wyszli ze sklepu i zapalili, gdy „rozległ się przeraźliwy huk i gwizd, silny podmuch rzucił nas na parkan; ujrzeliśmy przed sobą... jakiś niesamowity w rozprysku wyrzut niezliczonej ilości odłamków kamieni lecących w kurzawie, ziemi i piasku ku górze. Zrobiło się czarno. W sekundę później nad naszymi głowami...

zawarczał silnik i na błękicie ukazała się wąziutka, różowobiała smuga... Patrzyliśmy na siebie ogłuszeni i odurzeni... Dopiero po kilku minutach wycie syren alarmowych oznajmiło, że działał tu nieprzyjaciel Rzeszy". Musiał to być samotny bombowiec, który próbował zniszczyć most Kierbedzia. Bomba nie trafiła jednak w most ani w park. Kłęby czarnego dymu unosiły się nad zdruzgotanym tramwajem.

– Gdybyśmy poszli skrótem, tobyśmy do niego wsiedli – powiedział Jan ze złością.

W tej samej chwili gorszy lęk złapał Antoninę za gardło.

– Ale Ryś czasami wraca o tej porze ze szkoły tramwajem.

Podbiegli do tlącego się, trzeszczącego wraku, wyrzuconego z szyn, który leżał naprzeciw kościoła jak dymiący mamut, stos powyginanego żelastwa ze sflaczałym kabłąkiem, pełen bezwładnych ciał kilkudziesięciu pasażerów w środku i na zewnątrz. „Płacząc z żalu, patrzyłam na zszarzałe twarze trupów, z trwogą szukając Rysia", wspominała Antonina. Nie znalazłszy go, Żabińscy popędzili do szkoły, z której dzieci już wyszły. Znów obok tramwaju i gromadzącego się tłumu pognali przez park do zoo, wpadli do kuchni, potem przetrząsnęli cały dom, ale Rysia nie było. – Nie ma go – powiedział Jan, siadając ciężko na krześle. Dopiero po jakimś czasie usłyszeli kroki na schodkach.

– Siadaj – odezwał się Jan ostro, ale cicho, prowadząc syna do krzesła. – „Gdzie łazisz, smarkaczu jeden? Czy nie wiesz, że masz natychmiast wracać ze szkoły, że to twój podstawowy obowiązek?".

Ryś tłumaczył, że bomba spadła zaraz po jego wyjściu ze szkoły, a „któryś z prażan, widząc gromadkę dzieci z tornistrami, zabrał je do mieszkania, obawiając się dalszych nalotów".

Nie trzeba dodawać, że Żabińscy zrezygnowali z przyjęcia u Wandy, ale nie z jej towarzystwa, już wkrótce bowiem, zgodnie z planem, ich przyjaciółka „zniknęła", zaszywając się w zoo w przebraniu całkiem nieżydowskiej wychowawczyni Rysia.

ROZDZIAŁ 13

Janowi i Antoninie nazistowski rasizm jawił się jako zjawisko niepojęte i szatańskie, mierził ich. Wprawdzie wspierali już, jak mogli, swoich przyjaciół w getcie, ale pomimo ryzyka postanowili pomagać też innym, czy to znanym z dzieciństwa, czy zaprzyjaźnionym pośrednio lub bezpośrednio.

„Miałem moralne zobowiązania wobec Żydów", powiedział Jan w jednym z wywiadów.

„Mój ojciec był zagorzałym ateistą i z tego względu zapisał mnie w 1905 roku do gimnazjum Kreczmara, jedynej podówczas szkoły warszawskiej, w której nie obowiązywała nauka religii, pomimo sprzeciwu matki, żarliwej katoliczki. Osiemdziesiąt procent uczniów stanowili Żydzi i tam właśnie zadzierzgnąłem przyjaźnie z ludźmi, którzy mieli się później wyróżnić na polu nauki i sztuki... Po maturze podjąłem pracę nauczyciela w szkole Rontalera", także w przeważającej mierze żydowskiej. W rezultacie Żabiński nawiązał wiele bliskich przyjaźni wśród żydowskiej inteligencji i wielu jego szkolnych kolegów znalazło się za murami getta. Chociaż Jan rzadko wspominał publicznie o swoim ojcu, to jednak powiedział w wywiadzie, że wybrał zoologię „na złość ojcu, który nie lubił ani nie cenił zwierząt i nie wpuszczał ich do domu, poza ćmami i muchami, które wlatywały do środka bez jego pozwolenia!".

Więcej ich łączyło, gdy w grę wchodziła lojalność wobec żydowskich przyjaciół:

„I ja, i mój ojciec wzrastaliśmy w sąsiedztwie żydowskich mieszkańców. Ojciec był prawnikiem i chociaż ożenił się bardzo bogato – z córką ziemianina – to o własnych siłach zdobył sobie miejsce w szeregach burżuazji. Przez czysty przypadek dorastaliśmy w tej biednej żydowskiej dzielnicy Warszawy. Mój ojciec od dziecka bawił się na ulicy z żydowskimi dziećmi jak równy z równymi. I to miało na mnie wpływ".

Zoo wcale nie było idealną kryjówką dla zbiegów. „Willa dyrektorska stała... tuż przy wejściu od ulicy Ratuszowej", samotna jak latarnia morska na morzu klatek i wybiegów. „Służbowe domki znajdowały się w głębi ogrodu, o pół kilometra mniej więcej od nas. Dookoła na przestrzeni czterdziestu hektarów ciągnął się park, poszatkowany ogródkami działkowymi. Od południa, za ogrodzeniem, wzdłuż brzegu Wisły, biegły tory kolejki dojazdowej... od północy widać było rozległy teren wojskowy, na którym wznosiły się wielkie, drewniane magazyny, pilnowane przez niemieckich żołnierzy. Po kapitulacji Warszawy Niemcy urządzili w zoo, na tzw. lwiej wyspie, jeden z prowizorycznych składów odebranej Polakom broni; stała tam teraz wacha. Poza tym umundurowani Niemcy pojawiali się często w zoo w charakterze spacerowiczów", spragnieni najwyraźniej zieleni i ciszy, choć nie mieli ulubionych pór na te przechadzki, tak że nikt nie mógł przewidzieć, kiedy lub ilu ich się pojawi. Przychodzili po służbie, ale nie jako patrol, choć „lepiej się nadawał do przechadzek sąsiedni park Praski".

Trudno uwierzyć, że Antonina nie znała jednego z sekretów Jana: we współpracy z AK ukrył w zoo skład amunicji, w schowku pod fosą okalającą wybieg słoni. (Po wojnie odsłonięto tam małą, obudowaną drewnem komórkę). Żabiński zdawał sobie sprawę z ryzyka, nawet ryzykanctwa, zakopywania broni w samym środku zoo, nieopodal niemieckich magazynów wojskowych. Na szczęście, jak przewidział, Niemcom nie mieściła się w głowie taka brawura u Polaka, ponieważ uważali Słowian za rasę głupią i bojaźliwą, zdatną wyłącznie do pracy fizycznej.

„Dla psychiki niemieckiej było rzeczą wręcz nieprawdopodobną, aby jakakolwiek konspiracja mogła odbywać się w miejscu tak wystawionym na widok publiczny", rozumowali Żabińscy.

Jan zawsze stronił od pochwał i bagatelizował swoją odwagę, mówiąc: „Po co to zamieszanie? Jeśli jakiejś istocie grozi niebezpieczeństwo, to się ją ratuje, zwierzę czy człowieka". Z wywiadów, jego własnych pism i relacji Antoniny wyłania się człowiek z natury skryty, ale towarzyski, wysoce zdyscyplinowany, niepobłażliwy wobec siebie i rodziny, o jakim mówi się niekiedy, że „nic go nie ruszy", obdarzony umiejętnością skrywania swoich uczynków i uczuć, a także wielkim hartem ducha. W podziemnej działalności, wymagającej na co dzień przytomności umysłu i męstwa, Jan nosił pseudonim „Franciszek", od Franciszka z Asyżu, świętego od zwierzątek, i słynął ze śmiałości, zimnej krwi i gotowości podejmowania ryzyka. Decyzja o ukrywaniu broni i Żydów niemal na oczach Niemców, między ich placówkami, okazała się trafna psychologicznie, ale podejrzewam, że było w niej trochę przekornej chęci pokazania, kto tu jest górą, przyjemności zadrwienia z rasy „panów". Niemniej gdyby ów „żart" wyszedł na jaw, oznaczałby bezlitosny i natychmiastowy wyrok śmierci dla Żabińskiego, jego rodziny i nie wiadomo ilu jeszcze osób. Tworząc z domu tymczasowe schronisko, „stację tranzytową" dla uciekinierów z getta, dopóki nie znaleziono im nowej, bezpieczniejszej kryjówki, Jan odkrył, że ateizm nie chroni go przed silnym wrażeniem, iż nie jest panem swego losu.

ROZDZIAŁ 14

Od zamknięcia getta jesienią 1940 roku każdy telefon, wiadomość zapisana na świstku papieru lub wyszeptana do ucha mogła dla Żabińskiej oznaczać pogotowie w oczekiwaniu na kolejnego potajemnego „gościa" z polecenia podziemia lub przyjaciół. Ukrywający się poza gettem Żydzi trafiali tu „przejazdem", zanim zorganizowano im inną kryjówkę. Zoo było stacją przestankową na nabranie sił przed dalszą drogą w nieznane. Mówiących dobrze po polsku Żydów z „dobrym", czyli aryjskim, wyglądem zaopatrywano w fałszywe dokumenty, by mogli ruszyć dalej, inni spędzali w zoo całe lata, niektórzy w willi, inni w pomieszczeniach po zwierzętach, po kilkoro naraz.

Wśród gości było wielu starych przyjaciół, jak Wanda Englertowa, lub znajomych, a Antonina traktowała ich wszystkich jak rodzinę. Ukrywanie ludzi stwarzało problemy, ale w końcu kto jak kto, ale żona dyrektora zoo ma chyba niezłe pojęcie o maskowaniu i dobieraniu barw ochronnych?

Na swobodzie dzikie zwierzęta dziedziczą umiejętność sprytnego upodobniania się do otoczenia, pingwiny na przykład są z wierzchu czarne, a od spodu białe, żeby podkradające im zdobycz wydrzyki wzięły je za załamanie fali oceanu, a polujące na pingwiny lamparty morskie – za chmurkę. Najlepszym kamuflażem dla ludzi są inni ludzie, zatem Żabińscy ciągle przyjmowali na dłużej lub krócej legalnych gości – wujów, ciotki, kuzynów i znajomych – wprowadzając regułę stałej nieprzewidywalności: zmieniających się twarzy, sylwetek i głosów, wśród których jednym z najczęstszych była matka Jana. „Matkę uwielbiali wszyscy", pisała Antonina o swojej teściowej. „Była uosobieniem dobroci i łagodności. Obdarzona przez naturę niepospolitą inteligencją i żywym umysłem, pamięć miała niemal młodzieńczą", a także wspaniałe poczucie humoru: „Kiedy udało się ją czymś rozbawić, wybuchała, zupełnie jak mała dziewczynka, serdecznym śmiechem, tak zaraźliwym, że znikały gdzieś ponure nastroje". Ale Antonina martwiła się o starszą panią, bo „cechowały ją ponadto subtelność i wrażliwość wręcz cieplarniana. Trzeba ją było chronić przed bólem i zmartwieniami, aby nie czyniły w jej duszy zbyt wielu spustoszeń, zwłaszcza że odznaczała się skłonnością do depresji".

Jan pozostawiał te „niekonkrety" w gestii Antoniny, która od zawsze radziła sobie z „trudnymi okazami", żywo i intuicyjnie reagowała w sytuacji, gdy można było zabawić, oddziaływać i, w ostatecznym rozrachunku, ratować rodzica. Janowi bardziej odpowiadała rola generała, szpiega i stratega, szczególnie jeśli wiązała się ze zmyleniem i upokorzeniem nieprzyjaciela.

W przeciwieństwie do innych krajów Europy, gdzie za ukrywanie Żydów można było trafić do więzienia, w Polsce udzielenie Żydowi schronienia karano na miejscu śmiercią, nie tylko samego ratującego, ale i całej jego rodziny lub nawet wszystkich mieszkańców kamienicy. Za skierowane przeciwko nim akcje Niemcy potrafili wymordować całe osiedle lub miasteczko, stosując obłąkańczą zasadę odpowiedzialności zbiorowej. Mimo to pracownicy szpitali pomagali szmuglować Żydów z gett, przebierając ich za pielęgniarki, dając niemowlętom środki nasenne, żeby nie zapłakały wynoszone w plecaku, lub umieszczając żywych ludzi pod stosem wywożonych trupów. Wielu chrześcijan przechowywało żydowskich znajomych przez niemal całą wojnę, mimo że musieli dzielić się z nimi głodowymi racjami żywnościowymi, żyć w ciągłym napięciu i wykazywać na co dzień nie lada sprytem. Wnoszenie do mieszkania większych niż zwykle ilości jedzenia, mignięcie w oknie nieznanej sylwetki czy szepty dobiegające z piwnicy lub szafy mogły wzbudzić podejrzenie przypadkowego gościa czy sąsiada i skłonić go do złożenia donosu policji albo szepnięcia słówka miejskiej szumowinie – szantażystom. Uciekinierzy tkwili niekiedy latami w ciemności, nie mogąc się niemal poruszyć, a jeśli doczekali wyzwolenia, to zwiotczałe mięśnie odmawiały im posłuszeństwa i trzeba ich było wynosić z kryjówki jak szmaciane lalki.

Zoo nie zawsze stanowiło pierwszy przystanek dla Gości, zwłaszcza wychodzących z getta, których na noc lub dwie przygarniała w śródmieściu Ewa Brzuska, niska, krępa rumiana pani po sześćdziesiątce, którą nazywano Babcią. Miała malutki (pięć metrów kwadratowych) sklepik na Sędziowskiej, a beczki z kiszoną kapustą i ogórkami wystawiała na chodnik, obok skrzynek z pomidorami i zieleniną. Często przystawali przy nich sąsiedzi, żeby zrobić zakupy i pogawędzić, nic sobie nie robiąc z niemieckiego warsztatu naprawy pojazdów wojskowych po przeciwnej stronie ulicy. Codziennie pod eskortą przyprowadzano tu do pracy grupę Żydów z getta, a Babcia ukradkiem odbierała od nich listy do wysłania lub czuwała na straży, gdy rozmawiali z krewnymi. Za wysokimi workami kartofli mogli się skryć mali szmuglerzy z getta. W 1942 roku zaplecze warzywniaka stało się placówką konspiracji, a Babcia przechowywała pod beczkami z kapustą fałszywe dowody tożsamości, metryki, pieniądze i kartki na chleb, a w schowku trzymała podziemne publikacje lub nocowała uciekających Żydów, z których niejeden kierował się później do ogrodu zoologicznego.

Antonina rzadko wiedziała z góry, kiedy może się spodziewać Gości, albo skąd nadejdą; to Jan zajmował się konspirowaniem i był w stałym kontakcie z AK; nikt w willi nie znał pełnego zakresu jego podziemnej działalności. Nie wiedzieli, na przykład, „co zawierają pudełka po mączce Nestle'a lub po Ovomaltinie, pojawiające się ni stąd, ni zowąd na półeczkach nad kaloryferami".

Antonina słyszała, jak Jan rzucał mimochodem: „Schowałem tam potrzebne mi do moich przyborów sprężynki, proszę, aby nikt nie ważył się tego przestawiać, chcę mieć każdej chwili do tego dostęp".

Nikt się nie dziwił, bo Jan „całe życie zbierał i gromadził jakieś »skarby«: stare gwoździe, muterki, śrubki itp.", tyle że zwykle trzymał je w swoim warsztacie. „Ci, którzy go znali, uśmiechem kwitowali to jego hobby, nie domyślając się, że tym razem chodzi o zapalniki i różne inne części konieczne do fabrykowania bomb". Nie zdawała sobie z tego sprawy nawet Antonina.

Młody naukowiec z Muzeum Zoologicznego przywiózł pewnego dnia na taczce ogromną beczkę nawozu sztucznego, którą Jan ustawił w tzw. „ambulansie, budyneczku obok willi, gdzie przed wojną izolowano chore zwierzęta". Od czasu do czasu Jan uprzedzał żonę, „że zgłosi się tu ktoś z grupy zoologicznej po trochę nawozu do użyźnienia ogródka działkowego". Antonina dopiero po wojnie poznała prawdę o zawartości beczki: był to trójchlorek żelaza, którego wodny roztwór służył jako materiał wybuchowy, zaś Jan stał na czele komórki AK specjalizującej się w wysadzaniu niemieckich pociągów. Wlany do panewek osi wagonowych trójchlorek zapalał się podczas jazdy wskutek tarcia i powodował pożar wagonu. (W roku 1943 w ciągu miesiąca konspiratorzy wykoleili siedemnaście pociągów i uszkodzili sto lokomotyw). Antonina nie wiedziała też, że Jan podczas okupacji zaraził część świń pasożytami, a po uboju, dzięki pomocy osiemnastoletniego pracownika wojskowej kantyny, zatrute mięso trafiło do kanapek niemieckich żołnierzy.

Pomagał również budować bunkry, ratujące życie podziemne kryjówki. W okupowanej Polsce słowo bunkier nie kojarzyło się z typowym wojskowym schronem jak dzisiaj, ale z wilgotną podziemną norą, zwykle na skraju lasu lub parku, której otwory wentylacyjne i wejście maskowano gałęziami. Bunkier Emanuela Ringelbluma przy Grójeckiej 77 mieścił się pod ogrodniczą cieplarnią, miał powierzchnię trzydziestu metrów i dawał schronienie trzydziestu ośmiu osobom na czternastu ściśniętych pryczach. Jedna z współlokatorek bunkra, Orna Jagur (Irena Grodzińska), która w przeciwieństwie do Ringelbluma opuściła bunkier, zanim został wydany Niemcom w 1944 roku, tak opisała pierwsze zetknięcie się z bunkrowym życiem:

„Uderzyła mnie fala gorącego, stęchłego powietrza. Z dołu bił zaduch pleśni, zmieszany z odorem potu, niewietrzonych ubrań i resztek jedzenia... Część mieszkańców schronu leżała na pryczach, pogrążonych w ciemności, reszta siedziała przy stołach. Mężczyźni – z powodu upału – byli do połowy obnażeni, nosili tylko spodnie piżamowe.

Twarze ich były blade, zmęczone. W oczach mieli lęk i niepokój, głosy nerwowe, podniecone"[1].

To była solidna budowla i dobra kryjówka, o jej przymusowych mieszkańców dobrze dbała polska rodzina, dostarczając im przyzwoite wyżywienie.

W porównaniu z bunkrami życie w zoo urzekało przestrzenią i wydawało się niemal sielanką, choć toczyło się na nieco wariackich papierach. Siedziba Żabińskich znana była w podziemiu pod kryptonimem „dom pod zwariowaną gwiazdą", i bardziej przypominała gabinet osobliwości niż zwykłą willę, dzięki czemu najbardziej zagrożeni mogli się niezauważenie przewijać w tej dziwacznej, ludzko-zwierzęcej menażerii. Goście napawali się futurystyczną architekturą willi i otaczającej ją parkowej zieleni, na której czterdziestu hektarach można było zapomnieć o wojnie i udawać letników na wsi. Eden jest pojęciem względnym, uciekinierom z getta zoo jawiło się jak istny rajski ogród, z drzewami, zwierzętami i matczyną opieką.

Zgodnie z przepisami o zaciemnieniu Żabińscy po zmroku zasłaniali okna czarnym papierem, ale za dnia w jednopiętrowej, teoretycznie jednorodzinnej willi życie tętniło jak w przeszklonym ulu. Przy tylu domownikach i gościach – gosposi, niani, bonie, teściach, przyjaciołach i domowych zwierzakach – kręcących się po domu postaciach i dziwnych odgłosach nic nie budziło zdziwienia. „Widoczna jak na dłoni" willa jakby prosiła się o zaglądanie przez wielkie weneckie okna, „z lekka tylko osłonięte skupinami krzewów". W tym szaleństwie Żabińskich była metoda, bo wystawianie się na widok publiczny i duży ruch „pieszy" miały sprawiać wrażenie, że w tym domu nic nie da się ukryć.

Skąd tyle szyb? Architektonicznie willa reprezentowała styl międzynarodowy, którego twórcy projektowali budynki w oderwaniu od historii, kultury, geologii czy klimatu. Z ukłonem w stronę ducha epoki maszyn i futuryzmu dążyli do najdalej posuniętej, pozbawionej ozdób prostoty smukłych budowli wznoszonych ze szkła, stali i betonu. Najwybitniejsi architekci tego nurtu – Walter Gropius, Ludwig Mies van der Rohe, Marcel Breuer, Le Corbusier i Philip Johnson – chcieli, by ta architektura kojarzyła się z uczciwością, szczerością i przystępnością dzięki otwartym fasadom domów, które nie mają nic do ukrycia. Z tymi założeniami szły w parze hasła takie, jak „ornament to zbrodnia", „funkcja określa formę", „maszyny do życia". Budowanie modernistycznych willi i życie w nich na przekór estetyce narodowego socjalizmu (zakochanego w monumentalnej architekturze klasycznej) już samo w sobie stanowiło dla tego ostatniego afront, a Jan z Antoniną wykorzystywali do maksimum wrażenie leżące u podstaw tego stylu: przejrzystość, szczerość, prostota.

W tym potoku ludzi pojawiających się i znikających, nienazwanych i nieoczekiwanych, trudno było wykryć Gości, jeszcze trudniej stwierdzić, kogo nie ma i kiedy. Niemniej ta pozorowana niewinność oznaczała życie w nieustającym napięciu, baczne nasłuchiwanie każdego odgłosu, wypatrywanie każdego cienia. Nie dało się w codziennym życiu willi uniknąć swoistej manii prześladowczej, jedynej rozsądnej reakcji na stałe zagrożenie. Wszyscy opanowali do mistrzostwa sztukę wojennych podstępów: chodzenia na palcach, zamierania bez ruchu, kamuflażu, odwracania uwagi, pantomimy. Jedni przemykali, innych nie było w ogóle widać za dnia i wyłaniali się ze schowków dopiero po zmroku.

Obecność tylu osób nakładała mnóstwo dodatkowych obowiązków na Antoninę – musiała „dwoić się i troić, aby wszystkim obowiązkom podołać... [przeobraziła] się w prawdziwą wiejską gosposię, która obrządza drób, hoduje króliki, piele grzędy, podwiązuje pomidory i fasolę, robi zapasy na zimę" i codziennie piecze chleb.

Polacy zaczynali się przyzwyczajać do okupacyjnych lęków, kiedy nagle w jednej chwili normalne bicie serca przechodziło w szaleńczy łomot, a metabolizm organizmu zmieniał się skokowo. Budząc się rano, ludzie nie wiedzieli, co ich czeka, bo dzień mógł się zakończyć tragicznie, na przykład aresztowaniem. Czy mnie też się to przydarzy, zastanawiała się Antonina, że zniknę jak tylu innych ludzi, bo przypadkiem znalazłam się akurat w tramwaju albo na ulicy, gdzie Niemcy akurat postanowili zrobić łapankę albo zgarnąć zakładników i rozstrzelać w odwecie za jakąś rzeczywistą czy wyimaginowaną obrazę ich władzy?

Domowe obowiązki, choć nużące i monotonne, miały działanie uspokajające, którym emanowały znane, nieszkodliwe i automatyczne ruchy. Trwanie w ciągłej czujności męczyło, zmysły nie zaznawały pełnego odpoczynku, mózg na nieustającym ostrym dyżurze wciąż sondował możliwości, penetrował ciemne zaułki, węszył niebezpieczeństwo, co groziło kręceniem się w kółko na karuzeli własnych myśli. W kraju z wyrokiem śmierci czas, mimo drobnych wskazówek, jak wstające słońce czy przesuwające się po niebie za szczelnymi zasłonami konstelacje, tracił kształt i pewną elastyczność, a dni, jak pisała Antonina, coraz bardziej przypominały bańki mydlane, kruche i niezwykle przypadkowe. Finlandia i Rumunia stanęły po stronie Hitlera, Jugosławia i Grecja skapitulowały. Atak Niemiec na byłego sojusznika, Związek Radziecki, wywołał fale plotek i przepowiedni, a oblężenie Leningradu szczególnie przygnębiło Antoninę, gdyż liczyła na to, że wojna przygaśnie, a nie rozgorzeje z nową siłą. Od czasu do czasu dochodziły ich wieści, że Berlin zbombardowano, że Brygada Karpacka odniosła zwycięstwo, że jakaś niemiecka armia musiała się poddać, ale Żabińscy przeważnie śledzili przebieg walk w tajnej prasie i biuletynach drukowanych w podziemiu przez całą okupację dla pozbawionego wiarygodnych źródeł informacji społeczeństwa. Wydawcy posyłali również pojedyncze egzemplarze do siedziby gestapo, „aby wam ułatwić poszukiwania i pokazać, co o was myślimy"[2].

Niemieccy oficerowie często zaglądali do zoo, żeby „sobie postrzelać do licznie gnieżdżących się gawronów". Po ich odjeździe Antonina ukradkiem zbierała zabite ptaki i przyrządzała z nich weki. „Starszym paniom bardzo smakowało pieczyste z tej dziczyzny", która uchodziła za kuropatwy, nie lada rarytas na polskim stole, szczególnie podczas okupacji. Śmiejąc się w duchu, Antonina przyjmowała komplementy, myśląc: „po co miałam psuć staruszkom apetyt gwoli zoologicznej ścisłości?".

Nastroje w willi wahały się między skrajnościami – po falach odprężenia kipiały niepokojem, a jej mieszkańcy rozkoszowali się urokami życia niemal na łonie natury w jednej chwili, a już w następnej ogarniała ich groza, jaką wywoływały wiadomości ze świata. Pod osłoną umilających życie rozmów i dźwięków fortepianu Antonina wymykała się na okamgnienie wojnie i nawet ogarniało ją poczucie szczęścia, szczególnie w te mgliste poranki, kiedy miasto znikało sprzed oczu i mogła sobie wyobrażać, że jest w innym kraju lub epoce. Cieszyło ją to, gdyż życie w pracowni abażurów na Kapucyńskiej „było przesiąknięte smutkiem".

Przewijali się przez zoo członkowie podziemia, Żabińscy gościli „także harcerzy, chłopców w wieku szkolnym", między dwunastym a siedemnastym rokiem życia. Popularne przed wojną harcerstwo zostało naturalnie podczas niemieckiej okupacji zakazane, ale pod egidą AK młodzież włączyła się w ruch oporu i pomagała w walce. Najmłodsi harcerze specjalizowali się w małym sabotażu polegającym na pisaniu na murach haseł jak „Polska zwycięży!" czy „Hitler – hycler", za co groziło im rozstrzelanie, lub pełnili rolę kurierów, przenosząc tajne wiadomości lub przesyłki, podczas gdy starsi konspiratorzy uczestniczyli w zamachach na niemieckich dowódców czy w akcjach odbijania więźniów z gestapo. A w zoo przydawali się do rąbania drewna, przynoszenia węgla i palenia w piecu. Niektórzy rikszami rozwozili warzywa z ogródka Antoniny.

Ryś musiał słyszeć, jak „starsi wciąż rozmawiali półgłosem o jakichś poufnych sprawach" i cierpiał, że nie może uczestniczyć w tych pasjonujących tajemnych poczynaniach spod znaku płaszcza i szpady. Wiedział, bo wpajano mu to od małego, że otaczające go niebezpieczeństwa są prawdziwe, a nie udawane czy zmyślone. To nie dla zabawy nie wolno było nigdy i nikomu pisnąć ani słowa o Gościach, bo gdyby ktoś coś chlapnął, to i Ryś, i jego rodzice, i wszyscy inni domownicy zostaliby zamordowani. Cóż za ciężar dla małego dziecka! Świat wokół niego żył konspiracją, pełen dziwacznych postaci i sekretnych historii, a Ryś nie mógł nikomu o tym opowiedzieć. Nic dziwnego, że się martwił i stawał z każdym dniem bardziej niespokojny, czym Antonina bardzo się przejmowała. Nieuchronnie Ryś zaczął straszyć sam siebie. Gdyby słówko o Gościach lub jakiś konspiracyjny sekret wymknął mu się podczas zabawy, Niemcy zastrzelą mu ojca i matkę, a on, nawet jeśli nie zginie, zostanie całkiem sam i to będzie jego wina. Na wszelki wypadek lepiej unikać wszystkich nieznajomych, a nawet znajomych dzieci. Antonina zauważyła, że i w szkole „nie spotkał chłopców, z którymi miałby się ochotę zaprzyjaźnić". Za to „pędził co tchu ze szkoły do druha swoich zabaw i spacerów", prosiątka Morysia, z którym mógł się nagadać do syta bez obawy, że zdradzi jakąś tajemnicę. Moryś lubił udawać i „bawić się w przestrach". Czekał na jakiś drobny hałas, na przykład stuknięcie książką o blat stołu i ślizgając się raciczkami po podłodze, „rzucał się do szybkiej ucieczki, co najwyraźniej sprawiało mu ogromną przyjemność". Chwilę potem przy krześle Rysia rozlegało się radosne chrząkanie na znak, że zabawę należy powtórzyć.

Choćby Antonina najbardziej pragnęła dać Rysiowi szczęśliwe dzieciństwo, bieg zdarzeń podciął korzenie tym nadziejom. Pewnego popołudnia niemieccy żołnierze zauważyli Morysia bawiącego się w ogrodzie z Rysiem i podeszli zaciekawieni. Ufny wobec ludzi Moryś zaraz potruchtał w ich stronę poprychać sobie i dać się podrapać po grzbiecie. I wtedy, na oczach osłupiałego ze zgrozy Rysia, Niemcy powlekli kwiczącego Morysia do rzeźni. Zdruzgotany Ryś całymi dniami nie mógł powstrzymać płaczu i przez wiele miesięcy odmawiał wyjścia do ogrodu, nawet po to, by nazbierać zieleniny dla królików i kur. Z czasem odważył się tam znów zapuścić, ale już bez poprzedniej radosnej swobody.

ROZDZIAŁ 15

Wielka tuczarnia przetrwała zaledwie do zimy, ponieważ centralne ogrzewanie w pomieszczeniach dla słoni i hipopotamów nie działało i świnie potrzebowały ciepłej ściółki. Na przekór zdrowemu rozsądkowi „dyrektor rzeźni", któremu podlegało teraz zoo, uprzejmie wysłuchał Jana i bez żadnego uzasadnienia odmówił zgody na zakup słomy. – To kompletny absurd – relacjonował później żonie Żabiński. – Nie mogę uwierzyć w taki idiotyzm!

Antoninie też wydawało się to niepojęte, bo przy takich niedoborach żywności świnie były na wagę złota, a cóż to za wydatek – słoma?

– Próbowałem wszystkich argumentów, jakie przyszły mi do głowy – opowiadał Jan. – Nie rozumiem. Przecież zawsze zachowywał się sympatycznie.

– Leniwy, uparty osioł! – orzekła Antonina.

Wkrótce trzaskający nocami mróz zaczął szronić szyby, a przedzierający się przez drewniane ściany lodowaty wiatr wysysać życie z małych prosiąt. Epidemia czerwonki dokończyła dzieła, zabijając większość pozostałych zwierząt, a dyrektor rzeźni nakazał zamknąć fermę. To nie tylko budziło wściekłość i pozbawiało willę zaopatrzenia w mięso, ale i kładło kres wyprawom Jana do getta pod pozorem zbierania resztek dla tuczarni. Dopiero po kilku miesiącach Żabińscy poznali prawdziwą przyczynę rujnacji: dyrektor rzeźni zmówił się z niemieckim urzędnikiem niższego szczebla, by wynająć teren zoo niemieckiej firmie pod uprawę roślin leczniczych.

Pewnego marcowego dnia w zoo zjawiła się brygada uzbrojonych w piły i siekiery robotników, którzy przystąpili do wycinania drzew, równania z ziemią klombów oraz niszczenia ozdobnych krzewów, łącznie z różami przy bramie głównej. Ani prośbą, ani groźbą nie udało się Żabińskim powstrzymać dewastacji. Na rozkaz Niemców zoo miało zostać oczyszczone z dekoracyjnych krzewów tak samo jak z chwastów, ponieważ słowiańskie rośliny nadają się jedynie na nawóz do użyźnienia uprawy zdrowych, niemieckich ziół. Imigranci przeważnie starają się odtworzyć na obczyźnie jakiś aspekt życia w ojczyźnie (najczęściej rodzimą kuchnię), ale hasło *Lebensraum* odnosiło się nie tylko do ludzi, uświadomiła sobie Antonina, ale i do niemieckiej fauny i flory. Naziści zamierzali za pomocą eugeniki wykarczować z powierzchni ziemi polskie geny, wyrwać je z korzeniami i zetrzeć w proch, by zasiać w ich miejsce niemieckie ziarno, czego Żabińska obawiała się już rok wcześniej, po kapitulacji Warszawy. Żołnierze rasy wyższej potrzebowali pożywienia wyższego gatunku, które można otrzymać tylko z aryjskich nasion. Skoro nazizm rozbudowywał własną mitologię, obejmującą także botanikę i biologię, w obrębie których rośliny i zwierzęta miały się chlubić pradawnym rodowodem nieskażonym domieszkami azjatyckiej lub śródziemnomorskiej krwi, to należało je hodować od zera, zastępując tysiące polskich rolników i tak zwanych polskich lub żydowskich upraw ich niemieckimi odpowiednikami.

Traf chciał, że Ludwig Leist, niemiecki prezydent Warszawy i miłośnik ogrodów zoologicznych, wybrał się po pracy do zoo z żoną i córką. „Zażądał widzenia się z byłym dyrektorem zoo... i poprosił, aby oprowadził jego rodzinę po terenie i mniej więcej objaśnił, jak to wszystko wyglądało przed wojną. Jan, doskonale znający wszystkie ogrody zoologiczne w Rzeszy, rozmyślnie przy każdym wybiegu mówił o tym, jak zagadnienie mikroklimatu dla danego zwierzęcia rozwiązane zostało u nas, a jak w Monachium, Berlinie, Hamburgu u Hagenbecka itd., co oczywiście zdumiewało Leista. Wreszcie Jan podprowadził gości do na wpół zniszczonej różanki, gdzie leżały na stercie świeżo wykopane krzewy róż", kolejne ofiary wojny. Żonie Leista zrobiło się żal zniszczonego piękna, a to z kolei wywołało furię jej męża.

– A to co takiego? – zapytał.

Jan wyjaśnił, że nie ma z tą decyzją nic wspólnego. Umiejętnie dawkując w swoim głosie ubolewanie przemieszane ze wzburzeniem opowiedział o zrujnowanej tuczarni i decyzji dyrektora rzeźni o wydzierżawieniu ziemi niemieckiej firmie zielarskiej.

– Jak pan mógł na coś takiego zezwolić? – ryknął Leist.

– Co za szkoda! – rozczuliła się Leistowa. – Ja tak ogromnie lubię róże!

Jan rozłożył bezradnie ręce: Nikt mnie o to nie pytał – usprawiedliwiał się żonie Leista, dając jasno do zrozumienia, że winnych trzeba szukać gdzie indziej. Oskarżycielski wzrok żony padł na męża. – Ale ja nic o tym nie wiem! – wrzeszczał coraz bardziej rozdrażniony Oberführer.

Przed wyjściem „oznajmił, że nazajutrz o dziesiątej wezwie burmistrza Kulskiego, i kazał Janowi stawić się o tej samej godzinie w celu zreferowania mu szczegółów tej skandalicznej afery". Następnego ranka podczas spotkania okazało się, że Julian Kulski także nie miał pojęcia o zmowie. Leist od ręki unieważnił umowę o dzierżawie, przyrzekł ukarać winowajców i spytał Kulskiego o radę, jak najlepiej zagospodarować zoo bez dewastacji jego urządzeń. W przeciwieństwie do Leista Żabiński był świadom powiązań Kulskiego z podziemiem i dlatego z podziwem, uśmiechając się w duchu, wysłuchał propozycji Kulskiego, by na trawnikach i wybiegach zoo założyć działki dla mieszkańców Warszawy, by mogli „sadzić kartofle i warzywa, częściowo rozwiązując trudne dla samorządu miasta sprawy aprowizacyjne. Posunięcie było wręcz mistrzowskie. Rozbicie na działki nie niszczyło parkowych elementów ogrodu, a wykorzystanie terenu dla potrzeb warszawiaków nie wyłączyłoby go z gestii władz polskich; przy tym zaś można było liczyć na zgodę Niemców, bo projekt dawał im możliwość pochwalenia się jeszcze jednym »dobrodziejstwem świadczonym mieszkańcom miasta«". W rzeczy samej, „Leist wyraził aprobatę i Jan znowu musiał zmienić fach: z dyrektora zoo i tuczarni świń stał się opiekunem ogródków działkowych". Dzięki temu podlegał teraz wydziałowi Ogrodnictwa i Terenów Zielonych w Zarządzie Miejskim i mógł otrzymać nową przepustkę do getta na przeprowadzanie inspekcji takichże terenów na jego obszarze. Co prawda roślinności uchowało się tam co kot napłakał, kilka drzew zaledwie przy kościele na Lesznie, a już na pewno nie było mowy o parkach, ale Jan korzystał z przepustki, „żeby odwiedzać ludzi, których należało podtrzymać na duchu, którym trzeba było przemycić jakąś wałówkę lub gryps"[1].

Początkowo Antonina czasami razem z Janem odwiedzała w getcie dr. Szymona Tenenbauma, słynnego entomologa z rodziną, składającą się z żony Loni, dentystki, i córki Ireny. Z Janem przyjaźnili się od szkolnej ławy, kiedy to z upodobaniem łazili po rowach i zaglądali pod kamienie w poszukiwaniu fascynujących już wtedy Szymona żyjątek. Zwłaszcza chrząszcze stały się przedmiotem jego fascynacji, specjalnością i manią. Jako dorosły człowiek zaczął jeździć po świecie i w każdej wolnej chwili zbierał okazy do swojej kolekcji, a pięciotomowa praca na temat chrząszczy na Balearach zapewniła mu rangę wybitnego uczonego. W ciągu roku szkolnego pełnił funkcję dyrektora żydowskiego gimnazjum, ale w czasie wakacji dalej uzupełniał swoje zbiory w Białowieży, gdzie aż się roiło od robaków i w każdym wykrocie można było trafić na owadzie Pompeje w miniaturze. Jan też lubił chrząszcze i sam badał kiedyś naukowo karaluchy.

W getcie Tenenbaum nie przestał pisać artykułów ani zbierać owadów, które przyszpilał w brązowych drewnianych skrzyneczkach ze szklanymi wieczkami. Ale przed przymusowym przesiedleniem do getta poprosił Jana, by ukrył w swoim domu jego ogromną kolekcję owadów.

Jak pisze Antonina, „bliższą znajomość z Tenenbaumami zawarliśmy dopiero podczas wojny. Nie zawsze bowiem nieszczęście powoduje między ludźmi rozdźwięk... przeciwnie: zacieśnia między nimi więź", sprzyja rodzeniu się przyjaźni i miłości; każdy uścisk dłoni otwierał drzwi lub zmieniał bieg życia. „Dziwnym zrządzeniem losu właśnie dzięki przyjaźni z Tenenbaumami poznaliśmy kogoś, kto pośrednio i niezupełnie świadomie ułatwił nam bardziej stałe kontakty z gettem".

„Pewnej niedzieli latem 1941 zobaczyłam przed naszym domem niemiecką limuzynę", pisze Antonina. Z samochodu wysiadł grubawy

Niemiec w cywilu. Zanim zdążył zadzwonić do drzwi, Antonina popędziła do fortepianu i zaczęła szaleć na klawiaturze, wygrywając kuplety „Jedź na Kretę" z operetki Offenbacha *Piękna Helena*. „Był to sygnał, który zawiadamiał wszystkie »nielegalne osoby«, że muszą się ukryć w schowkach, bo zbliża się niebezpieczeństwo". Wybór melodii i kompozytora wiele mówi o charakterze Antoniny i atmosferze panującej w dyrektorskiej willi.

Jakub Offenbach, francuski Żyd, był siódmym dzieckiem kantora, Izaaka Judy Ebersta, który pewnego dnia postanowił z jakiegoś powodu przyjąć nazwisko od swego miejsca urodzenia. Izaak miał sześć córek i dwóch synów, a muzyka wzbogacała życie całej rodziny. Jakub komponował i jako wirtuoz wiolonczeli grywał po kawiarniach i salonach. Z racji wesołego usposobienia i satyrycznego zacięcia nie przepuszczał żadnej okazji do swawolnych żartów, czy to osobistej czy muzycznej natury, a naigrawanie się z władzy stanowiło jego ulubioną rozrywkę: tyle razy karano go grzywną za psoty w poważnym konserwatorium paryskim, że niejednokrotnie potrącano mu cały tygodniowy zarobek. Z zamiłowaniem komponował muzykę taneczną, łącznie z walcem opartym na melodii synagogalnej, ku wielkiemu zgorszeniu własnego ojca. W 1855 roku otworzył własny teatr muzyczny „z powodu ciągłego braku jakichkolwiek chętnych do wystawienia moich utworów", jak napisał kpiąco, dodając, że „idea autentycznie wesołej, radosnej i dowcipnej muzyki, krótko mówiąc, idea muzyki z życiem, stopniowo poszła w zapomnienie".

Offenbach tworzył niezwykle popularne farsy, satyry i operetki, którymi zauroczył wytworne towarzystwo i które śpiewano na ulicach Paryża, zawadiacką i żartobliwą muzykę drwiącą z wszelkiego udawania, autorytetów i idealizacji antyku. Był też barwną postacią ze swoim pince-nez, bokobrodami i fantazyjnymi strojami. Na takie powodzenie Offenbacha złożyło sie, jak ujął to krytyk muzyczny Milton Gross, między innymi to, że pojawił się „w okresie politycznych represji, cenzury i ograniczenia swobód obywatelskich"[2]. Gdy „polityczna policja wdzierała się w prywatne życie obywateli... teatr szedł w zabawę, lekkość, kpinę z przymrużeniem oka".

Tryskająca humorem i cudownie melodyjna *Piękna Helena* jest żywiołową i dowcipną operą komiczną o Helenie trojańskiej, której porwanie dało początek wojnie rozpętanej przez jej nudnego męża Menelaosa. Offenbach karykaturuje zawziętych władców, kwestionuje konwencjonalną moralność i opiewa miłość Heleny i Parysa, pragnących za wszelką cenę umknąć do lepszego świata. Na zakończenie aktu pierwszego rzekoma Pytia oznajmia Menelaosowi, że musi udać się do Grecji, a chórek, Helena, Parys i w ogóle większość obsady poganiają go, śpiewając w oszałamiającym tempie: „Jedź, jedź na Kretę!". Przewrotny sens tej sceny polega na ośmieszaniu wojowniczych zapędów wodzów i przeciwstawieniu im dobrodziejstw pokoju i miłości – w sumie idealny sygnał dla Parysów i Helen, którzy znaleźli schronienie w willi. Co więcej, wyszedł spod pióra żydowskiego kompozytora, czyli w ogóle nie wolno go było pod okupacją hitlerowską publicznie wykonywać.

Jan otworzył drzwi. Po chwili nieznajomy wszedł do stołowego pokoju.

– Czy tu mieszka dawny dyrektor zoo? – zapytał. Otrzymawszy potwierdzenie przedstawił się:

– Jestem Ziegler... Pełnię tutaj funkcję kierownika żydowskiego Arbeitsamtu[3].

Ziegler, który grupy najbardziej wykwalifikowanych wysyłał do fabryk zbrojeniowych, jak huty Kruppa w Essen, niemal nic nie robił dla całej rzeszy Żydów, głodujących, chorujących i pozbawionych dzięki polityce okupanta możliwości zarobkowania[4].

– Chciałbym obejrzeć niezwykłą kolekcję owadów, podarowaną zoo przez doktora Tenenbauma – oświadczył. Słysząc dobiegające z gabinetu dźwięki, dodał: – „Ależ tu u was wesoło!".

Jan wprowadził go do środka. – „A tak, nasz dom jest muzykalny. Lubimy Offenbacha".

Ziegler przytaknął, choć bez entuzjazmu. „Przyjemny, ale płytki kompozytor... Choć, trzeba przyznać, Żydzi na ogół są bardzo uzdolnieni".

Żabińscy spojrzeli po sobie z niepokojem. Jak się Ziegler dowiedział o istnieniu kolekcji? Jan wspominał później, że pomyślał: „No, to już koniec".

Widząc zapewne ich zakłopotanie, Ziegler powiedział: – „Państwo się dziwią... a ja mam upoważnienie od doktora Tenenbauma do obejrzenia kolekcji owadów, która znajduje się tutaj".

Jan z Antoniną słuchali uważnie. Musieli ciągle ćwiczyć umiejętność wykrywania zagrożenia, porównywalną z rozbrajaniem bomb – jedno drgnienie głosu, jeden błąd w ocenie i świat wybucha. Do czego Ziegler zmierza? „Zbiory i tak w każdej chwili mógł zabrać... ośmiuset szklanych pudeł nie sposób ukryć", nie było więc sensu wypierać się ich posiadania. „Trzeba było natychmiast coś odpowiedzieć", żeby nie wzbudzić podejrzeń.

– „Tak... doktor Tenenbaum, przenosząc się do getta, zostawił u nas swoje zbiory... mamy suche pomieszczenie... centralne ogrzewanie... pan rozumie; w lokalu zimnym i wilgotnym mogłyby się zniszczyć".

Ziegler pokiwał ze zrozumieniem głową: – „Wiem o tym doskonale, sam jestem entomologiem, choć raczej z amatorstwa". To właśnie za sprawą swojej fascynacji światem owadów Ziegler zawarł znajomość z Tenenbaumem, ale okazało się, że leczył również zęby u jego żony.

– „Często widuję profesora. Wywożę go niekiedy za miasto samochodem... szuka w przydrożnych rowach swoich owadów. To bardzo uczony człowiek".

Żabińscy zaprowadzili Zieglera do piwnicy w budynku administracyjnym, gdzie na półkach piętrzyły się kasety z insektami, jak niezliczone tomy ksiąg w takich samych szklanych okładkach oprawionych w drewniane ramki na małych metalowych zawiasach i z numerem na grzbiecie zamiast tytułu.

Ziegler ściągał z półek kasetę za kasetą i podziwiał galerię ziemskich tęgopokrywych: mieniące się zielenią jak klejnoty żuki z Palestyny, granatowe chrabąszcze tygrysie z metalicznym połyskiem i krzaczastymi odnóżami, czerwono-zielone neptunidy z Ugandy rzucające blask jak atłasowa wstążka, smukłe cętkowane jak lamparty chrząszcze z Węgier, *Pyrophorus noctilucus*, małe brązowe żuczki, które jarzą się o tyle mocniej niż świetliki, że kilkanaście umieszczonych w latarence sztuk służy Indianom południowoamerykańskim do oświetlenia chaty, a kilka przywiązanych do kostek wystarczająco rozjaśnia ścieżkę po zmroku, piórkoskrzydłe, najmniejsze znane chrząszcze, o miniaturowych, owłosionych po brzegach skrzydełkach, oliwkowozielone, dochodzące do dwudziestu centymetrów długości samce herkulesa z Amazonii, gdzie tubylcy noszą je w charakterze naszyjników, wyposażone w broń godną średniowiecznego rycerza walczącego na kopie: potężny, mieczowaty róg, wygięty do dołu, którego uzupełnieniem jest drugi, mniejszy, zakrzywiony ku górze; samice herkulesa dorównujące im wielkością, ale bez rogów, za to z koralikami i rudymi włoskami na pokrywach skrzydeł; egipskie skarabeusze jak te wyryte w kamieniu komór grobowych faraonów; zdobne rozłożystym porożem jelonki; żuki z długimi, giętkimi czułkami, które kołyszą im się nad głową, jak tramwajowy pałąk albo lasso; nakrapiane, stalowobłękitne chrząszcze palmowe z łapkami porośniętymi sześćdziesięcioma tysiącami krótkich, żółtych włosków, które nasycają kleistą substancją umożliwiającą im przywieranie bardzo ściśle do śliskich liści; ich larwy w słomkowych kapeluszach utkanych z ich własnych odchodów, wyciąganych nitka za nitką z odbytu; siatkoskrzydłe chrząszcze karmazynkowate z Arizony z brązowo-pomarańczowymi pokrywami z czarną lamówką, żyłkowanymi misternie pustymi kanalikami, z których w razie potrzeby upuszczają trochę trującej krwi, żeby odstraszyć napastnika; owalne, nieuchwytne krętakowate, posuwające się po tafli wody w pobliżu brzegów strumieni i wydzielające dość obrzydliwą białą maź; błyszczące brązowe żuki oleicowate, zwane pryszczelami, a w postaci sproszkowanej znane jako „hiszpańska mucha", wydzielające trującą kantadrynę, która w niewielkich dawkach powoduje erekcję, a w nieco tylko większych – śmierć (podobno od niej właśnie zginął Lukrecjusz); brunatne meksykańskie biedronki w obronie sączące spod kolan alkaliczną krew; chrząszcze z miniaturowymi grzebykami, szczoteczkami, kępkami, pędzelkami, frędzelkami lub buławkami na końcach czułków; chrąszcze z paszczami jak wyszczerzone na Halloween dynie; żuczki mieniące się lazurem z delftyjskich miniatur.

Na każdego dużego chrząszcza przypadała jedna szpilka z kulistą główką, ale pomniejsze gatunki tłoczyły się niekiedy po trzy na szpilce.

Na białej naklejce pod szpilką niebieskim atramentem wykaligrafowano opis każdego okazu, opatrując duże litery misternymi zawijasami, uskrzydlając wszystkie „f" i „d" drobnym, starannym i wyraźnym charakterem pisma. Zbieranie owadów najwyraźniej zaspokajało pasję doktora Tenenbauma tylko po części, z równym zapałem przesiadywał godzinami nad mikroskopem, z piórem, etykietkami, szczypczykami i kasetkami na okazy, robionymi na wymiar pod kątem muzealnych szuflad i ścian, jak te tworzone przez jego rówieśnika, surrealistę Josepha Cornella. Jak długo musiał ślęczeć Tenenbaum, z niezmierną pieczołowitością układając odnóża owadów, ich czułki i elementy aparatu gębowego tak, by prezentowały się najlepiej? Jak Lutz Heck, miał i Tenenbaum swoje safari, z których powracał z łupem: chrząszczami pod szkłem, a o ileż więcej trofeów zawisło na ścianach jego pokoików w porównaniu z tymi, które mogły pomieścić domki myśliwskie czy zoologiczne muzea. Już sama myśl o tym, ile czasu wymagało skatalogowanie, spreparowanie i przyszpilanie owadów, budzi onieśmielenie.

W jednym ze szklanych aerodromów pyszniły się w rzędach chrząszcze biegaczowate, które potrafią w obronie własnej strzyknąć w kierunku przeciwnika drażniącą wydzieliną z wypustki na końcu odwłoka. W jej skład wchodzą różne, pojedynczo nieszkodliwe związki chemiczne, które wchodzą w reakcję w specjalnym gruczole i działają jak gaz porażający. Mistrz w posługiwaniu się tą bronią, umie nastawić swoje działko w kierunku wroga i strzelać nie ciągłym strumieniem cieczy, ale krótkimi seriami z szybkością 40 kilometrów na godzinę. Dzięki pechowemu doświadczeniu Charlesa Darwina Tenenbaum wiedział, że biegacz tryska parzącym płynem (Darwinowi zdarzyło się popełnić takie głupstwo, że chciał przytrzymać jednego biegacza w ustach, podczas gdy łapał dwa inne robaczki). Ale sekretne laboratorium chrząszcza odkrył długo po wojnie Thomas Eisner, syn chemika, któremu Hitler kazał wydobywać złoto z morskiej wody, i żydowskiej malarki ekspresjonistki. Cała rodzina uciekła do Hiszpanii i przez Urugwaj do Stanów Zjednoczonych, gdzie Thomas został entomologiem i odkrył, że odrzutowe urządzenie biegacza dziwnie przypomina system napędowy zastosowany przez Wernhera von Brauna i Waltera Dornemunde w 29 tysiącach niemieckich latających bomb V-1 w Peenemunde. Biegące strzelają w miarę cicho, ale buczenie odrzutowych silników V-1, lecących na wysokości mniej więcej kilometra z szybkością prawie 600 kilometrów na godzinę, terroryzowało mieszkańców miast, na które miały spaść. Dopiero zamilknięcie pocisku zwiastowało śmierć, bo po osiągnięciu celu silnik gasł raptownie i rakieta ze swoją ważącą ponad 800 kilogramów głowicą waliła się w dół. Brytyjczycy przezywali je bąkami, dopełniając entomologicznych skojarzeń.

Zachwycona mina Zieglera rozwiała wątpliwości Antoniny co do jego pobudek, ponieważ „dorwawszy się do przepięknych chrząszczy i motyli, kierownik Arbeitsamtu zapomniał o bożym świecie"[5]. Stał jak zaczarowany i czułym wzrokiem wodził po poszczególnych eksponatach, rządek za rządkiem.

– „Wunderbar! Wunderbar! – mruczał. – Co za kolekcja! Ile w tym pracy!".

Wreszcie wrócił do rzeczywistości. Czerwieniąc się, powiedział z zakłopotaniem: – „Doktor prosił, aby go odwiedzić... Mógłbym to może ułatwić, tylko...".

Nie dokończył, ale Żabińscy odgadli, „co ma na myśli: ryzykował, sprawa była nader delikatna... Jan z miejsca podchwycił tę pełną wahań propozycję: byłoby naprawdę znakomicie, gdyby Ziegler zabrał go teraz do getta, bo akurat musi się zobaczyć z Tenenbaumem i poradzić się, jak zabezpieczyć pleśniejące pudło z owadami" – wyjaśnił rzeczowym tonem.

„I robiąc minę z głupia frant, Jan pokazał Zieglerowi swoją przepustkę do getta, aby nie było wątpliwości, że chce się tam dostać drogą legalną. Uprzejmość Niemca ograniczałaby się tylko do podwiezienia limuzyną". Pozostając wciąż pod urokiem wspaniałej kolekcji i zdecydowany nie dać jej sczeznąć, Ziegler wyraził zgodę.

Antonina wspominała: „Później dopiero zrozumiałam, o co Janowi chodziło". Wszystkie bramy do getta były obstawione niemieckimi posterunkami z zewnątrz i żydowską policją od wewnątrz. O przepustki nie było łatwo i najczęściej ich zdobycie wymagało łapówek lub znajomości. Budynek, w którym pracował Ziegler, „na rogu Leszna i Żelaznej, w którym mieścił się tak zwany Arbeitsamt dla Żydów, miał bramę od strony aryjskiej", gdyż był częścią muru otaczającego getto.

Najeżony tłuczonym szkłem i drutem kolczastym mur, wzniesiony rękami zmuszonych do niewolniczej pracy Żydów, miał miejscami sześć metrów wysokości i ciągnął się zygzakiem na długości kilkunastu kilometrów, zamykając niektóre ulice, przecinając inne, kończąc się niekiedy ślepo. „Ustanowienie, funkcjonowanie i zniszczenie getta wymagało przewrotnego urzędniczego planowania", pisze Philip Boehm w *Words to Outlive Us: Eyewitness Accounts from the Warsaw Ghetto* [Słowa nas przeżyją: relacje naocznych świadków z warszawskiego getta][6], „skorelowania konspektu unicestwienia z rzeczywistym światem szkół i placów zabaw, kościołów i synagog, szpitali, restauracji, hoteli, teatrów, kawiarni i przystanków autobusowych. Ta sceneria miejskiego życia... Ulice mieszkalne przeobrażały się w miejsca egzekucji, szpitale w punkty rozdawnictwa śmierci, cmentarze okazywały się służyć podtrzymaniu życia... Pod niemiecką okupacją każdy warszawiak stawał się znawcą topografii. Szczególnie Żydzi – czy to w getcie czy poza nim – musieli wiedzieć, gdzie jest»spokój«, gdzie trwa łapanka, lub jak dojść kanałami na aryjską stronę".

Przez szpary i pęknięcia w murze można było dostrzec świat zewnętrzny, z bawiącymi się dziećmi i kobietami spieszącymi do domu z zakupami. Podpatrywanie ulic tętniących w miarę normalnym życiem poza gettem stawało się dla jego mieszkańców udręką, do czego twórczo nawiązali autorzy instalacji w Muzeum Powstania Warszawskiego (otwartego w roku 2005) składającej się z ceglanej ściany z otworami, przez które dzięki archiwalnym zdjęciom i filmom otwiera się widok na to, co działo się w getcie właśnie.

Na początku wejść do getta było aż dwadzieścia dwa, potem trzynaście, a ostatecznie ich liczbę ograniczono do czterech – zagrodzonych ze wszystkich stron i odstraszających samym wyglądem, rażąco odmiennych od finezyjnie kutych w metalu, ozdobnych warszawskich bram. Gettowe mostki zamiast nad wodą wznosiły się nad aryjskimi ulicami. Słynący z brutalności żołnierze formacji pomocniczych patrolowali granice getta, polując na dzieci, które przedzierały się każdą dziurą na aryjską stronę po jedzenie, kupowane lub wyżebrane.

Dorośli nie byli w stanie przecisnąć się przez te szpary, więc powstała cała armia dziecięcych szmuglerów, którzy nieustannie ryzykowali życie, by zapewnić swoim rodzinom wyżywienie. Izaak Klajman, jeden z zahartowanych chłopaków z getta, który przeżył dzięki kombinowaniu i szmuglowi, wspomina wyjątkowo podłego niemieckiego majora, przezywanego Frankensteinem: „Frankenstein był mały, krzywy i brzydki, miał pałąkowate nogi. Lubił polować, ale zwierzęta mu się pewnie znudziły, więc uznał za godziwą rozrywkę strzelanie do małych Żydziątek. Im młodsze, tym większą miał frajdę ze strzelania. Poruszał się gazikiem z zainstalowanym karabinem maszynowym. Kiedy dzieci właziły na mur, potrafił na tej śmiercionośnej maszynie zjawić się dosłownie znikąd ze swoim pomocnikiem. Ten drugi zawsze prowadził, żeby Frankenstein mógł swobodnie obsługiwać karabin. Często z braku szmuglerów na murze przywoływał kręcące się z dala dzieciaki, które ani się do muru nie zbliżały, ani nigdzie nie wybierały... I już po tobie... Wyciągał rewolwer i strzelał człowiekowi w tył głowy"[7].

Dziury wydłubywane przez dzieci szybko łatano, lecz zaraz pojawiały się nowe. Z rzadka zdarzało się, że mikry szmugler przemknął przez bramę, kryjąc się między nogami wychodzących do pracy poza gettem albo księdza. W obrębie getta znalazł się kościół Wszystkich Świętych, którego proboszcz, ksiądz Godlewski, nie tylko wydawał autentyczne metryki zmarłych parafian członkom podziemia, ale i czasami wyprowadzał z getta dziecko pod sutanną.

Drogi ucieczki istniały dla odważnych, którzy ponadto mieli przyjaciół po drugiej stronie muru i pieniądze na utrzymanie i łapówki, ale najważniejsze było lokum u zaufanych gospodarzy lub opiekunów, jak Żabińscy, bo bez kryjówki i jedzenia lub, zależnie od tego, czy żyło się „pod powierzchnią" czy „na powierzchni", tratwy ratunkowej w postaci fałszywych dokumentów i rozmaitych, uzgodnionych wersji życiorysu. Jeśli się żyło na powierzchni, to w razie zatrzymania przez policję same dokumenty mogły nie wystarczyć; trzeba było wykazać się znajomością nazwisk sąsiadów, przyjaciół, imion krewnych, którzy mieli ewentualnie potwierdzić fałszywą tożsamość.

Przez getto przechodziły początkowo trzy linie tramwajowe. Tramwaje zatrzymywały się za bramami, ale kiedy zwalniały na ostrych zakrętach, można było wyskoczyć lub podrzucić pasażerom jakieś przesyłki. Konduktorowi i polskiemu policjantowi w tramwaju trzeba było dać w łapę – zwyczajowo stawka wynosiła dwa złote – i modlić się, by reszta pasażerów milczała. W odległym rogu żydowskiego cmentarza, dopóki znajdował się w obrębie getta, szmuglerzy niekiedy wspinali się na mur i przedostawali na jeden z dwóch chrześcijańskich cmentarzy. Niektórzy zgłaszali się do brygad wychodzących na cały dzień do pracy poza gettem i przekupywali strażnika, żeby pomylił się przy liczeniu robotników. Wielu niemieckich i polskich policjantów dawało sobie przemówić do kieszeni, a niektórzy pomagali za darmo z czystej przyzwoitości.

Pod gettem istniało dosłowne podziemie – piwniczne schrony i przejścia, czasem wyposażone w ubikacje i elektryczność – dzięki którym ludzie wypracowali trasy komunikacyjne pomiędzy i pod budynkami. Tu także otwierały się drogi ucieczki, przez wydłubany w ścianie otwór lub kanałami, których plątanina prowadziła w końcu do jakiejś pokrywy po aryjskiej stronie (chociaż kanały ściekowe miały z reguły niewiele ponad metr wysokości i gromadziły się w nich trujące wyziewy). Zdarzały się ucieczki ludzi przywiązanych od spodu do furmanek śmieciarzy, którzy często odwiedzali getto i szmuglowali żywność lub porzucali w getcie stare konie. Zamożni mogli wydostać się prywatnym ambulansem albo karawanem wiozącym zwłoki rzekomego konwertyty na chrześcijański cmentarz, pod warunkiem, że wacha przy bramie została odpowiednio opłacona, by takich pojazdów nie przeszukiwała. Każdy uciekinier potrzebował z pół tuzina dokumentów i zmieniał miejsce zamieszkania przeciętnie siedem i pół raza, nic zatem dziwnego, że w latach 1942–1943 w podziemiu wyprodukowano około 50 tysięcy fałszywych dokumentów.

Budynek Zieglera od frontu wychodził na aryjską stronę, a rzadko używanym tylnym wejściem – na getto. W sąsiednim domu urządzono kwarantannę dla chorych na tyfus, a po przeciwnej stronie w szkolnym gmachu z czerwonej cegły mieścił się szpital dziecięcy. W przeciwieństwie do bram getta, pod wejściem do Arbeitsamtu nie było żadnego posterunku gestapo czy Wehrmachtu, czy nawet polskiej policji, „po prostu stróż kamienicy otwierał bramę urzędnikom Arbeitsamtu, którzy idąc do biura lub wracając z pracy do domu, nie chcieli przechodzić przez getto". Jan dostrzegł w tym rzadką okazję na stosunkowo łatwe przekraczanie granic getta. Nie był to zresztą jedyny budynek z wyjściami na obie strony. Takim wygodnym punktem kontaktowym i miejscem spotkań Polaków z Żydami był gmach sądów na Lesznie, którego tylne drzwi wychodziły na wąską uliczkę prowadzącą do placu Mirowskiego po aryjskiej stronie. Na korytarzach sądu ludzie mieszali się, szeptali między sobą, handlowali kosztownościami, spotykali się z przyjaciółmi, szmuglowali żywność i przekazywali wiadomości pod pozorem załatwiania spraw sądowych. Przekupieni strażnicy i policjanci odwracali wzrok, umożliwiając niektórym Żydom ucieczkę, szczególnie dzieciom. Jednak gdy zmniejszono obszar getta w sierpniu 1942 roku, gmach sądów został poza jego granicami.

Była jeszcze apteka na Długiej z wyjściami na dwie strony muru, w której „uczynny aptekarz przepuszczał każdego, kto umiał podać rozsądny powód", oraz kilka budynków administracji miasta, w których strażnicy za kilka złotych przymykali oko na uciekających.

Kiedy limuzyna podjechała na Leszno 80, „do Arbeitsamtu, oczywiście od strony aryjskiej, szofer dał sygnał klaksonem i furtka w bramie natychmiast się rozwarła". W tym nijakim gmachu mieściło się biuro iście zbawcze, ponieważ tylko Żydzi mogący się wykazać zatrudnieniem w zakładach produkujących na potrzeby Wehrmachtu mieli szansę uniknąć deportacji.

„Jan przekroczył [furtkę] u boku Zieglera, rozwlekle i gorąco wyrażając mu swoje podziękowanie, na które nieco zaskoczony Ziegler odpowiadał uprzejmie... stróż natomiast cały czas obserwował ich obu z ciekawością. Jan przeciągał tę chwilę jak mógł, popadając nagle w nieprzezwyciężone trudności z dobieraniem właściwych niemieckich wyrazów, wtrącał ni stąd ni zowąd polskie słowa i wreszcie zapytał niecierpliwiącego się już Niemca, czy w razie nowych kłopotów ze zbiorami będzie mu wolno tą drogą Zieglerowi o tym zameldować.

Nie domyślając się sensu tej gry, Ziegler zgodził się i powiedział do stróża:»tego pana proszę wpuszczać, ilekroć do mnie przyjdzie«, po czym razem udali się na górę, gdzie Ziegler wskazał Janowi drogę do swego gabinetu oraz wejście do getta. Jan nie pobiegł jednak na Orlą do Tenenbaumów.

Pokręcił się trochę po brudnych salach Arbeitsamtu wśród tłumu nędzarzy; zszedł na dół, w bramie od strony aryjskiej przywołał stróża, chcąc, żeby go dobrze zapamiętał, i pewnym głosem kazał mu otworzyć furtkę". Chciał zrobić na stróżu wrażenie głośnego, zadufanego i napuszonego urzędasa, którego trudno zapomnieć.

„W dwa dni później Jan załomotał do bramy i tym samym [gburowatym] tonem kazał się wpuścić, co stróż uczynił z pokornym ukłonem. Jan... przeszedł na inną klatkę schodową, znalazł się w getcie i odwiedził tam Szymonów, którym zdał dokładną relację z wizyty Zieglera i spytał ich, co myślą na temat nietypowego zachowania Niemca". Okazało się, że „mając jakieś bardzo poważne komplikacje ze szczęką, zaczął się leczyć u doktor Loni Tenenbaumowej; nie dość więc, że trafił na znakomitą dentystkę, ale w dodatku całe to długotrwałe leczenie miał za darmo". (Lonia albo nie mogła żądać od niego zapłaty, albo chciała zaskarbić sobie jego wdzięczność). „W każdym razie należało – póki się da – wykorzystać jego zapały entomologiczne", ustalili wspólnie, po omówieniu innych spraw natury konspiracyjnej. Tenenbaum kierował tajnym nauczaniem żydowskich licealistów i odrzucił propozycję Jana, który chciał go wyprowadzić z getta. Był przekonany, że ma z rodziną większe szanse na przetrwanie w getcie.

Tak więc Jan zacieśnił znajomość z Zieglerem, odwiedzał go w biurze, a niekiedy wybierali się razem do Tenenbauma, żeby porozmawiać o insektach. Korzystał z furtki, a przy okazji „dwa lub trzy razy stróż dostał niewielki napiwek, bo Jan unikał systematycznych datków, aby przypadkiem dozorca nie pomyślał, że»temu panu musi bardzo zależeć«.

Aż wreszcie nadszedł moment próby przed wykorzystaniem »przetartej drogi« do celu, w którym była»przecierana«. Jan zszedł z urzędowych schodów do bramy nie sam, lecz z kimś wyglądającym możliwie elegancko, a więc... nieco inaczej niż przeciętny mieszkaniec getta, i z nonszalancją kazał sobie otworzyć furtkę. Udało się".

Ośmielony sukcesem Jan pomógł jeszcze czterem czy pięciu osobom wyjść na wolność, nim „stróż poczuł pismo nosem i trochę niepewnie powiedział:»Pana to znam, ale kto to jest ten drugi pan?«.

...Kto widział Jana w momentach świętego oburzenia, gdy z gniewem zadziera głowę, marszczy brwi i piorunuje spojrzeniem... ten zrozumie, dlaczego dozorca nie czuł się panem sytuacji.

– Mówiłem przecież, że ten pan jest ze mną – rzekł Jan głosem dobitnym i rozdrażnionym.

– No, tak – upierał się stróż – ja wiem, że pan może zawsze wchodzić i wychodzić, ale tego pana to ja nie znam".

W razie takiego zagrożenia to niuanse przesądzały o życiu lub śmierci. „Wystarczyło nieco przeholować, by dozorca nabrał przekonania, że chodzi o rzecz wielkiej wagi", a nie tylko urażoną ambicję. „Przebity tunel nie mógłby już nikomu służyć, nie mówiąc o poważniejszych konsekwencjach... Tu jednak przyszedł Janowi z pomocą szybki refleks: błyskawicznie zmienił taktykę i tonem przyjacielskim oznajmił: – Ach, o to chodzi! Ależ ten pan ma przepustkę! – i wydobył z kieszeni swoją własną" żółtą przepustkę wystawianą tylko Niemcom i Polakom nieżydowskiego pochodzenia. Skoro prerogatyw Żabińskiego nikt nie kwestionował, wystarczyła ta jedna przepustka zamiast dwóch. „Dozorca zbaraniał, a Jan podał mu dobrotliwie rękę na pożegnanie, dorzucając: –»Niech się pan nie obawia, ja na pewno nie popełnię żadnej nieformalności!«".

Od tamtej chwili Jan nie napotykał oporów ze strony dozorcy przy przemycaniu Żydów o „dobrym wyglądzie" na wolność, ale istniało jeszcze „innego typu niebezpieczeństwo, nakazujące czujność i ostrożność: któryś z urzędników Arbeitsamtu mógł nagle pojawić się w bramie i, wobec małej ilości osób uprawnionych do korzystania z niej, wszcząłby z pewnością alarm". Kolejny problem stanowili niemieccy żołnierze stacjonujący na terenie zoo, ale Żabińscy opracowali dwie metody ukrywania zbiegów, które stosowali przez całą wojnę: Goście znikali w zakamarkach willi albo w nieużywanych pomieszczeniach dla zwierząt, budkach, stajenkach i ptaszarniach.

Zlewające się z białą boazerią kuchni drzwiczki otwierane dźwigienką prowadziły do piwnic, składających się z szeregu prowizorycznych pokoików. W głębi jednego z nich Jan jeszcze w 1939 roku dobudował wyjście awaryjne – trzymetrowe przejście prowadzące prosto do bażanciarni, „dużej woliery z drewnianym domkiem pośrodku", która przylegała do kuchennego ogródka. Ułatwiało to wejście korzystającym ze schronienia w willi i dostarczanie im posiłków. Jan doprowadził do piwnic bieżącą wodę i zainstalował toaletę, a rurami docierało tu nawet ciepło z ogrzewanych pomieszczeń na górze. Deski podłogi nie były dźwiękoszczelne, co skazywało Gości na porozumiewanie się szeptem, choć sami słyszeli głosy nad nimi.

Inny tunel, tym razem wymagający posuwania się na czworakach, zrobiony z zardzewiałych metalowych prętów, prowadził do lwiarni, obok której w zamkniętym pomieszczeniu także ukrywali się niektórzy Goście, mimo że stąd wystarczyło krzyknąć, by przywołać Niemców kręcących się przy pobliskich magazynach wojskowych. Wyglądający jak szkielet wieloryba pasaż służył kiedyś do przeprowadzania wielkich kotów do klatek lub z powrotem.

Ziegler jeszcze kilkakrotnie odwiedzał zoo, żeby się napatrzeć na niezwykłe zbiory owadów i pogawędzić z Żabińskimi. „Kilka razy przywoził ze sobą doktora Szymona, jednakowo ten fakt tłumacząc:»Zbiory wymagają opieki konserwatora«. Doktor Szymon natomiast wykorzystywał te wizyty do zbierania owadów w ogrodzie".

Pewnego razu Ziegler pojawił się ze złocistą jamniczką Tenenbaumów, Żarką, pod pachą „mówiąc, że»biedny piesek« będzie miał tu znacznie lepsze warunki".

– Oczywiście, chętnie ją przechowamy – zgodziła się Antonina.

Ziegler „wyjął z kieszeni obrzynki kiełbasy, poczęstował Żarkę i odjechał. Suczka rzuciła się do drzwi, drapała je łapą", wreszcie „zwinęła się w kłębuszek" tam, gdzie pozostał ślad zapachu ostatniego znanego jej do tej pory człowieka.

Przez wiele następnych dni Antonina znajdowała ją pod progiem, wyczekującą pojawienia się państwa, z którymi mogłaby wrócić do znajomych kątów, zapachów i odgłosów. W willi panował taki mętlik, że czuła się skołowana, za dużo tu było pokoi, ciemnych zakamarków, kroków, kręcenia się, krzątaniny. „Ale nie mogła usiedzieć w miejscu, raz po raz zrywała się, merdała sprężystym ogonkiem", dreptała na krótkich krzywych łapkach, węsząc w gąszczu nóg obcych mebli i ludzi. Po jakimś czasie przywykła do nowego domu, ale nadal „cienka jedwabista skóra na wychudłym ciałku drżała nerwowo, gdy rozlegały się czyjeś kroki lub głośne trzaśnięcie drzwiami".

Kiedy zima zaatakowała niebotycznymi śnieżycami i zredukowała ilość zapachów, z których psi nos umiał wyczytać wiele nowin, zjawił się raz jeszcze Ziegler, wciąż rumiany i pyzaty, w tych samych binoklach. Żarka wskoczyła mu natychmiast „na kolana, wsuwając nos do jego kieszeni: zdawało jej się, że wciąż pachną szynką i kiełbasą. Gość tym razem przyjechał bez podarunku. W roztargnieniu położył rękę na grzbiecie psa... – Tenenbaum nie żyje – powiedział. – Ledwie przed dwoma dniami rozmawiałem z nim długo, opowiadał takie ciekawe rzeczy. A wczoraj nagle krwotok... i koniec. Pęknięcie wrzodu w żołądku... pewno państwo wiedzieli, że był ciężko chory?".

Nie wiedzieli. Cóż można było jeszcze dodać wobec tak przygnębiających wieści? Jakby pod wpływem tych emocji Ziegler „zerwał się tak szybko, że Żarka spadła mu z kolan, pożegnał się i odjechał".

„Śmierć Tenenbauma, która nastąpiła 29 listopada 1941 roku, na długo okryła żałobą nasz dom", a przy tym Antonina martwiła się, jak długo zdoła przetrwać w getcie jego żona. Jan obmyślił już plan ucieczki, ale co z dalszym schronieniem? Wbrew najszczerszym chęciom „dom w zoo należało traktować jako etap przejściowy ze względu na wiele mieszkających w nim osób »podejrzanych«".

ROZDZIAŁ 16

Fortele i kontrfortele udają się znakomicie mieszkańcom świata zwierząt, począwszy od kameleonów i skrzydlic, które umieją przybierać barwę otoczenia, po ssaki popisujące się bardziej wyszukanymi sztuczkami. Rezus nie potrzebuje żadnej „teorii umysłu", żeby podjąć decyzję o niepowiadamianiu reszty stada o znalezionym właśnie melonie – wystarczy mu doświadczenie, z którego wynika, że na tym skorzysta. Jeśli koledzy odkryją oszustwo, być może pięściami wybiją mu z głowy egoistyczne zachowania. Wiele zwierząt nie ma jednak wielkiego wyboru w kwestii dzielenia się pokarmem i instynktownie zwołują pobratymców na posiłek. Naczelne (z nami samymi włącznie) oszukują chytrze, kłamią celowo, niekiedy bezinteresownie – dla wprawy lub sportu – od co najmniej kilku milionów lat. Specjaliści od wykrywania kłamstw szkolą się w odczytywaniu sygnałów, takich jak podwyższony ton głosu, rozszerzające się źrenice, rozbiegany wzrok, a także uczą się sami, jak się z tym kryć.

Jako zoolog Jan od wielu lat studiował zachowania zwierząt w najdrobniejszych szczegółach: wszystkie subtelne zagrywki godowe, sposoby na odstraszanie, blefowanie, gesty pojednawcze, popisy siły i władzy oraz wiele języków miłości, wierności i przywiązania. Czymś zupełnie naturalnym dla tak zapalonego przyrodnika było zastosowanie podobnych zachowań, zwłaszcza w zakresie strategii zwodzenia. Łatwo zmieniał wygląd, który to dar dobrze mu służył w konspiracji, a przy tym współgrał z jego temperamentem i kwalifikacjami.

Nie tylko Żabińscy, ale i wszyscy Goście musieli pielęgnować swoistą manię prześladowczą i przestrzegać ścisłych reguł panujących w ich udzielnym państewku, co oznaczało, że Ryś i inne dzieci tego domu nabierały przekonania, że wszystko jest względne. Nauka języków szła w parze z lekcjami kamuflażu, plemiennej solidarności, poświęcenia, przekonującego okłamywania i twórczego zmyślania. Jak stworzyć wrażenie zwyczajności? W domu nic nie powinno zwracać uwagi, nawet jeśli wymagało to stwarzania zupełnie fikcyjnych procedur. Udawać normalność. W czyim rozumieniu? Czy przedwojenne poczynania rodziny dyrektora polskiego zoo wydadzą się normalne niemieckiemu żołnierzowi na patrolu? Niemcy uważali Polaków za naród szalenie towarzyski, wiedzieli o domach zamieszkanych przez wielopokoleniowe rodziny i odwiedzanych przez hordy dalszych krewnych i znajomych. Z tego względu mętlik, nieprzekraczający pewnych granic, miał sens, ale zbyt wielu domowników mogło jednak wzbudzić podejrzenia.

Późniejszy dyrektor warszawskiego zoo, Jan Maciej Rembiszewski, który w wieku kilkunastu lat pracował jako wolontariusz u Żabińskiego (i powiedział mu wówczas, że też będzie kierował zoo jak dorośnie), wspomina Jana jako szefa surowego, perfekcjonistę, a Antonina portretuje go jako wymagającego pater familias, który nie tolerował byle jakiej pracy czy niepodpinanych spraw. Według niej jego życiowym mottem mogłoby być nie robić niczego „na wariata pod hasłem »jakoś to będzie«. Uznawał przede wszystkim dobrze przemyślaną strategię, hołdował nieubłaganej logice rozumowania, która pozwalała budować racjonalne perspektywy na przyszłość, poddawane z kolei wielostronnym analizom".

Po śmierci Szymona Jan wybrał się do jego żony Loni, żeby przekazać jej szczegółowy plan ucieczki i zapewnić, że przyjaciele z podziemia przecierają już ścieżki, które doprowadzą ją z chwilowego przytuliska w zoo do bezpieczniejszej, stałej kryjówki na wsi, gdzie może nawet będzie pracować w swoim zawodzie.

Idąc do bramy w budynku Arbeitsamtu, Jan zamierzał powtórzyć przećwiczony manewr i udawać, że Lonia jest jego aryjską koleżanką, z którą odwiedzali Zieglera. Nie przewidywał kłopotów, gdyż stróż przyzwyczaił się już do wędrówek Żabińskiego w tę i z powrotem, samotnych lub w czyimś towarzystwie. Tym razem jednak, „kiedy Jan i Lonia weszli w bramę Arbeitsamtu, nieoczekiwanie i po raz pierwszy od początku eskapad Jana natknęli się na żonę dozorcy, która go właśnie zastępowała". W biurach nad nimi roiło się od Niemców, gotowych przybiec na zawołanie. „Kobieta może coś o Janie słyszała od męża, prawdopodobnie nawet widywała go z daleka przez okno stróżówki... [ale] teraz na widok Loni stanęła okoniem: nie chciała za nic w świecie otworzyć furtki".

– Byliśmy u pana Zieglera – oświadczył Jan ostro.

Jej mąż, poddany „procesowi psychologicznego dojrzewania", reagował na taki ton zgodnie z oczekiwaniami, ale wobec kobiety Jan się zawahał, bo „użycie presji, siły, zastraszenia nie wchodziło w rachubę ze względu na płeć tego cerbera". Uznał, że nie dysponuje żadną bronią poza udawaną arogancją.

– „Co mi tu pani głowę zawraca! – krzyknął wreszcie... – Przychodzę tu niemal codziennie... męża pani znam bardzo dobrze, a pani mnie zmusza, żebym wrócił na górę i specjalnie trudził pana Zieglera? To może was drogo kosztować!

Ociągając się, niechętnie otworzyła furtkę". Najwyraźniej złość wzbierająca na twarzy Jana przekonała ją, że nie zawaha się złożyć skargi. I w tym momencie czekał ich kolejny, jeszcze gorszy wstrząs. Jak opowiadała później Lonia, „ledwie minęliśmy tę przeklętą furtkę, zobaczyłam dwóch niemieckich policjantów, stojących naprzeciwko bramy. Struchlałam. Chciałam szepnąć doktorowi:»Biegnijmy!«. Byle dalej, byle nas nie zaczepili! Ale on, jak na złość, jakby nie wiedział, co się ze mną dzieje, zatrzymał się i schylił, żeby podnieść porzucony, być może przez tych policjantów, niedopałek papierosa. Potem spokojnie wziął mnie pod rękę i wolnym krokiem skierował się w stronę Wolskiej. Ta chwila była dla mnie wiekiem..."[1].

Tej nocy, przechodząc koło drzwi pokoiku na górze, Antonina widziała, jak Żarka „owinęła się, niby kołnierz, dokoła szyi Loni, mokrym nosem rozsuwała jej włosy, szturchała mordką twarz wciśniętą w poduszkę i łagodnie zlizywała obficie płynące łzy. Nie wiedziała mała

123

jamniczka, że jej pani opłakuje zmarłego męża i utraconą córkę. Irena bowiem, po przyjeździe... do Krakowa, została zabrana z hotelu przez gestapo". Z rodziny została Loni tylko Żarka.

Po kilku tygodniach Tenenbaumowej znaleziono bezpieczne schronienie na wsi, a kiedy nadeszła chwila pożegnania, Żarka... „przyniosła w zębach szeleczki i z niepokojem patrzyła w oczy pani Loni, gdy ta mówiła:

– Jeszcze tutaj zostaniesz, piesku! Jeszcze zostaniesz! Nie mamy swego domu...".

Antoninie krajało się serce na ten widok. Zapisała w swoich wspomnieniach, że Lonia wojnę przeżyła, ale Żarka „pobiegła kiedyś do magazynów wojskowych i zjadła trutkę na szczury. Przypełzła do nas, skręcając się w bólach, i na moich kolanach zakończyła życie".

Na trzy tygodnie przed wybuchem powstania warszawskiego Jan przetransportował kolekcję owadów w bezpieczniejsze miejsce, do Muzeum Zoologicznego, a po wojnie Lonia podarowała ją Państwowemu Muzeum Zoologicznemu. Po dziś dzień w gmachu jednej z jego filii, można podziwiać 250 tysięcy oryginalnych eksponatów.

Od szosy głównej prowadzi do nich wysypana tłuczniem boczna droga, przy której mieści się hotel dla zwierząt (wynalazek świeżo importowany z Ameryki) i szkółka choinek z rzędami prężnych sadzonek. Uliczkę zamyka zalesiona posesja z dwoma parterowymi budynkami należącymi do PAN-u. W mniejszym ulokowano biura, w większym – rozmaite nadwyżki przekraczające możliwości lokalowe Muzeum Zoologicznego.

Ogromne poddasze jawi się w pierwszej chwili jak zjawiskowa rupieciarnia, w której uwagę przykuwają tysiące niezwykłych eksponatów, od wypchanych jaguarów, rysi i ptaków, po półki zastawione słojami z wężami, żabami i jaszczurkami. Długie drewniane regały i szafy oddzielają część pomieszczenia, tworząc wąskie alejki z poupychanymi skarbami. Kasety z owadami Tenenbauma zajmują dwie szafy, po pięć półek każda, i po dwadzieścia ustawionych pionowo jak książki kaset na półkę. To mniej więcej połowa całego zbioru, który Jan w wywiadzie określił na czterysta kaset, a Antonina zapamiętała jako ośmiusetkasetowy². Wedle zapisu w dokumentach muzeum, „Żona Szymona Tenenbauma przekazała... ok. 250 tysięcy okazów po wojnie".

Kasety pozostają na razie w nienaruszonym stanie, ale planuje się rozdzielenie owadów i pogrupowanie ich zgodnie z systematyką, według gromady, rzędu, rodziny, rodzaju i gatunku – wszystkie biegacze razem, wszystkie piórkoskrzydłe razem. Cóż to będzie za smutna rozbiórka.

Z pewnością owady uporządkowane w ten sposób łatwiej będzie poznawać, ale co z niezwykłą wizją i artyzmem kolekcjonera, należącego do egzotycznego gatunku *Homo sapiens sapiens* (zwierzę, które wie, i do tego wie, że wie).

Kolekcja owadów to oaza ciszy w rejwachu świata, wyodrębnienie zjawisk po to, by można je było oglądać w skupieniu. W pewnym sensie to nie tyle zbiór owadów, ile świadectwo wytężonej uwagi zbieracza. To także rzadkość, rodzaj galerii rozbudzającej umysł, której prawdziwym bogactwem jest ciągłość zachwytu utrwalonego na przekór zamętowi naszego społecznego i osobistego życia. „Zbiór" to dobre słowo na określenie tego, co się nam przydarza, gdy ciekawość przyciąga i kieruje w jedną stronę wszystkie nasze myśli i zmysły. Pod szklanym wieczkiem każdej kasety pozostała próbka atencji wyjątkowego kolekcjonera i dlatego właśnie ludzie rozkoszują się ich widokiem, nawet jeśli mają owadzią anatomię w małym palcu.

To zatem nieważne, gdzie spoczywają kasety, chociaż Szymonowi podobałoby się to odludne miejsce na końcu bocznej drogi, wśród pól i gęstego listowia, w którym roi się od wszelkiej maści żuczków i robaczków, gdzie złotowłosa Żarka mogłaby gonić ptaki i polować na krety, w zgodzie ze swoją jamniczą naturą. Dopiero z perspektywy czasu dostrzegamy niekiedy zbiegi okoliczności lub mało prawdopodobne rzeczy, które zmieniły bieg czyjegoś życia. Kto mógł przypuszczać, że armia chrząszczy przyszpilonych przez pewnego entomologa pasjonata otworzy bramę getta tak wielu ludziom?

ROZDZIAŁ 17

Zauroczenie Zieglera światem owadów stało w rażącej sprzeczności z nazistowską doktryną. Zarówno przed wojną, jak i w jej trakcie obsesja na punkcie zwalczania szkodników skutkowała w Trzeciej Rzeszy wieloma badaniami nad środkami owadobójczymi, trutkami na szczury oraz sposobami unieszkodliwiania korników, moli, termitów i innych uciążliwych insektów. Himmler studiował rolnictwo w Monachium i popierał takich entomologów, jak Karl Friederichs, który szukał metod powstrzymania niszczącej świerki błonkówki rośliniarki i innych owadzich szkodników, starając się jednocześnie uzasadnić rasizm jako formę ekologii, pod hasłem „krew i ziemia"[1]. Z tego punktu widzenia zabijanie rdzennych mieszkańców okupowanych krajów po to, żeby na ich miejscu osiedlić Niemców, miało sens zarówno polityczny, jak i „ekologiczny", zwłaszcza jeśli było poprzedzone sadzeniem lasów w celu zmiany klimatu, co postulował nazistowski biolog Eugene Fischer.

Pod mikroskopem elektronowym (wynalezionym w Niemczech w 1939 roku) wesz wygląda jak brzuchaty diabeł z długimi rogami, wybałuszonymi ślepiami i sześcioma chwytnymi odnóżami. Ta plaga miała ponoć doprowadzić do klęski wielkiej napoleońskiej armii podczas kampanii moskiewskiej w 1812 roku, czego potwierdzenie naukowcy odkryli całkiem niedawno. „Sądzimy, że choroby przenoszone przez wszy spowodowały śmierć bardzo wielu żołnierzy armii Napoleona" – donosił Didier Raoult, z Université de la Méditerranée w Marsylii, w „Journal of Infectious Diseases" ze stycznia 2005, podsumowując wyniki badań miazgi zębowej żołnierzy, na których szczątki w zbiorowej mogile natrafili w 2001 roku robotnicy budowlani pod Wilnem.

W miarę jak wszy przenosiły zarazki duru powrotnego, gorączki okopowej i tyfusu, liczebność napoleońskiej armii spadła z 500 tysięcy do 3 tysięcy. To samo zresztą twierdził w opublikowanej w 1916 roku książce *Epidemics resulting from wars* Friedrich Prinzing, wskazując ponadto, że w amerykańskiej wojnie secesyjnej choroby przenoszone przez wszy także pochłonęły więcej ofiar, niż ich poległo na polach bitew[2]. W 1944 roku Niemcy mieli już lekarstwo łagodzące przebieg tyfusu, ale nie skuteczną szczepionkę. Nie dysponowała nią również armia amerykańska, której żołnierzom podawano wielokrotnie szczepionkę działającą tylko przez kilka miesięcy.

W getcie przepełnione mieszkania w kamienicach szybko przeobrażały się w siedliska nędzy, pustoszone przez gruźlicę, czerwonkę i głód, a tyfus szalał po getcie, objawiając się wysoką gorączką, dreszczami, osłabieniem, bólami głowy i halucynacjami. Słowo „tyfus", którym nazywa się potocznie choroby wywołane bakteriami riketsji, pochodzi z greki od *typhos*, czyli „mglisty" lub „zadymiony", dla odmalowania towarzyszącego mu zaćmienia umysłu. Po kilku dniach choroba objawia się także wysypką, stopniowo pokrywającą całe ciało chorego. W wyniku stłoczenia ogromnej liczby ludzi w getcie epidemia roznoszonej przez wszy zarazy była właściwie nieunikniona, a z czasem rozpanoszyła się na tyle, że w obawie przed wszami ludzie starali się trzymać od siebie z daleka nawet na ulicach. Z braku lekarstw i pożywienia nieliczni lekarze mieli do zaoferowania głównie współczucie i troskę, zdając sobie sprawę, że przeżycie chorych zależy prawie wyłącznie od ich wieku i ogólnej kondycji organizmu.

Taki stan rzeczy torował drogę propagandzie posługującej się obrazem zawszonych i zarażonych Żydów. „Antysemityzm jest dokładnie tym samym, co odwszawianie", jak powiedział oficerom SS Himmler 24 kwietnia 1943 roku[3]. „Pozbywanie się wszy nie ma nic wspólnego z ideologią, to kwestia higieny... wkrótce pozbędziemy się wszy. Zostało nam już tylko 20 tysięcy wszy i potem sprawa będzie zakończona w całych Niemczech".

Już w styczniu 1941 roku gubernator Ludwig Fischer pisał w swoim sprawozdaniu, że wybrał hasło „Żydzi – wszy – tyfus" do rozplakatowania na 3 tysiącach dużych i 7 tysiącach mniejszych afiszy oraz w ulotkach drukowanych w nakładzie pół miliona egzemplarzy, dodając, że „[kontrolowane przez okupanta] polska prasa i radio włączyły się do rozpowszechniania tej informacji. Dodatkowo dzieci w wieku szkolnym są codziennie ostrzegane"[4].

Wykluczenie Żydów, Cyganów i Słowian z kategorii istot należących do gatunku ludzkiego szło u nazistów w parze z postrzeganiem siebie jako myśliwych, których elita miała się formować podczas polowań urządzanych w wiejskich dworach i górskich kurortach, chociaż ten krwawy sport był też wprawką przed większymi łowami. Mogli, rzecz jasna, przebierać we wzorcach, łącznie z rycerzami i lekarzami, ale najbardziej odpowiadał im myśliwy ze wszystkimi męskimi metaforami obracającymi się wokół łowienia, nęcenia, osaczania, pościgu, zastawiania sideł, patroszenia itd., itp.

Widmo „zarażenia" najwyraźniej napędzało nazistom stracha. Na hitlerowskich plakatach Żydzi mają często szczurze twarze (pchły tych gryzoni są wszak głównymi roznosicielami zarazy), a takie ich wyobrażenie odcisnęło się nawet w umysłach niektórych Żydów, o czym świadczą słowa Marka Edelmana, jednego z przywódców powstania w getcie warszawskim, gdy wspomina, jak w drodze na jakieś konspiracyjne spotkanie „zapragnął nie mieć twarzy. Ale nie dlatego, że ktoś zwróci uwagę na niego i go wyda, tylko poczuł, że ma odrażającą, czarną twarz. Twarz z plakatu ŻYDZI – WSZY – TYFUS PLAMISTY. A tu wszyscy stoją dookoła i mają jasne twarze. Są ładni, spokojni, mogą być spokojni, bo są świadomi swojej jasności i urody"[5].

W spreparowanym świecie zamkniętego getta społeczna rzeczywistość obfitowała w kontrasty, kryminaliści i kolaboranci opływali w dostatki, gdy inni głodowali, kwitło przekupstwo i czarnorynkowe spekulacje. Niemieccy żołnierze regularnie stosowali na ulicach getta przemoc, rabowali i urządzali łapanki, zmuszając ludzi do katorżniczej, a często upokarzającej pracy. Jak napisał jeden z mieszkańców getta, „gdy

Antonina i Jan Żabińscy karmią rannego ptaka

Borsunio wyprowadza Rysia na spacer

Portret rodzinny:
od lewej:
matka Jana,
Jan z Rysiem
na rękach
i Antonina

Teresa z wyderką,
po wojnie

Bażanciarnia
w 1929. W czasie
okupacji łączyło
ją z willą tajemne
przejście;
ludzi
szmuglowano
również
przez lwiarnię

Pocztówka z 1937
przedstawiająca
Tuzinkę, dwunaste
na świecie słoniątko,
które urodziło się
w niewoli

Lwy z treserem

Przed wojną Antonina wykarmiła i wychowała w domu hieniątko. Osierocone lub ranne zwierzęta szybko stały się częścią rodzinnego gospodarstwa Żabińskich; do domowników należały między innymi rysice, kakadu, chomik, zając polarny, prosiak, borsuczek, szczur piżmowy i wiele innych zwierzaków

*Jan
z rysiczką*

*Zebra
na wybiegu*

Antonina Żabińska
z rysiami

Mieszkanka warszawskiego zoo na spacerze z dwójką przyjaciół, lata trzydzieste

Willa Żabińskich (stan obecny), widok od tyłu

Kartka pocztowa wysłana przez Jana do żony z oflagu. Skoro trudno było pisać otwarcie, Jan wyraził tym autoportretem swój nastrój i stan ogólny

Uratowani przez Antoninę i Jana

Regina i Samuel Kenigsweinowie

Magdalena Gross

wezwani na pomoc rycerze Apokalipsy, mór, głód, mróz, nie mogli sprostać Żydom getta warszawskiego, wezwano własnych rycerzy SS – dla dokonania dzieła"[6]. Według niemieckich meldunków między lipcem 1942 a styczniem 1943 roku wywieziono 316 822 osoby do obozów zagłady. Ponieważ wielu ludzi zginęło w samym getcie, także rozstrzelanych, liczba ofiar była znacznie wyższa.

Z pomocą przyjaciół po aryjskiej stronie tysiące Żydów zdołało w czasie wojny uciec z getta, ale wielu też wybrało pozostanie w nim, jak Kalonymus Kalman Szapiro, chasydzki rabi warszawskiego getta. Skrytkę z tekstami kazań i zapiskami Szapiry, świadectwo tytanicznych zmagań z wiarą, rozdarcia między naukami własnej religii a historią, odkopano spod gruzów po wojnie. Jak można pogodzić mękę Zagłady z chasydyzmem, którego roztańczeni wyznawcy odznaczają się pobożnością opartą na miłości i radości? A przecież jedną z powinności rabiego było kojenie cierpienia wiernych (niełatwe zadanie – biorąc pod uwagę ogrom tego cierpienia i zakazy uniemożliwiające odprawianie wielu obrzędów). Niektórzy uczeni w Piśmie zbierali się w warsztacie szewskim i dyskutowali nad świętymi tekstami, tnąc skórę na podeszwy i wbijając gwoździki, a *Kidusz ha-Szem*, podstawowa zasada służby bożej, nabierała w getcie nowego wymiaru, czyli „walki o zachowanie życia w obliczu zagłady". Podobne słowo powstało w niemczyźnie – *uberleben* – przeżyć, którego buntowniczy wydźwięk podkreśla brak formy biernej.

W chasydyzmie Szapiry było miejsce na transcendentną medytację, ćwiczenia wyobraźni i ukierunkowanie emocji w dążeniu do mistycznych uniesień. W tym celu najlepiej, nauczał Szapiro, „przyglądać się swoim myślom, żeby korygować złe nawyki i wady charakteru". Obserwowana myśl zaczyna słabnąć, szczególnie myśl niedobra, w której nie należy się pogrążać, tylko beznamiętnie ją zanalizować. Jeśli im się uda, mówił uczniom rebe, z brzegu obserwować strumień myśli, nie dając mu się wciągnąć, to będzie to forma medytacji zwana *haszkata*: uciszenie świadomego umysłu. Szapiro nawoływał również w swoich kazaniach do „wyczulenia na świętość", czyli procesu wykrywania świętości w samym sobie. Do chasydzkiej tradycji zawsze należało uważne wykonywanie codziennych zajęć: jak nauczał w XVIII wieku Alexander Susskind, „kiedy jesz, gdy pijesz, czerpiesz z pokarmu i napoju radość i przyjemność. W każdej chwili wzbudzaj w sobie zachwyt pytając:»Cóż to za radość i przyjemność? Co tak cudownie smakuje?«"[7]. Najbardziej złotousty przedstawiciel chasydzkiego mistycyzmu i pisarz Abraham Joszua Heschel zdołał wyjechać z Warszawy w 1939 roku, a z czasem został wybitnym wykładowcą Żydowskiego Seminarium Teologicznego w Nowym Jorku (a w latach sześćdziesiątych orędownikiem integracji). Wiele jest w jego pismach paradoksów, które przypominają buddyjskie zagadki, epigramów i porównań („Człowiek to posłaniec, który zapomniał, jaką przynosi wiadomość", „Poganie chwalą święte rzeczy, prorocy wysławiają święte uczynki", „Poszukiwania rozumu kończą się na brzegu tego, co znane", „Kamień został rozbity, ale słowa żyją", „Być człowiekiem to stanowić problem, a problem przejawia się udręką"), a także potrzeby bycia wiernym „obecności ostatecznego w zwykłym", i przekonania, że „czyniąc to, co skończone, możemy odczuwać nieskończone". Heschel potrafił twierdzić, że „dany mi był jeden talent: do bezgranicznego zadziwienia, zadziwienia życiem, ideami. To dla mnie nadrzędna chasydzka nauka: Nie bądź stary. Nie bądź gnuśny"[8].

Ludzie przeważnie wiedzą, że podczas drugiej wojny światowej zamordowanych zostało 30 do 40 procent ogółu Żydów na świecie, ale nie wszyscy zdają sobie sprawę, że wyznawców judaizmu ortodoksyjnego zginęło 80–90 procent, w tym wielu kontynuatorów pradawnych mistycznych tradycji i medytacji nawiązujących do wizji proroków Starego Testamentu. O swoim dzieciństwie w Warszawie Heschel napisał: „W żydowskim świecie, w którym dorastałem, jednego tylko mieliśmy zawsze pod dostatkiem: uniesienia. Każda chwila jest wspaniała, uczono nas, każdy moment niezwykły".

Hebrajskie słowo *nawi*, oznaczające proroka, ma troistą etymologię, od *nawach* (wołać), *nawa* (tryskać lub wypływać) oraz *nawuw* (być pustym w środku). Medytacja pomagała „otworzyć serce, odetkać kanał łączący nieskończone ze śmiertelnym", i dać się porwać uniesieniu znanemu jako *mochin gadlut*, „Wielki Umysł". Chasydzki mistrz Awram

Davis pisał: „Jest tylko jeden Bóg, którego rozumiemy jako Jednię mieszczącą w sobie wszelkie kategorie. Możemy nazywać tę Jednię oceanem rzeczywistości, a wszystko, co w nim pływa, pierwszą nauką Dziesięciu Przykazań. Jest tylko jedna *zot*, istność. *Zot* to żeńskie określenie na »to«. Słowo *zot* samo w sobie jest jednym z imion Boga – istności tego, co jest".

Słabi, chorzy, wycieńczeni, głodni, udręczeni i obłąkani, wszyscy przychodzili do rabiego Szapiry pokrzepić się na duchu, choć dzięki jego zdolnościom przywódczym i zaradności mogli też liczyć na posiłek z garkuchni, którą prowadził. Jakim sposobem dokonywał takich cudów miłosierdzia, pozostając przy zdrowych zmysłach i w pełni mocy twórczych? Dzięki wyciszaniu myśli i obcowaniu z naturą:

„Głos [nauki] słychać we wszystkim, co nas w tym świecie otacza, w ćwierkaniu ptaków, muczeniu krów, gwarze i zamęcie ludzkich głosów, zewsząd dobiega nas głos Boga..."9.

Nasz mózg żywi się tym, czego dostarczają mu zmysły, więc jak ma zachować zdrowie, jeśli treścią tej strawy są prawie wyłącznie przejawy okrucieństwa i męki? Trzeba zatem przekształcić ten jadłospis, celowo przestawić się mentalnie, wyćwiczyć umysł w dostarczaniu mózgowi innego pokarmu. Rabi Szapiro miał zwykłym ludziom do przekazania, że nie trzeba być świętym, ascetą ani cadykiem, żeby złagodzić swoje cierpienia nawet w getcie. Szczególną wymowę ma fakt, że na przedmiot kontemplacji Szapiro wybrał piękno przyrody. Większość uwięzionych w getcie ludzi mogła je jedynie wspominać, bo w ich otoczeniu nie było już ani parków, ani ptaków, ani żadnej zieleni, a ich utratę odczuwali równie dotkliwie jak bóle fantomowe po amputacji, która rozstrajała rytm organizmu, skazywała zmysły na głodówkę i uniemożliwiała przekazanie dzieciom podstawowych, dotyczących świata pojęć. Jak pisał jeden z mieszkańców getta:

„Matka w getcie próbuje wytłumaczyć dziecku, co to jest dal. Dal, powiada, to tak jak za Lesznem. To puste pole, a pole to taki duży teren porośnięty trawą albo zbożem, i jak się stoi pośrodku, to nie widać początku ani końca. Dal jest taka duża i otwarta, i pusta, że niebo styka się z ziemią... to jakby jechać i jechać wiele dni i nocy, pociągiem albo samochodem, a może samolotem... Lokomotywa w pociągu dyszy i robi »puf« i pożera mnóstwo węgla, jak na obrazku w twojej książeczce, ale jest prawdziwa, a morze jest ogromne i naprawdę się można kąpać, i można się bez końca bawić z falami, które się podnoszą i opadają. A te lasy to są drzewa, jak te na Karmelickiej i Nowolipiu, tyle drzew, że nie da się zliczyć. Są mocne i proste z zielonymi liśćmi, a w lesie pełno jest takich drzew, jak okiem sięgnąć i pełno liści i krzaków, i śpiewających ptaków"[10].

Przed unicestwieniem następowało wygnanie ze świata natury, a potem już tylko zachwyt i transcendencja, jak nauczał rabi w getcie, mogą człowieka ochronić przed psychiczną dezintegracją codziennego życia.

ROZDZIAŁ 18

1941

W miarę jak lato przechodziło w jesień, z północy zaczęły nadciągać stada gili, krzyżodziobów i jemiołuszek, podążając powietrznymi korytarzami starszymi od szlaku jedwabnego. Nad Polską przecina się kilka wielkich szlaków ptasich przelotów – z Syberii, z Afryki i z Chin, zatem jesień zasnuła niebo misternymi ściegami kluczy gęgających dziki gęsi i chmar ptaków śpiewających. Niektóre żywiące się owadami ptaki docierają w głąb Afryki. Muchołówki pokonują odległości mierzone w tysiącach kilometrów, z tego mniej więcej sześćdziesiąt godzin nieprzerwanego lotu przypada na Saharę. Czaple siwe i inne błotne zadowalają się wybrzeżami Morza Śródziemnego, Atlantyku, Morza Kaspijskiego lub Nilu. Ptaki wędrowne nie muszą trzymać się ściśle ustalonej trasy; podczas wojny część z nich omijała Warszawę łukiem od zachodu lub wschodu, czując zapach bomb, chociaż reszta Europy miała się w dużej mierze okazać równie niegościnna.

U schyłku lata Goście willi też migrowali do cieplejszych pomieszczeń lub stałych kwater. Żabińscy szykowali się na powitanie trzeciej okupacyjnej zimy z tak mizernymi zapasami węgla, że wystarczyło go ledwie na ogrzewanie jednego pokoju, pod warunkiem że najpierw spuszczą wodę z kaloryferów i odgrodzą schody na piętro drewnianą ścianką. To doprowadziło do podziału domu na trzy strefy klimatyczne: wilgotno-piwniczną, parterowo-równikową i sypialniano-polarną na pięterku. „W ruinach lwiarni ocalał stałopalny piecyk amerykański, który... nielitościwie dymił przy rozpalaniu", ale i tak przyciągał wszystkich: „przez szybkę z miki w drzwiczkach widać było cudowną czerwień ognia i niebieskawe płomyczki, podskakujące wokół świeżo dorzuconych czarniawych brył. Cug rwał przez rurę żelazną do luftu kominowego, szumiał, huczał i śpiewał hymn na cześć ciepła w mroźny zimowy dzień". Jan i Ryś szli spać okutani we flanelowe i wełniane stroje, a rano wyskakiwali spod warstw koców i pierzyn, by zdążyć się ubrać do szkoły i pracy, nie tracąc resztek ciepła. Kuchnia przypominała chłodnię, której okna zdobiły z zewnątrz i od wewnątrz lodowe wzory, a szykowanie posiłków czy robienie czegokolwiek związanego z zanurzaniem rąk w wodzie kończyło się dla Antoniny tym, że „skóra na rękach pękała i krwawiła na zimnie podczas prania bielizny lub zmywania". Dochodziła do wniosku, że „ludzie z ich gładką skórą nie są przystosowani do mrozu", chyba że korzystając ze swoich szarych komórek, ubiorą się w zwierzęce futra i rozpalą ogniska.

Codziennie po wyjściu męża do pracy i syna do szkoły, „z rzeźni przywoziłam na saneczkach bańkę pełną odpadków mięsnych, którymi karmiłam kury", pisze Antonina, potem karmiła króliki sianem i marchewkami z własnych grządek. Ryś chodził do szkoły o kilka przecznic od domu, a Jan do małej pracowni w Zakładzie Dezynfekcji, w którym skromna posada zapewniała mu doraźną Arbeitskartę, kartki żywnościowe, codzienny „talerz zupy i kawałek mięsa" oraz bezcenną dla konspiracji „swobodę ruchów" – prawo wstępu do wszystkich części miasta.

Z braku opału dotychczasowi Goście musieli zostać przeniesieni na inne, bezpieczne zimowe leże, czy to w Warszawie, czy na przedmieściach. Pomagający Żydom umieszczali ich czasami na wsi w majątkach ziemskich, które nie uległy konfiskacie, lecz miały zaopatrywać niemieckie wojsko w żywność. Tam „nielegalna" kobieta mogła odgrywać rolę bony, służącej, niani, kucharki lub krawcowej, a mężczyzna pracować w polu lub młynie. Inni najmowali się w chłopskich gospodarstwach lub uczyli w wiejskich szkółkach. W jednej z takich posiadłości, której właścicielem był Maurycy Herling-Grudziński, położonej o kilka kilometrów na zachód od centrum Warszawy, znalazło schronienia około pięciuset żydowskich uciekinierów.

Nawet po wyjeździe Gości i krewnych willa miała tej zimy dwóch ekscentrycznych lokatorów. Pierwszy pojawił się Wicek, który mógł się poszczycić nieskazitelnie arystokratycznym pochodzeniem. „Matka jego należała do sławnego rodu srebrzystych francuskich królików", zwanych też zającami polarnymi, których czarne w dzieciństwie futerko w miarę dorastania jaśnieje. „W październiku chłód wszystkim daje się we znaki", więc Antonina zabrała Wicka z ogródka do jadalni, do strefy ciepła przy piecyku za dnia i pod kołdrą Rysia w nocy. „Kiedy chłopiec szedł do szkoły", Wicek wystawiał nos spod koca, „zeskakiwał z tapczanu i kicał w kierunku promieniującego ciepłem pieca. Tam mościł się przy samych drzwiczkach, kładąc długie słuchy po sobie i zabawnie wyciągając do tyłu jedną zadnią nóżkę". Obdarzony przez naturę pięknymi bursztynowymi oczami okolonymi czernią jak na egipskich malowidłach, trzema warstwami futra i długimi siekaczami do cięcia mchów i porostów, Wicek „usposobienie i gusta miał też osobliwe i w jego [króliczym] plemieniu nie spotykane", i przejawiał gatunkową dwoistość zupełnie jak z baśni rodem.

Początkowo, gdy „Ryś po powrocie ze szkoły zasiadał do obiadu, Wicek przerywał drzemkę i gramolił się na jego stopę. Z daleka wydawało się, że chłopczyk włożył pantofel ozdobiony kawałkiem futra". Kulił się przy tym instynktownie jak wszystkie polarne króliki podczas arktycznych zamieci. „Kiedy Wicek zmężniał na tyle, by mieć dość sił w nogach, odbijał się nimi jak piłka od podłogi i wskakiwał na kolana Rysia, opierał się przednimi łapkami o stół i ruszając wąsem, kontrolował zawartość talerza". Roślinożerne z natury, króliki polarne nie gardzą w potrzebie korą drzew czy szyszkami, ale Wicek „bardzo lubił wszystkie mięsne potrawy i zręcznie kradł kawałek końskich kotletów czy befsztyków. Befsztyki wolał jednak po tatarsku – na surowo. Dreptał do drzwi kuchni, ilekroć usłyszał odgłos tłuczka. Po taborecie dostawał się na stół i chciwie porywał skrawek ubijanego przeze mnie mięsa, pospiesznie uciekał do jakiegoś kąta i pożerał zdobycz tak łakomie, że aż mu się, dosłownie, uszy trzęsły".

Gdy zaś „na święta przysłano nam ze wsi trochę kiełbasy... nie można było sobie z Wickiem dać rady: nie tylko atakował każdego po kolei, żebrząc o datek, ale zwęszył, że w dawnym gabinecie Jana przechowuję wędliny. Wślizgiwał się tam za mną niepostrzeżenie i ze zwinnością akrobaty wskakiwał na fortepian, na którym umieszczałam drogocenne zapasy, by nieco utrudnić myszom dostęp do nich. Myszy istotnie nie potrafiły się wspinać po gładkich, zwężających się ku dołowi nogach fortepianu, ale Wicek umiał narobić szkody i za nie, i za siebie. Dożywiając się w ten sposób, rósł w tempie zastraszającym i... zapowiadał się na ciężkiego olbrzyma". Wicek „rozzuchwalił się" do tego stopnia, że państwo Żabińscy musieli wreszcie „kredensem odgrodzić kąt pokoju i lokować tam Wicka na noc lub podczas naszej nieobecności, ponieważ w swym nieposkromionym apetycie atakował nawet garderobę; pewnego ranka okazało się, że wygryzł ząbki w kołnierzu marynarki wiszącej na poręczy krzesła przy łóżku, innego dnia spożył część filcowego kapelusza, kiedy indziej zaś skrócił o kilkanaście centymetrów płaszcz naszego gościa". Szablozęby szkodnik dorobił się żartobliwego miana „królika bojowego", ale na pewno przyczynił się także do poważniejszej refleksji, gdy Antonina pisała, że gdziekolwiek się obróciła w świecie ludzi czy zwierząt, napotykała „zadziwiające i nieprzewidywalne zachowania".

Wkrótce w domu pojawił się ledwie żywy, świeżo wykluty kurczaczek, któremu cierpliwe zabiegi pielęgnacyjne Antoniny przywróciły zdrowie i chęć do życia, a Ryś przyjął do grona domowych ulubieńców, nadając imię Kuba. Przed wojną willa przygarniała bardziej egzotyczne stworzenia, w tym parkę psotnych wyderek, ale i podczas wojny dom ten „nie mógł wyzbyć się swoich tradycji" współistnienia ludzi i zwierząt pod jednym dachem. „W braku efektownych, dawniejszych okazów zszedł nie tyle... na psy, co na świnki, króliki i ptactwo domowe...", dla których Żabińscy znajdowali miejsce w swoim życiu i bardzo już obciążonym domostwie. Skoro prowadzeniem zoo zajęli się z przekonania i wrodzonego zamiłowania, a nie z przypadku, to nawet pod okupacją, nie dojadając, czuli potrzebę przebywania wśród zwierząt, żeby nie stracić poczucia prawdziwego życia i żeby Jan mógł kontynuować swoje badania ich psychologii. Jego zdaniem: „Osobowość zwierzęcia rozwija się zależnie od tego, jak się je chowa, tresuje, uczy – nie wolno generalizować. Każdy właściciel psa czy kota powie to samo, nie ma dwóch takich samych osobników. Kto by się spodziewał, że królik nauczy się dawać człowiekowi całusa, otwierać drzwi czy przypominać o porze obiadu?"[1].

Wicek intrygował także Antoninę, która opisywała jego „zuchwałość", nadnaturalną przebiegłość, a nawet zdolność swoistego terroryzowania ludzi. Całujący, drapieżny, mięsożerny królik – postać jak z bajki rodem i dobry temat do jednej z jej książek dla dzieci. Robiła notatki z jego eskapad, obserwowała, jak przyczajał się i „nastawiał długie uszy, ruszał to jednym, to drugim", jak anteną radarową, wyłapując każdy odgłos, usiłując odgadnąć jego znaczenie.

W tym domowym zoo, pełnym rozmaitych zapachów i dźwięków, wiele było zabawy i śmiechu kojących dla wszystkich, a szczególnie dla Rysia. Zwierzęta pomagały odwrócić jego uwagę od wojny, sądziła Antonina, i także dlatego pierzaste lub czworonożne, na pazurkach lub raciczkach, zalatujące borsuczym piżmem lub bezwonne jak sarni noworodek, trafiały z czasem do domowej menażerii.

A w willi jedni podopieczni Antoniny podlewali nogi od stołów i krzeseł, drudzy je podgryzali, jeszcze inni wskakiwali na meble, ale wszyscy cieszyli się statusem wychowanków na specjalnych prawach, a ich obecność była źródłem radości. Zgodnie z domowym podziałem obowiązków to Ryś na co dzień doglądał tej trzódki, niczym dyrektor tego zoo w miniaturze, sprawując rządy nad małym księstwem gnomów bardziej nieporadnych niż on sam. Miał dzięki temu sporo ważnych zajęć, nad którymi mógł zapanować, podczas gdy wszystkich wokoło pochłaniały dorosłe sekrety i zadania.

Dzieci w wieku Rysia nie były w stanie pojąć, na jakich zasadach funkcjonuje w Warszawie cała ta siatka kontaktów, towarzyskich i służbowych, opłat, targów, wzajemnych przysług, dawania w łapę, kupowania milczenia, czarnego rynku i czystego idealizmu. Ale właśnie w tym zwariowanym domu można było – na minutę, na kilka godzin – zapomnieć o znacznie bardziej szalonym świecie dokoła, bo tu serwowano czas w postaci nieprzerwanego strumienia wrażeń i dźwięków, wymagających skupienia zajęć, a niekiedy nawet zabawy. W czasie zagrożenia i niepewności w sposób naturalny umysł przestawia się raptownie na sposób życia z chwili na chwilę, ale to także nadaje mu kojący rytm, który Antonina troskliwie podtrzymywała ze względu na siebie i swoją rodzinę. Jedną z najbardziej godnych uwagi cech Antoniny była determinacja, z jaką starała się o to, by zabawa, zwierzęta, zadziwienie, ciekawość i zachwyt gościły stale w jej domu, w którym tak wiele osób chroniło się przed wszechobecnym niebezpieczeństwem, niepewnością i potwornościami wojny. Stworzenie takiej atmosfery wymaga hartu szczególnego, a niezbyt w wojennych czasach docenianego.

Kiedy rabin Szapiro nawoływał do medytacji o pięknie, świętości i przyrodzie, by wyrwać się w ten sposób z kręgu cierpienia i pozostać przy zdrowych zmysłach, Antonina urozmaicała życie w willi obecnością szczura piżmowego, koguta, królika, psów, orła, chomika, kotów i lisiątek, które wciągały ludzi w bezczasowy świat natury z całym jego ustalonym ładem i świeżością zarazem. Obserwując jedyny w swoim rodzaju ekosystem willi Żabińskich i panujące w niej porządki, wśród najrozmaitszych rytmów i potrzeb różnych gatunków, Goście mogli złapać chwilę oddechu. Zoo wciąż miało swoje alejki, drzewa, ptaki i ogrody; lipy pachniały słodko, a po zmroku ukoronowaniem dnia bywały dźwięki fortepianu.

Ta sensualna mikstura nabierała coraz bardziej żywotnego znaczenia wobec relacji o rosnącym bestialstwie hitlerowców, napływających od Gości, których Żabińscy przygarniali, korzystając z tego, co Irena Sendlerowa („Jolanta") określała jako „różne i czasem bardzo dziwne powiązania i kontakty konspiracyjne"[2]. Będąc Polką nieżydowskiego pochodzenia, córką lekarza, i mając rozlicznych żydowskich znajomych, przeorganizowała swoją pracę w wydziale opieki społecznej, skaptowała jeszcze dziesięć podobnie myślących osób i zaczęła wydawać fałszywe dokumenty. Przez stację sanitarno-epidemiologiczną załatwiła sobie także przepustkę do getta pod pretekstem walki z chorobami zakaźnymi. W rzeczywistości pracownicy opieki „przemycali do getta żywność, lekarstwa, odzież i pieniądze, starając się uwolnić jak najwięcej ludzi, przede wszystkim dzieci". To wymagało najpierw przekonania rodziców, żeby zechcieli dziecko oddać, potem obmyślenia sposobu wydostania go z getta – przytroczonego do ciała pod ubraniem, w torbie, skrzynce lub trumnie, albo też przez gmach Sądów czy kościół Wszystkich Świętych – wreszcie umieszczenia go u odpowiedniej, katolickiej rodziny lub w sierocińcu. W swoim ogródku Sendlerowa zakopała słoik z listą prawdziwych nazwisk uratowanych dzieci, by umożliwić im połączenie z ocalałymi krewnymi po wojnie. Wiele klasztorów żeńskich w Warszawie i jej pobliżu przyjmowało żydowskie dzieci, a niektóre specjalizowały się nawet w łatwych do rozpoznania chłopcach o semickich rysach, którym bandażowano głowy, by utrudnić ich rozpoznanie.

„Telefon, kartka albo ustna zapowiedź informowały o przybyciu" kolejnego przelotnego gościa, do willi wpadała często i sama Irena Sendlerowa, z nowinami, na pogawędkę lub żeby przeczekać jakiś okres zainteresowania policji jej biurem. To nie uchroniło jej przed aresztowaniem przez gestapo, torturami i wyrokiem śmierci; uratowana dzięki akcji podziemia stała się ulubionym gościem w zoo.

W Londynie polski rząd na uchodźstwie nadawał audycje radiowe i planował misje kurierskie, korzystając z brytyjskich samolotów, agentów i środków. Skaczący ze spadochronem polscy cichociemni przewozili pieniądze dla konspiracji, ale zrzuty zawierały także broń, materiały do jej produkcji i plany. Jak wspominał jeden z cichociemnych, jego grupa opuściła samolot na wysokości zaledwie stu metrów, tak by wszyscy wylądowali jak najbliżej siebie, celując w „biało-czerwony krzyż z latarek bezczelnie zapalonych na leśnej polanie". Smagany gałęziami sosen skoczek wylądował i został od razu powitany uściskiem dłoni przez człowieka, który podał właściwe hasło. Wkrótce pojawili się młodzi ludzie z akowskiej partyzantki po skrzynki i spadochrony, z których kobiety szyły podczas okupacji bluzki i bieliznę. W szkole, do której go zaprowadzono, kierowniczka poczęstowała go jajecznicą na boczku z pomidorami i o świcie wyprawiła w dalszą drogę.

Niektórzy skoczkowie przyłączali się do miejscowych oddziałów, a wielu z nich walczyło w powstaniu warszawskim. Z 316 cichociemnych 112 zginęło, Niemcy zestrzelili 63 samoloty, i tylko połowa z 858 zrzutów zakończyła się sukcesem. Cichociemni zaopatrywali niezmordowaną konspirację, uważaną zarówno przez wrogów, jak i sprzymierzeńców za najlepiej zorganizowany ruch oporu w okupowanej Europie.

Jan wchodził coraz głębiej w konspiracyjną robotę i prowadził wykłady z biologii i parazytologii na wydziale farmacji i stomatologii podziemnej akademii medycznej. „Studenci, podzieleni na małe zespoły, musieli wciąż zmieniać miejsca zbiórek w obawie przed wpadką. Korzystano z mieszkań prywatnych, lokali szkół zawodowych, gmachów klasztornych itp.". Tajne nauczanie odbywało się na poziomie szkoły podstawowej, średniej i studiów, z medycznymi włącznie, „w warunkach bardzo ciężkich, bez bibliotek, laboratoriów, pracowni". Z poczuciem smutnej ironii losu (a może właśnie wręcz przeciwnie – z optymizmem) żydowscy lekarze przekazywali przyszłym doktorom wiedzę o najnowszych osiągnięciach medycyny w czasach, gdy mogli tylko słowem nieść ulgę swoim pacjentom umierającym w getcie z braku pożywienia i najprostszych lekarstw. Chcąc pozbawić kraj warstwy przywódczej, na początku wojny naziści rozstrzelali bardzo wielu inteligentów, potem zakazali kształcenia dzieci powyżej czwartej klasy szkoły podstawowej, a wydawaną przez nich prasę nazywano „gadzinową". Gazety wydawane przez podziemie krążyły poza gettem, ale niekiedy trafiały też za mury. W tych ciężkich czasach dotkliwych braków nielegalne biblioteki, uczelnie, teatr i koncerty cieszyły się wielkim powodzeniem, organizowano nawet ogólnowarszawskie mistrzostwa w piłce nożnej.

Wiosną 1942 roku raz jeszcze wezbrał strumień Gości napływających do zoo i szukających schronienia w klatkach, stajenkach i szafach, gdzie usiłowali wypracować jakiś zwyczajny tryb życia w stanie powściąganej paniki. Obeznani z rozkładem domu z pewnością żartowali sobie na temat czyjegoś człapania, tupotu dziecięcych nóg, drapania pazurów, trzaskających drzwi, dzwonka telefonu i od czasu do czasu dzikich wrzasków wojujących domowych zwierzaków. Wychowani w epoce radia przywykli do słuchania wiadomości i dodawania do nich w myśli stosownych obrazów.

Antonina martwiła się o swoją przyjaciółkę, rzeźbiarkę Magdalenę Gross, której życie i twórczość straciły punkt odniesienia po zbombardowaniu warszawskiego ogrodu zoologicznego. Zoo było dla niej nie tylko plenerowym warsztatem pracy, ale i kompasem w każdym sensie tego słowa, nadającym kierunek zarówno jej twórczej pracy, jak i życiu.

Antonina opisała w swoich wspomnieniach, jak pochłonięta drobiazgowym studiowaniem zwierzęcego modela artystka pracowała w uniesieniu całymi godzinami, zapominając o bożym świecie i nie zwracając uwagi na zwiedzających, którzy przystawali i cicho przyglądali się jej pracy. Cenił ją ogromnie także Jan, przez całe życie zainteresowany „sztukami plastycznymi", jak je nazywał.

Specjalizująca się w niewielkich rzeźbach Gross stworzyła podobizny dwudziestu kilku zwierząt, realistyczne i pomysłowe zarazem, uchwycone w charakterystycznej pozie, czasem typowo ludzkiej: wielbłąd z głową odrzuconą do tyłu na garb, z rozkraczonymi nogami, w trakcie przeciągania się. Młoda lama z nastawionymi czujnie uszami wypatrująca czegoś jadalnego. Czujna japońska gęś z dziobem wycelowanym w niebo, a okiem skierowanym na widza, jak „piękna choć bezmyślna kobieta", objaśniała Gross. Flaming, w pół iście chaplinowskiego kroku, z uniesioną prawą piętą. Bażant-macho popisujący się przed swoim haremem. Przysadzista kura z tropików zmierzająca dokądś szybkim truchtem, „jak gosposia na zakupach, która myśli tylko o tym, gdzie kupić śledzie". Jeleń z uniesioną głową, jakby zaskoczony jakimś dźwiękiem. Jasnooka czapla z długim, mocnym dziobem, zaokrąglonymi barkami i podbródkiem wtulonym w nastroszoną pierś, podobno alter ego rzeźbiarki. Wysoki marabut z głową wciśniętą w ramiona. Łoś łowiący chrapami zapach towarzyszki. Zadziorny kogut, toczący dzikim wzrokiem.

Gross starała się uchwycić niuanse cielesności każdego zwierzęcia z osobna: pod jakim kątem ustawia kończyny, żeby zachować równowagę, jak odstrasza rywali, jak okazuje emocje. Cyzelowała każde najdrobniejsze wygięcie, starając się zrozumieć pracę mięśni i układ kości swoich modeli. Jana, który służył Magdalenie jako konsultant do spraw anatomicznych szczegółów, fascynował trzon konstrukcji ciała zwierzęcia, ich środka ciężkości i symetrii – jak, na przykład, niski, opływowy korpus ptaka jest utrzymywany w równowadze na dwóch cienkich nóżkach, podczas gdy masywniejsza bryła ssaka wymaga czterech grubszych podpór. Ze swoim uniwersyteckim wykształceniem w zakresie zoologii, rolnictwa i sztuk pięknych Żabiński być może uległ wpływowi uroczej klasycznej pracy D'Arcy'ego Wentworth Thompsona, *On growth and form* (1917), studium inżynierii biologicznej zawierającego rozważania na temat architektury kręgosłupa czy rozrostu miednicy wszerz w celu odciążenia torsu. Magdalena pracowała nad każdą rzeźbą miesiącami. Wybranie z szerokiego repertuaru ruchów zwierzęcia pozy, która najlepiej oddawałaby jego istotę, wymagało czasu i swego rodzaju zauroczenia, a rzeźbiarka uwielbiała popadać w taką ekstazę wyobrażania. Tę radość tworzenia widać w jej dziełach.

Antonina zachwycała się nimi i snuła refleksje na temat miejsca Magdaleny w długich dziejach dążeń człowieka do zobrazowania zwierząt w sztuce, poczynając od wizerunków bawołów, koni, reniferów, antylop i mamutów rysowanych przy blasku głowni na ścianach jaskiń w paleolicie. Niekiedy zresztą barwniki nakładano misternie na ścianę przy pomocy dmuchawki (odtworzona z laserową precyzją kopia jaskini w Lascaux powstała właśnie tą techniką). Do tego relikwiarza doszły zwierzęce fetysze rzeźbione w kamieniu lub rogu, którym łowcy oddawali cześć lub używali do odprawiania świętych obrzędów. Wyłaniające się z naturalnego tła wapiennych grot zwierzęta pędziły w mroku rozjaśnionym migotliwym światłem ogniska, towarzysząc rytuałom inicjacyjnym, kiedy łomot serca łatwo było wziąć za tętent kopyt.

Na początku XX wieku i w okresie międzywojennym, kiedy dadaizm i surrealizm miały swój czas rozkwitu (przede wszystkim jako pomysł na rolę sztuki w życiu lub idea życia traktowanego jak sztuka), rzeźbiarze zwierząt cieszyli się w Polsce dużym wzięciem, które przetrwało także czas wojny i po niej. Zdaniem Antoniny Magdalena Gross wpisała się w tradycję magicznych wizerunków zwierząt obecnych w sztuce starożytnej Babilonii, Asyrii, Egiptu, Dalekiego Wschodu, Meksyku, Peru, Indii i Polski.

Gross zaczynała od tworzenia modelu w glinie, z którego miał powstać odlew w brązie. „W trakcie pracy nad posążkiem gipsowym Magdalena zwracała się niejednokrotnie do Jana z prośbą o korektę jej dzieła z punktu widzenia anatomicznego... ale tak znakomicie wyczuwała budowę zwierzęcia, że... poprawki Jana ograniczały się zazwyczaj do drobiazgów". Każda rzeźba kosztowała ją miesiące pracy, więc gotowych dzieł przybywało przeciętnie po jednym rocznie, gdyż Magdalena studiowała swoje modele z dokładnością co do jednego piórka i włókna, „obmyślając starannie poszczególne fragmenty, później zaś obrabiała je z niebywałą precyzją". Trudno jej było rozstać się z glinianym modelem, a i „wobec dzieła gotowego artystka zachowywała w dalszym ciągu krytycyzm. Zapytana kiedyś, czy jest zadowolona ze swej nowej pracy, odparła:»Będę mogła odpowiedzieć na to pytanie za trzy lata«. Wyrzeźbiła łosia i żubra (z czego ten drugi zajął jej dwa lata), jakby w specjalnym darze dla Jana. Naturalnie zwierzęta nie miały w zwyczaju spokojnie pozować artystce. Odlatywały sobie albo odbiegały, albo się chowały – a do tego dzikie zwierzęta wchodzą w kontakt wzrokowy z człowiekiem tylko pod presją szczególnych sytuacji: jedzenia, godów lub walki. Magdalena uspokajała się, prowadząc baczną obserwację zwierząt, co z kolei działało na nie równie kojąco, tak że z czasem pozwalały jej na dłuższe seanse.

Przy całej swojej sławie (jej *Żubr* i *Bąk* zdobyły złoty medal na Międzynarodowej Wystawie Sztuki w Paryżu w 1937) „odznaczała się niesłychaną skromnością", ujmująco pogodna i wprost urzeczona zwierzętami i sztuką. Antonina wspominała, jak „w zoo Magdalena oczarowała nie tylko swoje modele, ale także ich opiekunów, dozorców. Wszyscy ją znali i wszyscy – na widok małej»pani Madzi, o wesołych piwnych oczach... zręcznie manipulującej szpachelkiem w glinie – uśmiechali się, pozdrawiając ją serdecznie".

Gross została po aryjskiej stronie, podejmując niełatwe życie pod przybraniem, zmuszona bez przerwy udawać kogoś innego, dbać o aktualną kolokwialność swojej polszczyzny i wiarygodny akcent. Liczbę Żydów poza gettem oceniano bardzo różnie, ale według godnego zaufania źródła, czyli Adolfa Bermana, który współkierował akcją pomocy, w 1944 roku ukrywało się jeszcze od 15 do 20 tysięcy osób, choć zdaniem Bermana nie są to pełne dane i było ich znacznie więcej. W swoim opracowaniu na temat Żydów żyjących po aryjskiej stronie, zatytułowanym *Utajone miasto*, Gunnars S. Paulsson szacuje ich na

143

28 tysięcy[3]. Jak słusznie uznaje, przy tak wysokich liczbach, trzeba już mówić o wrośniętym w tkankę miasta mieście utajonym, razem z jego własnym elementem przestępczym (tabunami szantażystów, zwanych szmalcownikami, złodziejami, przekupnymi policjantami i pazernymi gospodarzami domów), pracownikami opieki społecznej, życiem kulturalnym, publikacjami, ulubionymi kawiarniami i żargonem. Ukrywający się Żydzi zwani byli „kotami", ich kryjówki melinami. Populacja utajonego miasta, pisze Paulsson, „składała się z 28 tysięcy Żydów, zapewne 70–90 tysięcy ludzi, którzy im pomagali, i 3–4 tysięcy szmalcowników i innych niebezpiecznych indywiduów. W sumie liczyła ponad 100 tysięcy i przewyższała liczebnie 70 tysięcy bojowników, których polskie podziemie mogło wystawić do walki w 1944 roku".

Najdrobniejsze niedopatrzenie mogło „kota" zdradzić – jeśli, na przykład, nie znał ceny biletu tramwajowego albo zachowywał się zbyt swobodnie, albo nie dostawał listów i nie przyjmował gości, lub nie brał udziału w typowym życiu towarzyskim mieszkańców kamienicy, jak to, opisane przez Alicję Kaczyńską:

„Powstawały kluby domowe, lokatorzy zbierali się wieczorami, dyskutowali, podawali sobie zasłyszane wiadomości... szukali odprężenia w brydżu... wracając do domu, zatrzymywałam się w bramie naszej kamienicy, gdzie urządzono ołtarzyk i co wieczór modlono się i śpiewano pieśni. Cała Warszawa miała w bramach takie ołtarze i cała Warszawa śpiewała:»Słuchaj, Jezu, jak cię błaga lud, słuchaj, słuchaj, uczyń z nami cud«. Lokatorzy naszego domu gromadzili się na tych modlitwach..."[4].

Paulsson przytacza historię, którą Helenie Szeroszewskiej opowiedziała jej córka Marysia, całkowicie zasymilowana i swobodnie poruszająca się po mieście:

„Raz zauważyła pod halami kobietę sprzedającą cytryny, które były w tym czasie rzadkością.»Ile kosztuje cytryna?« – zapytała Marysia. Cena, którą usłyszała, wydała jej się niezmiernie wysoka.»Jezus Maria!«...»Od tak niedawna masz pani z nimi do czynienia, a już jesteś z nimi na ty?« – odrzekła handlarka, spojrzawszy na Marysię"[5].

Gross mieszkała u pewnej staruszki i z trudem utrzymywała się „roznosząc po cukierniach torty i ciastka". Czasem, dużo ryzykując, spotykała się z przyjaciółmi w przyjaznej „kotom" kafejce. Ukrywający się Żydzi niekiedy spotykali się na Miodowej 24 albo na Sewerynów, gdzie „był ośrodek katolickiej wspólnoty św. Józefa, który prowadził popularną restaurację. Fakt, że znajdowała się w cichej, bocznej ulicy, a podające do stołu zakonnice były takie sympatyczne, przyciągał do tego miejsca wielu Żydów. (...) Była ona znana niemal wszystkim ukrywającym się w Warszawie Żydom i dawała godzinkę wytchnienia od okrutnego świata".

Jednak wychodząc z domu, Gross zawsze musiała liczyć się z tym, że ktoś ją rozpozna i zadenuncjuje. W atmosferze codziennych niemal egzekucji i łapanek obawy Antoniny jeszcze wzrosły, gdy dotarły do niej wieści o Niemcach przeczesujących w okolicy strychy i piwnice w poszukiwaniu ukrywających się Żydów.

ROZDZIAŁ 19

„Miesiłam w kuchni ciasto na chleb", pisze Antonina o swoim codziennym zajęciu, „kiedy dobiegł mnie okrzyk Rysia: – Prędzej! Szpak! Chodź do Szpaka!". Najwyraźniej jej syn miał nowego ulubieńca, pomyślała, i to z gatunku stworzeń, za którymi przepadała. Lubiła patrzeć, jak krążące stada szpaków tworzą na niebie bajeczne kształty – a to przypominające trojkę w zaprzęgu, a to strączki fasolek, a to muszlę. Sformowane w jedną eskadrę potrafią zniknąć na mgnienie oka i nagle wyłonić się z powrotem jak rozsypane ziarenka pieprzu. „Któż nie zna tego sympatycznego ptaszka z długim, ciemnym dziobem? Kiedy szpak skrzeczy radośnie, kiedy zwinnie kręci ogonkiem i główką, wygrzebując z ziemi larwy i robaki, ludzie nabierają pewności, że przejściowe chłody minęły bezpowrotnie i można już zaufać słońcu. Szpak wydaje się wcieleniem radości życia i zaraża nią wszystkich dokoła. Ucieszyłam się, że Ryś złapał pierzastego wesołka, ale że miałam oblepione ciastem ręce i pilno mi było dokończyć roboty, nie spieszyłam się z obejrzeniem nowej zdobyczy. Wtem otworzyły się drzwi kuchni i na progu stanęła niewielka ciemnowłosa kobieta w wytartym letnim płaszczu i znoszonych butach. Dopiero teraz zrozumiałam znaczenie słów Rysia: przecież Szpakiem nazywaliśmy Magdalenę Gross...".

Wszyscy ukrywający się Goście i przyjaciele mieli zwierzęce pseudonimy, a Magdalena była Szpakiem pewnie z sympatii dla tego ptaszka, który teraz „raz po raz wyganiany z przygodnie znajdowanych dziupli, przyfrunął do zoo, „żeby tu pozostać". Przygodnych słuchaczy nic by nie zdziwiło w padających w rozmowie nazwach zwierząt, a Jan z Antoniną uważali chyba te przezwiska za rzecz właściwą, przywracającą ich życiu odrobinę normalności.

W pokręconej okupacyjnej rzeczywistości dawna sława Gross „miała złe strony; ktoś mógł się mimo woli wygadać, że widział Madzię na terenie zoo, wiadomość ta mogła dotrzeć do niepowołanych uszu i pociągnąć za sobą wiadome następstwa. Najdalej idąca ostrożność była zatem konieczna. Magdalena musiała zrezygnować z wszelkich wypadów, nie pokazywać się nigdzie poza domem i znikać w schowku, ilekroć zasygnalizujemy przybycie kogoś obcego. Wesołe oczy Madzi posmutniały: przyzwyczajona była do niczym nieograniczonej swobody i odznaczała się nieprawdopodobną wprost aktywnością". Brakowało jej też dawnego kręgu znajomych artystów. A przecież w 1934 roku to Magdalena pomogła Bruno Schulzowi opublikować *Sklepy cynamonowe*. Wręczyła rękopis innej swojej znajomej, Zofii Nałkowskiej, która poznała się na geniuszu autora i nowatorstwie tej prozy, po czym wzięła w swoje ręce sprawę jej wydania.

Antonina pisze, jak Magdalena, „nie mając możliwości modelowania zwierząt, zabrała się do portretowania Rysia.

– On przecież jest rysiem – dowcipkowała – powinnam nieźle go zrobić".

Widząc po raz kolejny Antoninę przy wyrabianiu ciasta, zadeklarowała chęć pomocy: „Nauczyłam się wypiekać wspaniałe rogaliki... nie mogę nic lepić z gliny, to chciałabym bodaj lepić coś z ciasta... I roześmiała się, zanurzając muskularną dłoń w dzieżce z ciastem.

– Do czego to podobne, żeby taka mistrzyni zajmowała się garami? – krzyknęłam oburzona.

– To przejściowe! – zawołała, odsunęła mnie na bok i raz dwa uporała się z moją robotą. – Ktoś by może pomyślał, że taka mała to nie da rady? Co? Ech! Rzeźbiarze mają nie byle jaką krzepę".

Ugniataniem gliny wyrobiła sobie silne muskuły ramion i zahartowanych w jej fachu rąk. W kręgu jej przyjaciół, do którego należały między innymi Rachela Auerbach i pisząca w jidysz poetka Debora

Vogel, przywiązywano wagę do „jedynej, mistycznej konsystencji materii", tak jak i do rąk, które ją urabiają. Na ten temat ich paczka często prowadziła głębokie dyskusje w sążnistych, literacko wysmakowanych listach. Niewiele z nich ocalało, ale na szczęście Schulz wykorzystał wiele własnych w swoich opowiadaniach.

Przed wojną, w Paryżu, Magdalena na pewno studiowałaby dynamiczne rzeźby rąk w muzeum Rodina, budyneczku przypominającym pozytywkę wśród krzewów róż i atletycznych posągów. Zapewne zachwycała się tym, jak silne, sprawne ręce obejmują noworodki, budują miasta, sadzą warzywa, pieszczą ukochanych, uczą nasze oczy kształtu rzeczy – jak wybrzusza się kula, jak szorstki jest piasek – przeciągają nić porozumienia między samotnymi sercami, łączą nas ze światem, wyznaczają różnicę między sobą a innymi, lgną do piękna, ślubują wierność, wydobywają pokarm z ziarna.

Magdalena „wniosła ze sobą do domu tyle słońca, tyle humoru... i niezwykłą siłę ducha, niesłabnącą nawet w najgorszych chwilach. Nikt nigdy nie widział przygnębienia na jej twarzy". Antonina pisała o zdziwieniu, jakie ogarniało ich „na myśl, że kiedyś obywaliśmy się bez niej". Tak silnie „wrosła w naszą gromadkę bez reszty, żyła naszym życiem, dzieląc na równi z nami trudy, troski i niebezpieczeństwa. Jeśli to było konieczne, brała udział w pracach gospodarczych, jeśli zbyt wielki napływ Gości komplikował problem spania, przenosiła się ze swym posłaniem na skrzynię lub na zestawione fotele... Gwizdała jak szpak na swoją ciężką sytuację, będącą dla wielu osób w jej położeniu przyczyną zrozumiałych zresztą załamań i rozpaczy". Kiedy gospodarze spodziewali się wizyty obcej osoby, Magdalena kryła się na piętrze, „jeśli zjawiał się ktoś szczególnie groźny, zwłaszcza jeśli przypuszczaliśmy, że może wejść na górę, dawaliśmy Madzi umówiony sygnał". Jeśli nie dało się go zagrać na fortepianie, można było zawsze z nagła zaśpiewać. Antonina pisała o Madzi, że miała w sobie coś z łobuziaka, więc „skoczna melodyjka z *Pięknej Heleny* »Jedź, jedź na Kretę« wydawała się jak najbardziej stosownym znakiem dla kogoś tak filuternego i radosnego.

„Usłyszawszy to ostrzeżenie, Szpak pospiesznie znikał w kryjówce; zależnie od natchnienia wybierała stryszek, łazienkę albo jedną z licznych szaf ściennych, dusząc się przeważnie od tłumionego śmiechu. – Ciekawa jestem – mówiła – czy też po wojnie, kiedy pójdę na tę operetkę, wytrzymam spokojnie na widowni, gdy Menelaus będzie się wybierał na Kretę?".

Ta skoczna melodia należała kiedyś do jej ulubionych, ale wojna potrafi posiać zamęt także w mechanizmach pamięci sensorycznej. Sama intensywność doznań chwili, uderzenia adrenaliny i przyspieszony puls utrwalają wspomnienia na zawsze, i to w najdrobniejszych detalach. Trwałość przyjaźni czy miłości może na tym zyskać, ale cenne wrażenia zmysłowe, jak na przykład słuchanie muzyki, mogą ulec skażeniu. Jeśli już jakaś melodia skojarzyła się z zagrożeniem, to na jej dźwięk będziemy wciąż odruchowo reagować skokiem adrenaliny i strachem. Pytanie Magdaleny było w pełni uzasadnione. Jak sama powiedziała, „Cóż za znakomity sposób na zrujnowanie wspaniałej muzyki".

ROZDZIAŁ 20

Wczesna zima 1942 roku natarła na zoo ze szczególną furią, aż trzeszczały drewniane ściany smagane wichrem, póki ich nie osłoniły pieniste, posrebrzane suflety śnieżnych zasp. Teren zoo, zryty pociskami na samym początku wojny, pokryła teraz gruba warstwa śniegu, maskując wykwity nowych rowów, obalone płoty, zakrętasy żużlowych alejek, rozczapierzone palce wygiętego metalu. Pod zwodniczo miękką pierzyną śniegu wszędzie czaiły się twarde, żelazne monstra, każąc ludziom trzymać się wydeptanych ścieżek i wybiegów.

Pole działania Antoniny skurczyło się jeszcze bardziej, gdyż od jesieni 1942 roku do wiosny 1943 przykuło ją do łóżka zapalenie stawów. Dla tak niezwykle czynnej trzydziestoczterolatki podobne unieruchomienie pod warstwą koców i kołder było trudne do zniesienia („Wstyd i hańba. Na co mi przyszło!" – przelewała swój żal na papier) przy tak dużym domowym gospodarstwie do oporządzenia. To w końcu ona pełniła rolę głównego gospodarza; w dodatku spodziewała się dziecka. Reumatoidalne zapalenie stawów objawia się bólami, opuchlizną i zaczerwieniem nóg i wymaga leżenia, więc nie mając innego wyjścia, Żabińska przeniosła centrum zarządzania do sypialni, gdzie odwiedzali ją nie tylko domownicy, ale także pracownicy i przyjaciele.

W czerwcu 1942 roku do polskiego podziemia dotarł zaszyfrowany list z relacją o obozie zagłady w Treblince. Oto jego fragmenty:

„Wuj ma zamiar, uchowaj Boże, urządzić wesele swoich dzieci także, broń Boże, i u Was, gdyż wynajmuje sobie mieszkanie koło Was, całkiem Was blisko, a Wy prawdopodobnie wcale tego nie wiecie, dlatego też piszę teraz do Was i wysyłamy specjalnego posłańca z tym listem, żebyście się o tym dowiedzieli. To prawda, że Wy też musicie sobie wynająć nowe mieszkania poza miastem, dla wszystkich naszych braci i synów Izraela... Wiemy na pewno, że wuj ma to mieszkanie koło Was prawie gotowe. Musicie o tym wiedzieć, może znajdziecie jakieś wyjście... wuj zamierza, broń Boże, w najbliższym czasie urządzić u Was wesele... siedzieć w ukryciu – to najlepsze lekarstwo na tę chorobę. Zapamiętajcie – jesteśmy świętymi ofiarami, a »jeśli z niego pozostanie coś do rana...«"[1].

Dla historyka Emanuela Ringelbluma (który ukrywając się w bunkrze po aryjskiej stronie Warszawy napisał książkę *Stosunki polsko--żydowskie w czasie drugiej wojny światowej*) i innych konspiracyjnych działaczy sens tego listu był całkowicie jasny. Ostatnie, enigmatyczne zdanie nawiązywało do wersetu 12.10 z Księgi Wyjścia opisującej historię Exodusu: wszelkie resztki ofiarnego baranka należało spalić. Wkrótce nadeszły wieści z Chełmna nad Nerem o zabijaniu Żydów spalinami w ciężarówkach, a uciekinierzy z Wilna opowiadali o masakrach w innych miejscowościach. W opisywane potworności mimo wszystko trudno było uwierzyć, dopóki do getta warszawskiego nie dotarł, ukryty w ciężarówce, człowiek, który mógł o nich zaświadczyć, ponieważ sam umknął sprzed komory gazowej. I znów, pomimo rozpowszechnienia tej wiadomości, znaleźli się tacy, którzy twierdzili, że Niemcy nie potraktują tak bestialsko mieszkańców tak ważnego miasta jak Warszawa.

22 lipca 1942 roku rozpoczęto likwidację getta, spędzając na ulicę Stawki około siedmiu tysięcy ludzi, ładując ich do czerwonych, odkażanych wapnem bydlęcych wagonów, którymi wywożono ich do komór gazowych Treblinki. Na tak zwane „przesiedlenie na wschód" wydawano trzydniową porcję żywności i pozwalano zabrać wszelkie kosztowności i 10 kilogramów bagażu. Między lipcem a wrześniem 1942 naziści wywieźli z Warszawy do Treblinki 265 tysięcy Żydów. W getcie pozostało ich około 55 tysięcy, wśród nich bojowcy nowo powstałej

Żydowskiej Organizacji Bojowej (ŻOB), szykujący się do walki zbrojnej. Żeby utrzymać spokój wśród skazanych, na stacji we wsi Treblinka, 4 kilometry od obozu, widniał rozkład jazdy pociągów, choć żaden więzień nigdy nie skorzystał z pociągu powrotnego. „To, co początkowo niektórzy z nas uważali za przejaw zbrodniczych instynktów poszczególnych jednostek spośród kierownictwa niemieckiego, okazało się niezadługo praktyką wypływającą z dobrze opracowanych metod, mających na celu zagładę całych narodów".

Nie tylko Szymon Tenenbaum i rabin Szapiro zdecydowali się pozostać w getcie mimo propozycji zorganizowania im ucieczki. Pediatra Henryk Goldszmidt, znany pod literackim pseudonimem Janusz Korczak, autor powieści i wielu książek pedagogicznych dla rodziców i wychowawców, m.in. *Jak kochać dziecko* i *Prawo dziecka do szacunku*, w 1912 roku założył nowoczesny, koedukacyjny sierociniec dla dzieci w wieku od siedmiu do czternastu lat pod numerem 92 na ulicy Krochmalnej.

W 1940 roku, po zgromadzeniu Żydów Warszawy w getcie, Korczak przeniósł sierociniec na Chłodną 33, do dawnego gimnazjum kupieckiego w „dzielnicy przeklętych", jak nazywał getto w swoim dzienniku pisanym na niebieskawym papierze ryżowym, przeplatając przyziemne szczegóły codziennego życia głębokimi filozoficznymi refleksjami i podróżami w świat wyobraźni[2]. To relikwiarz sytuacji niemożliwej pokazujący, „jak człowiek moralny, człowiek ducha, walczył o to, by ochronić niewinne dzieci przed okropnościami świata dorosłych w jednej z najczarniejszych epok ludzkości". Nieśmiały i niezręczny ponoć w obcowaniu z dorosłymi, stworzył Korczak demokrację idealną z sierotami, które nazywały go Starym Doktorem.

Całą swoją pomysłowość, humor zaprawiony autoironią i wyobraźnię zaprzągł do działania na rzecz „dziecięcej republiki", z własnym parlamentem, gazetką i sądownictwem. Zamiast się bić, dzieci nauczyły się wołać „pozywam cię do sądu!". Co sobotę rano odbywały się posiedzenia trybunału składającego się z pięciorga dzieci, którym akurat w danym tygodniu nikt nie wytoczył sprawy. Orzeczenia miały za podstawę korczakowski Kodeks Praw, z których pierwsze sto pociągało za sobą przebaczenie. Korczak zwierzył się kiedyś przyjacielowi, że jest „lekarzem z wykształcenia, pedagogiem z przypadku, pisarzem z zamiłowania, a psychologiem z konieczności".

W nocy, na ambulatoryjnej leżance, pod którą trzymał resztki wódki i czarnego chleba, Doktor wymykał się na prywatną planetę Ro. Tam astronomowi Zi udało się wreszcie zbudować maszynę do wymiany promieni cieplnych na moralną siłę duchową. Korzystając z niej do zaprowadzenia pokoju we wszechświecie, Zi nie radzi sobie tylko z „niespokojną iskierką Ziemi" i zastanawia się, czy „przerwać tę nierozumną... krwawą zabawę?", a Doktor bierze naszą planetę w obronę: „Ziemia nasza młoda jeszcze. A początek jest bolesnym wysiłkiem".

Na niebieskich kartkach dziergał pospołu wrażenia, wyobrażenia i luźne myśli, ale nie prowadził kroniki złowieszczych faktów, jak na przykład akcji deportacyjnej do obozów śmierci 22 lipca, w 64. urodziny Korczaka. Pisze jednak o opróżnieniu szpitala na Stawkach, zmęczeniu... Kilka dni później zauważa tęczę i „Cudowny księżyc wielki nad obozem tułaczy", który rzuca swe światło na „nieszczęsną obłąkaną dzielnicę".

Na zdjęciach z tego okresu widać posiwiałe już wąsy i bródkę Doktora, głębokie cienie pod ciemnymi oczami o przenikliwym spojrzeniu człowieka, któremu życie zostawiło „zrosty, bóle, przepukliny, blizny". Korczak odmówił opuszczenia getta i dzieci, mimo propozycji pomocy od byłych wychowanków po aryjskiej stronie[3]. Z ukłuciem w sercu słuchał, jak głodujące i cierpiące dzieci porównują swoje choroby jak starcy w sanatorium. Trzeba było szukać sposobów, by oderwać się od swego bólu i dlatego Korczak zachęcał do takich modlitw jak ta: „Dobry Boże, dzięki Ci... wymyśliłeś tak mądrze, że kwiaty mają zapach, świętojanki świecą na ziemi, iskry gwiazd – na niebie"[4]. Osobistym przykładem uczył o kojącej mocy uważnego zajmowania się pospolitą robotą, jak choćby zbieranie nakryć po posiłku:

„Kiedy zbieram [naczynia] sam, widzę pęknięte talerze, widzę zgięte łyżki, podrapane miseczki... Widzę, jak niedbale, trochę po arystokracku, a trochę po chamsku rozrzucają łyżki, noże, solniczki i kubki... Czasem zerknę, jak rozdaje się dodatki, albo zobaczę, kto przy nim siedzi i pomyślę sobie o tym i owym. Bo kiedy coś robić, to nigdy bezmyślnie"⁵.

Zainteresowanie religiami Wschodu skłoniło Korczaka, wymyślającego zarówno dziecinne rozrywki, jak i zręby poważniejszych zabaw, do wystawienia *Poczty* według Rabindranatha Tagore. To przedstawienie urasta dziś do rangi symbolu, skoro premiera odbyła się 18 lipca, na trzy tygodnie przed wywiezieniem dzieci do Treblinki. Chory bohater sztuki, Amal, męczy się przykuty do łóżka w klaustrofobicznym pokoju i marzy o tym, by odlecieć do kraju, gdzie nadworny lekarz monarchy zna lekarstwo na jego chorobę. Na koniec pojawia się królewski doktor, kuruje chłopca i otwiera na oścież okna i drzwi, a Amal zachwyca się teatrem gwiazd. Korczak wybrał podobno tę sztukę, by pomóc uwięzionym, przerażonym dzieciom przyjąć śmierć z większym spokojem.

Przewidując ich nieszczęsny los i strach przed nim w dniu deportacji (6 sierpnia 1942), Korczak wsiadł z dziećmi do pociągu, bo wiedział, że jego obecność podziała uspokajająco. „Nie zostawia się chorego dziecka w nocy i nie zostawia się dzieci w taki czas". Z relacji wyłania się obraz Starego Doktora w oficerkach, z gołą głową, prowadzącego dwoje dzieci za ręce na czele pochodu idących czwórkami 192 dzieci i dziesięciu innych wychowawców i wychowawczyń, otoczonych szpalerem niemieckich żołnierzy. Na Umschlagplatzu wszyscy zmieścili się bez trudu w czerwonych wagonach wielkości kurnika, w których zazwyczaj mieściło się w pozycji stojącej 75 dorosłych. Według relacji naocznego świadka, Joszuy Perle (*The Destruction of the Warsaw Ghetto* – Zagłada warszawskiego getta): „Wydarzył się cud, dwieście czystych duszyczek, skazanych na śmierć, i żadne nie zapłakało. Żadne się nie wyrywało, nie próbowało ukryć. Jak porażone jaskółki lgnęły do swego nauczyciela i mistrza, swego ojca i brata, Janusza Korczaka".

W 1971 roku Rosjanie nadali nowo odkrytej asteroidzie nazwę 2263 Korczak, ale może lepiej by zrobili, nazywając ją Ro, jak wymarzona planeta Doktora. Polacy czczą Korczaka jako męczennika, a Izraelczycy jako jednego z trzydziestu sześciu sprawiedliwych, od których istnienia zależy los świata. Według starej żydowskiej legendy, to dzięki nim właśnie, a raczej ich czystym sercom i dobrym uczynkom, nasz grzeszny świat jeszcze nie uległ zniszczeniu. Tylko ze względu na nich ludzkość przetrwała. Owi sprawiedliwi są podobno zwyczajnymi ludźmi, po których nie widać doskonałości ani nadprzyrodzonych umiejętności i większość z nich dożywa swych dni nierozpoznana, choć swoim życiem pomnażają dobro nawet w obliczu piekła na ziemi.

ROZDZIAŁ 21

Po wielkich wywózkach z lipca-września 1942 roku getto zmieniło kształt, z zatłoczonego miasta, na którego ulicach panował wieczny ścisk, w obóz pracy składający się z niemieckich fabryczek, „szopów", strzeżonych przez SS. Na rozległym wyludnionym obszarze w jego południowej części, znanej jako „dzikie getto", specjalne oddziały *Werterfassung* pracowicie wygarniały, co się dało, z opróżnionych mieszkań i szykowały je dla przyszłych, niemieckich lokatorów, podczas gdy pozostałe 35 tysięcy Żydów osadzono w kwaterach w pobliżu szopów. W rzeczywistości w getcie żyło jeszcze „na dziko", w ukryciu, około 20–30 tysięcy Żydów, poruszających się między budynkami labiryntem podziemnych przejść i utrzymujących się przy życiu jako element równie nielegalnej i skomplikowanej sieci powiązań ekonomicznych.

Jesień 1942 roku zwiastowała również powstanie nowej podziemnej organizacji – Rady Pomocy Żydom pod kryptonimem Żegota. Jej inicjatorkami były Zofia Kossak-Szczucka i Wanda Krahelska-Filipowicz, a celem – pomaganie Żydom ukrywającym się poza gettem. Zofia Kossak (pseudonim „Weronika"), znana pisarka o poglądach konserwatywno-nacjonalistycznych, poruszała się swobodnie w sferach wyższych, szczególnie ziemiaństwa, i miała przyjaciół wśród hierarchów Kościoła katolickiego. Krahelska-Filipowicz była, dla odmiany, redaktorką magazynu poświęconego sztuce, „Arkady", działaczką socjalistyczną i żoną byłego ambasadora Polski w USA. Utrzymywała bliskie kontakty z wojskowymi i politycznymi przywódcami państwa podziemnego. Obie konspiratorki znały mnóstwo ludzi, a ci także wciągali do podziemnej roboty kolejnych, tworząc rozległą siatkę kontaktów zawodowych, politycznych i towarzyskich. Chodziło właśnie o stworzenie takiej ludzkiej koronkowej plecionki ze wszystkich społecznych warstw. Aleksander Kamiński, na przykład, działał przed wojną w harcerstwie, Henryk Woliński należał do palestry, a członek Poalej-Syjon Lewicy i psycholog Adolf Berman stał na czele Centosu, społecznej organizacji opieki nad dziećmi, czynnej także w getcie. Żegotę wspierały Związek Pisarzy, podziemne Stowarzyszenie Dziennikarzy, Komitet Lekarzy Demokratów i związki zawodowe kolejarzy, tramwajarzy i służb oczyszczania miasta. Jak zauważyły Irena Tomaszewska i Tecia Werbowski w książce *Zegota: The Rescue of Jews in Wartime Poland*: „Ludzie Żegoty byli nie tylko idealistami, ale także aktywistami, a działacze to siłą rzeczy ludzie, którzy znają ludzi"[1].

Wszystkie działania tego zespołu złożonego z katolików i Żydów, należących do różnych środowisk politycznych, miały za cel ratowanie ludzi, a nie sabotaż czy walkę zbrojną, co czyniło Żegotę jedyną taką organizacją w okupowanej Europie. Na Żurawiej 24 Janina Raabe-Wąsowiczowa (introligatorka i założycielka podziemnej gazety Partii Demokratycznej) oraz Zofia Rudnicka, prawniczka, prowadziły konspiracyjne biuro Żegoty, w którym czasami ukrywano uciekinierów. Współpracując ze zbrojnym podziemiem, zaopatrywały Żabińskich w pieniądze i fałszywe dokumenty dla ich podopiecznych, oraz znajdowały w okolicach miasta bezpieczne kwatery dla Gości zoo. Utrzymanie jednej osoby przy życiu wymagało często narażania wielu innych, wystawiając na nieustanną próbę ich odporność na wpływ propagandy i lęk przed śmiercią. A jednak od 70 do 90 tysięcy ludzi w Warszawie i okolicach, czyli jedna dwunasta jej mieszkańców, podejmowała ryzyko niesienia pomocy bliźnim[2]. Obok ratujących Żydów działaczy podziemia pomagało wielu zwykłych ludzi, gospoś, listonoszy, mleczarzy i innych, którzy nie zadawali zbędnych pytań.

Marceli Lewi-Łebkowski, znany adwokat i działacz, pojawił się w zoo z fałszywymi dokumentami wystawionymi na uchodźców ze wschodu i „bardzo poważną misją do spełnienia" z ramienia podziemia. Wynajął dwa pokoje dla chorej żony i córek, Niuni i Ewy. Sam mecenas korzystał z willi „dorywczo, gdyż miał jeszcze zapasowy azyl", a obecność kobiet łatwiej było wytłumaczyć niż obcego mężczyzny. Za pieniądze z wynajmu można było kupić koks do ogrzania pokoi na piętrze, dzięki czemu willa mogła pomieścić więcej osób, na przykład harcerzy, zaangażowanych w śmiertelnie groźne akcje małego sabotażu, takie jak składanie kwiatów w miejscach, gdzie niemieccy żołnierze rozstrzeliwali Polaków, lub malowanie na murach i plotach napisów: „Deutschland kaputt" czy „Polska zwycięży".

Tej zimy zatem willa gościła zarówno zameldowanych, płacących czynsz lokatorów, jak i tych zawieszonych między dwoma światami lub kryjących się przed gestapo. Przez dom Żabińskich przewinęli się między innymi Irena Mayzel, Ludwinia Kramsztyk, dr Ludwik Hirszfeld (specjalista chorób zakaźnych), dr Róża Anzelówna z Państwowego Instytutu Higieny, rodzina Lewi-Łebkowskiego, pani Poznańska, dr Lonia Tenenbaum, mecenasowa Weissowa, rodzina Kellerów, dziennikarka Marysia Aszerówna, Rachela Auerbach, rodzina Keningsweinów, dr Anzelm i dr Kirszbaum, Genia Sylkes, Magdalena Gross, Maurycy Fraenkel i Irena Sendler.

Polscy i żydowscy banici, wszyscy jak w czapkach niewidkach, nie opuszczali domu, a ze swoich pokoi wyłaniali się po godzinach innych odwiedzin. „Oficjalnie mieliśmy nowych współlokatorów, a w gruncie rzeczy tak jakby członków rodziny... rozszerzył się tylko zakres moich stałych obowiązków, ale też przybyło mi parę rąk do pracy". Córki Lewi-Łebkowskiego „były ładne i miłe... nieprzygotowane do babskich zajęć, przechodziły u mnie twardą szkołę" – pisała Antonina.

Ogród zoologiczny bez zwierząt to czysta strata, Niemcy postanowili więc wydzierżawić „jedno ze zwierzęcych pomieszczeń" na hodowlę lisów i norek. Futra były Niemcom potrzebne dla żołnierzy na froncie wschodnim (w tym celu skonfiskowano już wszelkie futrzane okrycia mieszkańcom getta), a nadwyżki mogły zasilić kasę przeznaczoną na prowadzenie wojny. Za bardziej celowe uznali mianowanie kierownikiem fermy Polaka. Był to Witold Wróblewski, „stary kawaler, człowiek zupełnie samotny". Mieszkał początkowo ze swoimi lisami i jak Frankenstein, bohater powieści Mary Shelley (zwierzał się później

Antoninie), z zazdrością popatrywał na ciepłą i wygodną willę, „pełną światła i zapachu pieczonego chleba". Pewnego dnia, ku zaskoczeniu i zmartwieniu Jana i Antoniny, pojawił się na progu i bez zbędnych ceregieli oświadczył, że chce się wprowadzić.

Szczęście sprzyjało Żabińskim, gdyż zebrane wśród znajomych opinie „wypadły dodatnio" dla Lisiarza, jak go nazywali, który okazał się człowiekiem godnym zaufania, sympatyzującym z ich działalnością. Największy dziwak wśród mieszkańców willi, „wielki oryginał", przybył do zoo z kotką Balbiną i stadkiem papużek nierozłączek, ale, jak stwierdziła Antonina: „innych ruchomości czy nieruchomości nie posiadał". Mógł się zatem od razu wprowadzić do gabinetu Jana i zapłacić za mieszkanie wielce potrzebnym do ogrzania domu koksem i węglem.

„Jedną z ekscentrycznych cech Lisiarza była niezwykła, jak na człowieka interesu, nonszalancja, nie istniały dla niego godziny ani daty, nie posługiwał się nazwami ulic ani numerami domów; niekiedy sypiał na podłodze między swym biurkiem a tapczanem, gdyż w ostatniej chwili zabrakło mu energii do zrobienia tych paru kroków dzielących go od posłania". Gdy domownicy odkryli ku swemu zdumieniu, że przed wojną był z zawodu pianistą, „fakt ten wyrobił mu kartę wstępu do naszego kółka, gdyż – jak mawiał Szpak –»pod zwariowaną gwiazdą szanowano artystów«". Jednak „cały dzień molestowany przez nas, by zasiadł do fortepianu, wzbraniał się z zażenowaniem i nagle o pierwszej w nocy przypominał sobie nasze prośby, ulegał im i grał, jeśli mu dopisała wena, do samego rana". „Dużo jednak czasu upłynęło, zanim Szpak mógł dyktować Lisiarzowi programy koncertów" po godzinie policyjnej, „długo bowiem analizowaliśmy jego postępowanie i charakter przed zawierzeniem mu niektórych naszych konspiracji". Chopin i Rachmaninow w jego wykonaniu stanowiły cudowną odmianę po gorączkowych taktach „Jedź, jedź na Kretę!".

Antonina sporo napisała o burej kocicy Lisiarza, Balbinie. „Zawierała normalne, spokojne małżeństwo, jak każda kotka", kiedy jednak na świat przychodziły kocięta, Lisiarz wkładał na ich miejsce do koszyka lisięta do wykarmienia. Antonina pomija milczeniem, co działo się z kociakami, być może Lisiarz karmił nimi na farmie wszystkożerne,

159

przypominające szare szopy jenoty. Zgodnie z zasadami hodowli srebrnych lisów matka nie powinna karmić zbyt wielu szczeniąt naraz, żeby zachowały gęstą, zdrową sierść, toteż używanie Balbiny jako mamki nadprogramowych lisiąt wydawało się wyjściem idealnym, choć nieco cwaniackim. „Jeszcze pierwszego dnia byłaby prawdopodobnie gotowa przysiąc, że obdarzyła świat kociętami, ale już po upływie doby nabierała przekonania, że tak jej się tylko zdaje".

Nieco zdezorientowana dziwnym zapachem i poszczekiwaniami szczeniąt kotka wkrótce odkrywała, że „młódź coraz energiczniej zabiera się do ssania", a „z biegiem czasu lisięta zapożyczały od niej, a ona od nich, trochę zapachu i różnice zacierały się stopniowo". Raczej bez powodzenia starała się natomiast „wychowywać dzieci zgodnie z kocimi tradycjami". Nie pomagało, że „miauczała w sposób wytworny, żeby zademonstrować im wyższość swojego stylu... młodzież nie umiała się na wytworności poznać i nadal zachowywała się wulgarnie", zamiast odmiauknąć w odpowiedzi. Balbina „w głębi duszy wstydziła się ich naszczekiwań", a do tego progenitura miała „wybujałe temperamenty". Przejęła jednak „od mamki zręczność i nie ustępowała jej w skokach na szafy lub górne półki biblioteki, nie mówiąc już o tak łatwo osiągalnych szczytach jak stół lub fortepian". Nic dziwnego, że często można było w takim miejscu zastać lisię, zwinięte w kłębek jak futrzana czapka.

„Sporo kłopotu sprawiało Balbinie dostarczanie żarłokom jedzenia... Sądziła, że wróbel czy inny ptaszek, dziki królik lub polna mysz, niekiedy szczur, to znacznie odpowiedniejszy pokarm niż zawartość lisich miseczek napełnianych co dzień przez opiekunów. Tyle tylko, że nie mogła nastarczyć dziczyzny, bo lisięta miały szalony apetyt... Zabierała je niekiedy na wyprawy. Szła drobna i smukła, pieściwie nawołując przerastające ją trzykrotnie urwipołcie, z których każdy posiadał wielką czarną kitę z białym »kwiatem« na końcu" i długi, wąski pysk, które „potrafiły znakomicie przyczajać się i czołgać do znoszonych przez Balbinę trofeów, z wielką wprawą przyciskały je łapkami, a potem puszczały i znów chwytały w zęby... jeśli któryś z nich zboczył w krzaki, przywoływała go znaczącym miauknięciem – i lisek pokornie przybiegał na zew. W jednym tylko przypadku nic nie pomagały jej ostrzeżenia i zakazy. Gdy jej mleczne dzieci zobaczyły kurę, rozpoczynały serię mistrzowskich przysiadów, podpełzały na brzuchach...". Jednak „z tym Balbina nie mogła się pogodzić i w takich razach ukrywała się gdzieś daleko, ginąc lisiętom z oczu, aby ich haniebne postępowanie nie splamiło jej honoru", gdyż „drób wykreśliła z rejestru zwierząt łownych".

Po „urodzeniu" kilku miotów lisiąt, mimo związanego z tym stresu i zakłopotania, Balbina przywykła do ich dziwnych zwyczajów, a one stawały się na wpół lisami, na wpół kotami. Antonina uważała Balbinę za „osobę wielce zasłużoną" i przypisywała jej „swoisty kodeks moralny... Osobliwym szacunkiem darzyła Balbina istoty ze świata zwierzęcego znajdujące się w tym samym, co ona, domu. Nie zdarzyło się jej nigdy zaatakować żadnej z papużek, chociaż Lisiarz bardzo często wypuszczał je z klatki". Nie kusił jej królik ani kurczak Kuba. „Domowych myszy także... nie łapała... obojętnie patrzyła na wróbla, jeśli wpadł przypadkiem do mieszkania i bezradnie... obijał się o szyby okien". Pewien nowy przybysz rozbudził jednak ciekawość kotki.

Wiosną sąsiad przyniósł „do maleńkiego Rysiowego zoo" dziwną sierotkę: młodziutkiego piżmaka. „Miał brązowe futro o długim, jedwabistym włosie i żółtawopopielaty brzuszek, długi łuskowaty ogon pozbawiony sierści, czarne jak tarki, sprytne oczka i łapki o chwytliwych palcach, połączonych rozciągliwą skórą płetwową", które służą im do kopania nor i chwytania pożywienia; porusza się sprawnie w wodzie, wiosłując ozdobionymi frędzlami tylnymi nogami. Co może najciekawsze, cztery ostre dłutowate zęby przednie wychodzą piżmakowi poza policzki, dzięki czemu może chwytać pędy i korzonki, sitowie i tatarak pod wodą, nie otwierając pyska.

Fascynujący Antoninę zwierzak „zamieszkał na oszklonej werandzie... w obszernej klatce". Jako wanienkę do pluskania dodano temu gryzoniowi wodnemu „dużą szklaną kuwetę służącą niegdyś do płukania zdjęć fotograficznych". Ryś nazwał go Szczurciem, a ten „szybko przyzwyczaił się do imienia, oswoił z otoczeniem" i adaptował do życia w tym szczególnym cyrku na kółkach, jakim stawała się często willa Żabińskich. Głównie spał, jadł lub pławił się w kąpieli. Dzikie piżmaki mają opinię trudnych do oswojenia, ale Szczurcio „po kilkutygodniowym pobycie... pozwalał wyjmować się z klatki, nosić na ręku, głaskać i drapać". Kiedy morzył go sen, Balbina „krążyła jak urzeczona dokoła klatki" niczym groźna puma i „trudno się było zorientować, jakie zamiary żywiła kotka wobec piżmaka"; natomiast „obudzony przesiadywał stale w wanience i ochlapywał ją wodą, czego, nawiasem mówiąc, nie znosiła". Nikt nie wiedział, czemu „Balbinę zainteresował Szczurcio... dlatego też każdy, kto go karmił i sprzątał jego klatkę, musiał pamiętać, aby możliwie najdokładniej zakręcić drucik przy drzwiczkach".

Antonina lubiła obserwować poranną toaletę Szczurcia: „zanurzał w wodzie pyszczek, dmuchał, parskał i prychał nosem, nagarniał łapami wodę na łebek, a potem mył nimi swe oblicze. Następnie pakował się cały do wanny, siadał w niej opierając się grzbietem o ściankę lub kładł się na brzuchu, po czym obracał się w wodzie kilka razy, starając się dokładnie zamoczyć i wreszcie wcierał wodę w sierść palcami. Po wyjściu z kąpieli otrząsał się kilka razy, tak jak to robią mokre psy, zalewając nielitościwie ściany i podłogę, gramolił się na gruby drążek używany kiedyś przez papugę, zasiadał tam na tylnych łapach i zabierał się do pracowitego rozczesywania futerka". Widok szczura piżmowego na papuzim drążku czyszczącego futerko jak ptak pióra mógł wzbudzać zdziwienie przypadkowych gości, ale w końcu w załodze willi nie brakowało egzotyki nawet w najspokojniejszych czasach, a Szczurcio stał się ulubieńcem Rysia. Po ablucjach spożywał marchewkę, ziemniaki, mlecze, chleb lub ziarno, chociaż zapewne tęsknił za pędami, korą i bagiennym zielskiem, którymi szczury piżmowe żywią się na swobodzie.

Kiedy wyrósł z wanienki, Antonina znalazła dla niego „głęboki słój, w którym dawniej hodowane były karaluchy do prac doświadczalnych" Jana[3]. „Szczurcio zmianę tę przyjął z wielkim zadowoleniem i zaraz dał nurka do słoja, a po jakimś czasie rozochocił się do tego stopnia, że potrafił nawet ze słoja wylewać potoki wody, ochlapywać ściany i robić kałuże na posadzce... zaproponowałam mu przeprowadzkę do kuchni, gdzie przynajmniej była kafelkowa podłoga... i kran wodociągowy znajdował się bliżej jego klatki...

– Wiesz, mamo – powiedział kiedyś Ryś. – Szczurcio uczy się otwierać klatkę, on nie jest głupi.

– Nie zdaje mi się, aby był aż tak inteligentny" – uznała Antonina. Szczurcio jednak „godzinami majstrował przy drzwiczkach, próbując uporać się z drucikiem. Chwytał go palcami, kręcił w różne strony..."; pewnej nocy trafił „na odgięty koniec żelaza, mocno się go uczepił i pracował tak długo, póki supła nie rozplątał. Zasuwane drzwiczki, nie stawiając większego oporu, zachybotały lekko i Szczurcio z zadowoleniem spostrzegł, że dają się podciągnąć w górę... po nodze od stołka... zlazł na podłogę, potem po rurze wodociągowej wszedł do zlewu i poczuł się tam bardzo dobrze... potem przeniósł się na płytę kuchenną..., wlazł na kaloryfer i zasnął. Tam też odnalazł go nazajutrz Ryś". Po odniesieniu zbiega do klatki zakręcił drut jeszcze mocniej.

„Nazajutrz rano Ryś uderzył na alarm. – Mamo! Mamo! Gdzie Szczurcio?... Klatka otwarta, pusta! Nie ma go nigdzie. Czy przypadkiem nie zjadła go Balbina? Zróbcie coś, szukajcie, ja muszę lecieć do szkoły... jak na złość tatuś już dawno wyszedł, a ty leżysz! Kto to zrobi?!".

Antonina w owym czasie nie mogła jeszcze wstawać z łóżka, ale zorganizowała „naprędce ekspedycję ratowniczą", złożoną z gosposi Pietrasi i Lisiarza, właściciela Balbiny. Ci „przetrząsnęli dosłownie cały dom, zaglądali na każdy kaloryfer, pod wszystkie szafy i kanapy, nawet w szpary między poduszkami klubowych foteli". Bez powodzenia.

Nie mogąc uwierzyć, że „Szczurcio zniknął jak kamfora", Antonina podejrzewała jamniczkę lub kotkę o spowodowanie całego tego zamieszania. Kazała je sobie przynieść do łóżka na inspekcję. „Obejrzałam i obmacałam obie bardzo starannie. Zjedzenie bądź co bądź opasłego zwierzątka, niemal tak dużego jak dziki królik, nie mogło pozostać bez wpływu na obwód ich talii. Ale zarówno suczka jak i kotka zachowały smukłe figury i wklęsłe brzuszki... Po zakończonym śledztwie puściliśmy aresztantki na wolność.

Głowiłam się jeszcze nad zagadką, gdy wpadła zadyszana Pietrasia. – Pani pozwoli! Niech pani zaraz pozwoli do kuchni! Szczurcio siedzi w lufcie!... Zaczęłam rozpalać pod kuchnią, wiadomo, jak to zawsze... cug chwycił, płomień poszedł w luft, a tu jak nie zacznie w nim chrobotać!...

Kulejąc, wsparta na Pietrasi i na lasce, zwlokłam się po schodach do kuchni...

– Szczurciu! Szczur-ciu! – zawołałam, siląc się na tony najczulsze. Coś w ścianie zachrobotało i po chwili z otworu wyjrzał łebek utytłany sadzami. Chwyciłam uciekiniera za skórę na karku, nie czekając, aż się powtórnie schowa. Miał osmolone wąsy i poprzepalane pazurki przednich łap. Urządziłyśmy mu w miednicy kilkanaście kąpieli z ciepłej wody, lecz tłuste sadze wbiły się w sierść i puchowe podszycie futra; nie dawały się zmyć. Olejem lnianym nasmarowałam poparzone miejsca i wsadziłam niefortunnego poszukiwacza przygód do klatki...

Najwidoczniej Szczurcio uznał przewód kominowy za jakąś podziemną norę, mroczną i zaciszną; podobała mu się znacznie bardziej niż przejrzysta klatka. Odsunąwszy fajerki ułatwił sobie dostęp do paleniska, a stamtąd do pieczary". Trudno było mieć do niego pretensje o ucieczkę do tego „zastępczego świata", skoro dzikie piżmaki ryją sobie nory z wejściem pod poziomem wody lub usypują kopce z błota i zielska.

„Ryś nie posiadał się z radości, gdy po powrocie ze szkoły zastał w klatce swego ulubieńca". Przy kolacji Ryś raczył wszystkich opowieściami o wyczynie Szczurcia. Z takim przejęciem dowodził inteligencji piżmaka, że jedna z dziewcząt, niosąca talerz z zupą, z wrażenia wylała całą jego zawartość na Lisiarza i siedzącą mu na kolanach Balbinę. Lisiarz „zerwał się w mgnieniu oka i zamknął się w swoim pokoju, tuż obok stołowego. Ryś przywarł okiem do dziurki od klucza, co jakiś czas szeptem nadając komunikaty:

– Zdjął marynarkę!

– Wyciera ją ręcznikiem!

– Teraz wyciera Balbinę!

– Teraz twarz!

– Ooooo! No! Wypuszcza papużki!

W tym miejscu Szpak nie wytrzymał i nie pukając, szeroko otworzył drzwi. Pośrodku pokoju stał nasz nadworny muzyk, a nad nim trzepocząc skrzydełkami latały papużki. Część ich zniżyła lot, wieńcząc kolorowym pierścieniem jego czoło. Po chwili skakały mu po głowie, grzebały łapkami we włosach i dziobkami wyciągały wplątane w czuprynę pasemka makaronu...

– Szkoda tyle dobra marnować! – wyjaśnił widzom tej sceny”, jakby rzecz rozumiała się sama przez się i była jedynym słusznym rozwiązaniem w tej sytuacji.

ROZDZIAŁ 22

ZIMA 1942

Czas zwykle mija niepostrzeżenie, ale w willi Żabińskich wraz ze zbliżaniem się godziny policyjnej dzień Antoniny przechodził swego rodzaju przesilenie, słońce zatrzymywało się na horyzoncie, a minuty kroczyły z dostojeństwem mimów: raz, pauza, dwa. Każdy, komu nie udałoby się dotrzeć do domu na czas, groziło aresztowanie, pobicie lub nawet śmierć, zatem godzina ósma wieczorem nabierała szczególnego, bałwochwalczego dostojeństwa. Wszyscy znali jakieś historie o ludziach, którzy zginęli, zastrzeleni na ulicy po godzinie policyjnej.

Po bezpiecznym powrocie wszystkich domowników Antonina mogła odetchnąć z ulgą, że kolejny dzień minął szczęśliwie, a najbliższej nocy wszyscy znajdą się poza zasięgiem potworów czyhających na ulicach miasta. „Ryś prosił, aby mu pozwolono później kłaść się spać. Lubił zamykać oczy w przeświadczeniu, że wszyscy są już razem, a zwłaszcza że ojciec jest już w domu". Wtedy miał poczucie, że jego świat istnieje nienaruszony. Mimo czterech lat okupacji, „wciąż z tą samą niecierpliwością czekał, aż ojciec otworzy plecak i wyjmie z niego jakieś skarby". Jan to szanował i dlatego zawsze szedł najpierw do pokoju syna, by chwilę porozmawiać, może wyciągnąć coś ciekawego z kieszeni. Pewnego razu Ryś „namacał przez brezent żelazne pręty klatki.

– Co ty tam masz, tatek?

– Tygrysa.

– Nie żartuj, co tam jest?

– Powiadam, groźny zwierz" – odparł nieporuszony ojciec.

Po chwili wyjął z plecaka klatkę, „a w niej stworzenie przypominające trochę świnkę morską. Grzbiet kasztanowaty, białe policzki, po bokach tu i ówdzie kilka jaśniejszych plamek", jak u pomalowanego przez Siuksów wierzchowca.

– „Dla mnie?

– Jeżeli chcesz! To syn pary chomików z zakładu Higieny... Ale ty pewnie zaraz podarujesz go Balbinie?" – przekomarzał się z synem Jan.

– „Tatusiu, tak ciągle mówisz, jak do dziecka". Ryś miał prawo być urażony, przecież hodował już tyle różnych domowych zwierzątek i nigdy żadnemu nie zrobił żadnej krzywdy.

– „O, przepraszam bardzo. Wobec tego pilnuj go dobrze i dbaj o niego. Jedyny pozostały przy życiu z siódemki; tamte chomikowa zagryzła, wyrodna matka...

– Paskudztwo nie matka, po co ją trzymać?

– Kiedy to nie tylko ona taka; wszystkie chomiki mają okrutne usposobienie. Mąż zagryza żonę, jeśli tylko w porę nie ucieknie. Matki wyganiają ledwie podchowane młode z nor i nie troszczą się o ich dalsze losy. Nie chciałem przedwcześnie chomików pozbawiać matczynego mleka i nie utrafiłem; tylko tego udało mi się uratować. Teraz nie mam już sam czasu na pielęgnowanie go w zakładzie, więc chciałbym, żebyście się nim w domu zajęli".

Antonina pisała, że trudno im było z Janem decydować, na ile wtajemniczać dziecko w amoralny, bezlitosny aspekt przyrody. Sama wojna była już nadto przerażająca, ale Żabińskim zależało na tym, by syn poznawał prawdziwe życie i naturalne zachowania zwierząt, naturalnie okrutne lub nienaturalnie łagodne.

– „A tyle ładnych historyjek o chomikach czytałem! Myślałem, że dobry, porządny, gospodarny i ziarno chowa na zimę... – powiedział rozczarowany chłopiec.

– Owszem, ziarno gromadzi... zimę zresztą przesypia, tak jak borsuk, a jeśli się przypadkiem obudzi, to musi skorzystać z zapasów odłożonych w komorze, najada się i śpi dalej.

– Przecież teraz zima, to dlaczego on nie śpi?

– Niewola, sztuczne warunki zawsze wytrącają zwierzęta z normalnego trybu życia. I nasz chomik, chociaż nie odbywa typowej zimowej drzemki, ma jednak zahamowane czynności organizmu, zwolnione tętno i oddech. Jeśli zaciemnisz jego klatkę, natychmiast zabierze się do drzemki, zobaczysz.

Ryś okrył czym prędzej klatkę suknem i chomik, wcisnąwszy się w kąt, usiadł na zadnich łapach, opuścił na piersi krótkoszyją głowę, zasłonił przednimi łapami spiczasty nosek i od razu zapadł w głęboki sen".

Z czasem Antonina odkryła, że chomik „bardzo hałaśliwie pożywiał się... ale zadowolony był chyba ze swojej samotności... w gruncie rzeczy sam sobie wystarczał, troszczył się o własne wygody i potrzeby materialne...". W domu pełnym tak różnych domowników, gdzie czas ludzki trudno było oddzielić od zwierzęcego, aż narzucało się, by jego upływ mierzyć nie miesiącami czy latami, lecz pobytami znaczącego gościa, dwu- lub czworonożnego. Co do chomika, to dla Antoniny „data jego przybycia do zoo rozpoczyna epokę w życiu naszej Arki Noego, nazwaną później epoką chomików".

ROZDZIAŁ 23

Antonina miała powitać nowy rok 1943 nadal głównie w pozycji leżącej, a jej organizm i samopoczucie mocno odczuwały skutki trzech miesięcy spędzonych w czterech ścianach, prawie bez ruchu. „Drzwi mego pokoju stale były otwarte, abym choć z daleka mogła słyszeć, co dzieje się w domu", pisała. 9 stycznia Warszawę odwiedził Heinrich Himmler, zarządzając „przesiedlenie" kolejnych 8 tysięcy z Żydów pozostałych jeszcze na terenie getta. Teraz jednak już wszyscy wiedzieli, że „przesiedlenie" oznacza śmierć, i zamiast stawić się na rozkaz, wielu ukryło się w przygotowanych kryjówkach, a inni zaskoczyli żołnierzy zbrojnym oporem na tyle, by deportacje wstrzymano na parę miesięcy. Co dziwne, nadal istniała łączność telefoniczna, i choć „Niemcy starali się ograniczyć coraz bardziej liczbę telefonów w getcie... powstawały tzw. telefony lipne, zainstalowane przez fachowców inżynierów, nie zarejestrowane w centrali telefonicznej, a jednak działające bez zarzutu"[1].

Pewnego ranka przed świtem Żabińskich zerwał ze snu nie chór gibonów i makaków, jak przed wojną, ale dzwonek telefonu i głos, „prawie z tamtego świata". Maurycy Fraenkel, znajomy prawnik, dzwonił z getta z pytaniem, „czy może przyjść".

O tym przyjacielu „od dawna nie było wiadomości", chociaż Jan kiedyś zdołał go jeszcze odwiedzić w getcie i znali go jako „bliskiego sercu Madzi".

„Co czuła Magdalena podczas kilku godzin dręczącego oczekiwania, trudno mi opisać. Usta miała sine i była tak blada, że drobniutkie, zazwyczaj niewidoczne piegi wystąpiły jej na twarz, plamiąc ją brązowymi cętkami. Mocne i zawsze czynne ręce drżały nerwowo. Wesołe iskierki zgasły w czarnych oczach, czytało się w nich jedną jedyną bolesną myśl: »Czy on zdoła się wydostać, czy dojdzie?«".

Wydostał się, ale dotarł do willi w odmienionej postaci, skurczony, „wydawał się nieledwie garbaty". Antonina pisze o jego przeżyciach „po tamtej stronie", jak ludzie nazywali niekiedy getto, w jidysz *sitre achre*, czyli mroczna kraina we władaniu demonów, gdzie żywe trupy noszą „łuskę lub skorupę narosłą wokół iskry świętości, tłumiącą jej światło"[2].

Nadmierny ciężar życia w getcie okaleczył Fraenkla fizycznie – „głowę wciskał w podniesione ramiona, podbródek opierał na piersi, raz po raz oddychał chrapliwie i urywanie. Opuchnięty, zaczerwieniony od mrozu nos kontrastował z popielatą barwą mizernej twarzy". Wprowadzony do sypialni usiadł w fotelu, „odruchowo przesuwając go za szafę, w najciemniejszy kąt; skurczył się i spłaszczył, jak gdyby chciał się stać jak najmniej widoczny.

– Godzicie się na mnie? Narażam was... Dziwnie tu cicho. Nie mogę pojąć... – Tyle tylko zdążył powiedzieć; odprężenie, jakie teraz odczuwał, wymagało większej wytrzymałości niż poprzednie napięcie nerwowe", jakby resztka energii uszła z niego pod wpływem nagłego przeskoku z gorączkowej życiowej szamotaniny w getcie w tutejszy spokój.

Urodzony we Lwowie Maurycy Paweł Fraenkel „pasjonował się muzyką, znał różnych sławnych kompozytorów i dyrygentów, a za »lwowskich czasów« urządzał dla nich u siebie kameralne koncerty... już na wiele lat przed wojną zamieszkał w Warszawie", gdzie poznał Magdalenę Gross, której talent go zachwycił. „»Mecenasowanie« skończyło się przyjaźnią, a przyjaźń – podczas wojny – małżeństwem... Magdalena przyprowadziła go kiedyś do zoo i Paweł od razu polubił naszą placówkę... kiedyś ułatwił nam przez swoje znajomości zdobycie w fabryce paru wagonów cementu".

Wkrótce przywykł na tyle do życia po drugiej stronie rzeki, że zaczął wychodzić z cienia i nawet trochę, choć nie całkiem, prostować plecy.

„Był obdarzony wyjątkowym poczuciem humoru i zmysłem satyrycznym, posługiwał się nimi ścichapęk. Jego śmiechu głośnego nigdy się prawie nie słyszało, natomiast twarz często rozświetlał szeroki i długotrwały uśmiech, osiadający w jasnych, zmrużonych oczach za szkłami okularów.

Spokojny, łagodny, zgodny, delikatny Paweł nie umiał rozpychać się łokciami, nie był zdolny do długotrwałych zmagań ani buntów, toteż bez wahania poszedł do getta; przeżył tam tragedię osobistą i próbował pozbawić się życia. Traf chciał, że niewłaściwie przechowywana trucizna nie podziałała. Zaryzykował potem ucieczkę.

Nie mając teraz potrzebnych do meldunku papierów, przestał istnieć na długo – znikł ze świata". Żył wśród życzliwych mu ludzi, albo raczej snuł się jak posępne widmo, jeden z przepadłych, i nic w tym nie było dziwnego, że samo mówienie z jako takim sensem sprawiało mu trudność.

„Czas spędzał przy moim łóżku, odzyskując równowagę ducha i siłę do mówienia. Najbardziej zadręczał się myślą, że swoją obecnością naraża domowników. Nie mógł zapomnieć o rozporządzeniu z 15 października 1941 roku, w którym generalny gubernator Frank zagroził karą śmierci wszystkim Polakom ukrywającym Żydów. Każdy z tropionych ludzi przeżywał ten problem na swój sposób boleśnie. Ale Paweł był na tym punkcie wyjątkowo uczulony" – pisała Antonina. Ryzykowanie własnego życia to jedna sprawa, jak mówił Paweł, ale obawa przed rozsianiem zarazy strachu po całym zoo, schronisku tylu istot, stanowiła dla niego obciążenie niemal ponad siły.

Sypialnia Antoniny miała wiele głęboko wbudowanych w białe ściany szaf i regałów, a łóżko mieściło się w płytkiej wnęce, z której wystawało jak pięknie tapicerowane molo. Wszystkie meble zrobiono z brzozy, której dość twarde jasne drewno ma niekiedy lekko różowawy odcień z ładnymi brązowymi sęczkami, a czasem śladami po kornikach.

Na południowej ścianie pokoju obok wysokiego okna znajdowały się oszklone drzwi balkonowe, wychodzące na okalający dom taras, od strony północnej troje białych drzwi prowadziło na korytarz, do głębokiej szafy służącej Gościom za tymczasowy schowek. Zamiast klamki w drzwiach szafy widniała duża dziurka od klucza, a mimo ciasnoty ukrywający się mógł przykucnąć wtulony w fałdy materiału i uspokajający zapach. Ponieważ szafa otwierała się na dwie strony, jak skrzynia cyrkowego magika, z obu zasłaniały jej wnętrze rzędy ciasno powieszonych ubrań. Szafa całkiem dobrze sprawdzała się jako schron, zwłaszcza że drzwi od strony korytarza otwierały się na wysokości jakichś 30 centymetrów nad podłogą, jakby chodziło o płytki kredens czy szafkę, i można je było łatwo zasłonić stoliczkiem czy stosem prania.

„Pewnego razu, usłyszawszy kroki Pietrasi na schodach, Paweł ukrył się w szafie między sukniami; gdy tylko wyszła, opuścił schowek i usiadł na zwykłym miejscu. Nie zdążyliśmy jeszcze powiedzieć słowa, kiedy Pietrasia, przypomniawszy sobie jeszcze jedno pytanie natury gospodarczej, otworzyła znienacka drzwi, stając na progu. Na widok nieznajomego mężczyzny, który za sprawą magii znalazł się w pokoju, pustym przed ćwierćsekundą, przeżegnała się, ustami chwytając powietrze jak ryba wyjęta z wody.

– W dalszym ciągu będzie pani brała salicyl – rzekł Paweł. – A teraz zbadamy tętno...".

Zapewne nie było to trudne, chyba że walenie jego własnego serca wyczuwalne aż w koniuszkach palców mieszało się z gwałtownie bijącym pulsem Antoniny.

Jednak „Pietrasia, widząc spokój na naszych twarzach, skłonna była przypuszczać, że uległa zamroczeniu wzroku lub umysłu... otrzymała ode mnie wskazówki kulinarne, potarła czoło i kiwając głową, zeszła do kuchni.

Komedię trzeba było dograć do końca. Wezwałam Rysia.

– Synku, podaj natychmiast płaszcz i kapelusz panu doktorowi... i wyprowadź go przez kuchnię, tak, żeby Pietrasia widziała. Potem zwabisz ją do piwnicy, do kur. Rozumiesz?

Łypnął okiem znacząco. – Dziś rano wypuściłem niechcący kurę z jajkiem, pójdziemy łapać. Doktor tymczasem wróci drzwiami od ogródka... Nie za głupio!

– Dziękuję za uznanie, a tobie medal za spryt. No, działaj!'".

Dopiero po godzinie policyjnej i wyjściu Pietrasi Paweł mógł bezpiecznie zejść na dół, czyli zapuścić się w zakazane rejony[3]. Co wieczór przemierzał szybkim krokiem pokój, „»aby nie zapomnieć, jak się chodzi«, zaglądał do chomika, nade wszystko zaś chętnie słuchał wieczornych koncertów Lisiarza.

Pewnego wieczoru Lisiarz, między jednym a drugim pasażem Rachmaninowskiego preludium, odezwał się do Pawła: – »Doktorze, jestem noga do papierkowych spraw... i wszystko po niemiecku. Nie znam niemieckiego. Interesy futrzarskie rozwijają się, potrzebuję sekretarza... gdyby tak pan?«".

Maurycy zwierzył się kiedyś Antoninie, że w tym ukryciu, używając obco brzmiącego imienia, czuje się jak zjawa. Dzięki propozycji Lisiarza mógł znów przybrać „postać realną, zaopatrzony w jakiś Ausweis", a Żabińscy mieliby „pretekst do zameldowania go" w willi, jako pracownika lisiej fermy. Uzyskanie statusu człowieka rzeczywistego, z dokumentami i jaką taką mobilnością, stanowiło nie lada wyzwanie, gdyż wymagało całego wachlarza „lewych papierów", metryki, dowodu, zameldowania, kartek, świadectwa zatrudnienia i przepustek. Te dla Maurycego opiewały na nazwisko Pawła Zielińskiego, sekretarza na fermie futrzarskiej, a ich właściciel mógł teraz oficjalnie dołączyć do grona lokatorów willi, zamiast chować się po szafach, potrzebnych wszak dla innych Gości. To urealnienie miało także skutki psychologiczne. Paweł sypiał „na tapczanie w chomikowej wnęce", obok jadalni, gdzie do tej pory słychać było jedynie szuranie chomika, który „przyglądał się teraz spod oka sąsiadowi". Zmianę nastroju Pawła widać było gołym okiem, gdy „z radością, systematycznie przygotowywał sobie leże; półki na etażerce zastawił zdobytymi na nowo własnymi książkami; przed spaniem rozwieszał troskliwie na krzesełku jedyny garnitur, pamiętający zresztą lepsze czasy", szykując się do niezakłóconego odpoczynku w zastępczej rodzinie.

Życie w getcie pozbawiło ludzi prywatności, możliwości działania, ale przede wszystkim poczucia bezpieczeństwa, które pozwala spokojnie zasnąć. W niewinnym towarzystwie chomika Maurycy zasypiał obok swoich książek i dokumentów, które nadawały mu status człowieka realnego, a co może najważniejsze – pod tym samym dachem, co jego ukochana Magdalena. Teraz, z sercem wciąż zdolnym wezbrać ciepłem, z odnalezioną miłością i miejscem do życia Paweł zaczął, jak wydawało się Antoninie, odzyskiwać nadzieję, a nawet na przekór wszystkiemu doznawać radości i przyjemności, uczuć zapomnianych podczas pobytu w getcie.

2 lutego 1943 roku doszło do pierwszej wielkiej klęski Wehrmachtu, gdy 6. Armia niemiecka skapitulowała pod Stalingradem, ale zaledwie trzy tygodnie później Żydów pracujących w berlińskich fabrykach zbrojeniowych deportowano do Auschwitz, a w połowie marca zostało zlikwidowane getto w Krakowie. 18 stycznia doszło do pierwszych aktów zbrojnego oporu w getcie warszawskim.

W tym niespokojnym czasie „coraz więcej rozbitków przybywało" do zoo i domu Żabińskich, „jakby nie był on wątłą łupiną na rozkołysanych falach, lecz łodzią podwodną kapitana Nemo, która przez ciche głębiny dowiezie ich w końcu do portu. Burza stawała się tymczasem coraz groźniejsza i rzucała tragiczny cień na przyszłość tych wszystkich, którzy zawierzali naszej łupince swoje życie. Zbiegowie z przedsionka krematoriów, z progu komór gazowych, chcieli jednak łudzić się, że znaleźli dla siebie bezpieczną kryjówkę, musieli w to wierzyć, by nie oszaleć". I tak dryfowali na pokładzie tego dziwnego domostwa, które sami gospodarze nazywali Arką Noego.

Utrzymywanie ciała przy życiu kosztem ducha nie leżało w naturze Antoniny. Jan wierzył w taktykę i misterne plany wprowadzania przeciwnika w błąd, a Antonina starała się zachować uśmiech, na ile to było możliwe, nie tracąc czujności. Z jednej więc strony oboje z Janem nosili przy sobie fiolki z cyjankiem, a z drugiej z humorem i muzyką dbali o przyjemną, czasem niemal radosną atmosferę. Dzięki temu zakonspirowane życie w ich willi stawało się nie tylko znośne, ale miewało posmak zabawy. Stłoczenie tylu osób na ograniczonej powierzchni na pewno bywało źródłem napięć, z powodu których na usta Gości mogły się pchać słynne żydowskie przekleństwa, od bardzo plastycznych

(„Żebyś się posikał zielonymi robakami" lub „żeby ci koszary na głowę spadły!") po bardzo wymyślne:

> Żebyś miał tysiąc domów
> I w każdym tysiąc pokoi
> I w każdym tysiąc łóżek
> I co noc sypiał
> W innym łóżku, w innym pokoju,
> W innym domu i wstawał rano
> I schodził innymi schodami
> I wsiadał do innego samochodu
> Z innym szoferem
> Żeby cię wiózł do innego doktora
> – i żeby żaden z nich nie wiedział, co ci dolega![4]

Mimo to, jak pisała Antonina, „nastrój w domu jakoś sam przez się, bez niczyich wysiłków wytworzył się dość pogodny, niekiedy nawet wesoły". Życie w zoo miało zatem jakość i aurę zupełnie odmienną od tych, jakie panowały w najlepszych nawet schronach na mieście. Żabińscy znali na przykład dobrze Adolfa Bermana, który – być może – przeczytał im list, jaki wysłała do niego żona Emanuela Ringelbluma, Judyta, ze schronu „Krysia":

„Tu panuje straszne przygnębienie – więzienie bezterminowe. Okropna beznadziejność. Może nas pocieszycie ogólnymi wiadomościami i może udało się, by ostatni z naszych bliskich byli z nami"[5].

Maurycy z chomikiem najwyraźniej przypadli sobie do gustu, co nie umknęło uwagi Antoniny. Maurycy sam przyznawał: „To zwierzątko dziwnie mi się podoba. Wiecie co, ja jestem Paweł, niech on będzie Piotrem".

Co wieczór, „po skończonej kolacji, pełen rozczulenia doktor wypuszczał Piotrusia na stół i z zachwytem przyglądał się, jak gryzoń zbiera okruszki i pospiesznie wypycha nimi policzki, aby zjeść je później w swoim kąciku". Potem Maurycy zabierał go do klatki, a „bojowe z natury stworzonko dawało się nosić na ręku". Paweł z Piotrusiem „zżywali się ze sobą coraz bardziej i nieświadomie z biegiem czasu upodobniali się do siebie, tak że wreszcie w słowniku domowym, który roił się w owych czasach od tego typu kryptonimów, zaczęli występować pod wspólną nazwą – Chomików".

ROZDZIAŁ 24

Wiosną 1943 roku Heinrich Himmler postanowił podarować Hitlerowi na urodziny prezent niezrównany, którym zaskarbiłby sobie szczególne, większe niż ktokolwiek inny, względy wodza. Himmler, który potrafił prowadzić bardzo osobiste rozmowy z fotografią Hitlera i dokładał wszelkich starań, by być jego najlepszym i najwierniejszym sługą, na pewno ściągnąłby mu gwiazdkę z nieba, gdyby się tylko dało. „Dla niego zrobiłbym wszystko", zwierzył się kiedyś przyjacielowi[1]. „Wierz mi, gdyby Hitler kazał mi, dajmy na to, zastrzelić moją matkę, zrobiłbym to, dumny z zaufania, jakim mnie obdarzył". Uznał zatem, że w prezencie zlikwiduje pozostałych jeszcze w warszawskim getcie Żydów. Na przeprowadzenie tej akcji wybrał 19 kwietnia, początek ważnego żydowskiego święta Pesach, w przededniu urodzin wodza.

O czwartej nad ranem niewielkie niemieckie patrole i oddziały szturmowe ostrożnie wkroczyły do getta, ale napotkawszy opór, wycofały się. Rano dowództwo objął generał Jürgen Stroop, i przystąpił do akcji z 36 oficerami i jednostkami SS w sile 2054 żołnierzy, wyposażonych w czołgi i karabiny maszynowe. Na ulicach getta Niemców powitały strzały z kilkunastu pistoletów, kilku karabinów i jednego karabinu maszynowego, a także koktajle Mołotowa, czyli wypełnione benzyną butelki zapalające ze szmacianymi lontami. Patent wymyślony naprędce i stosowany przez zwolenników generała Franco podczas hiszpańskiej wojny domowej 1936–1939, kiedy w wytwornym świecie weszły właśnie w modę alkoholowe mieszanki serwowane przed posiłkami, wykorzystali Finowie w czasie wojny zimowej. Zaatakowani przez Rosję szyderczo ochrzcili te chałupnicze bomby mianem koktajli Mołotowa, od nazwiska Wiaczesława Michajłowicza Mołotowa, ówczesnego ministra spraw zagranicznych ZSRR.

Mimo ogromnej przewagi liczebnej i sprzętowej Niemców Żydzi powstrzymywali ich napór aż do wieczora i podjęli walkę także następnego dnia, kiedy żołnierze wrócili z miotaczami ognia, psami i granatami z trującym gazem. Przeciw nim walczyło zaciekle kilkuset bojowników. Co miało być szybką masakrą w schludnym opakowaniu na urodzinowy prezent, przeobraziło się w trwające niemal miesiąc oblężenie, póki Niemcy nie zdecydowali podpalić wszystkiego, dom po domu, bunkier po bunkrze, ze wszystkimi ich mieszkańcami. Wielu Żydów zginęło w płomieniach, niektórzy się poddali, inni popełnili samobójstwo, a kilkudziesięciu przedostało się kanałami na aryjską stronę. Podziemna prasa wzywała do udzielania zbiegom schronienia i pomocy.

„W pobliżu, po drugiej stronie muru, życie płynęło jak zwykle, jak wczoraj, onegdaj. Ludzie, obywatele stolicy, spacerowali, bawili się, widzieli z bliska dym pożarów w dzień, a płomienie nocą. Obok getta kręciła się karuzela, dzieci tańczyły w kole z wdziękiem i radością. Wiejskie dziewczęta przybyłe do stolicy kręciły się na karuzeli, oglądając płomienie getta… Wiatr zawiewał w ich nozdrza sadzę z dymiących się domów", pisała jedna z ocalałych[2].

W końcu, 16 maja, generał Stroop wysłał dumny meldunek: „Żydowska dzielnica mieszkaniowa w Warszawie przestała istnieć". Według „Podziemnego Biuletynu Ekonomicznego" z 16 maja 1943 roku, Niemcy spalili w getcie około 100 tysięcy mieszkań, 2 tysięcy zakładów produkcyjnych, 3 tysięcy sklepów i kilka fabryk. Łupem Niemców padło tylko 9 karabinów, 59 pistoletów i kilkaset domowej roboty bomb różnego rodzaju. 7 tysięcy Żydów zastrzelono na miejscu, 22 tysiące odwieziono do obozów zagłady w Treblince i na Majdanku, a część odesłano do obozów pracy. Niemcy osiągnęli to kosztem zaledwie 16 zabitych i 85 rannych.

Wszyscy w willi śledzili „z grozą i podziwem" wieści o powstaniu w getcie. Opowiadano, że nad gettem załopotały flagi polska i żydowska, potem od swego znajomego, Stefana Korbońskiego, jednego z przywódców państwa podziemnego, Żabińscy usłyszeli, że w spowitym dymem i łuną pożarów getcie walczy bohatersko około 700 mężczyzn i kobiet z Żydowskiej Organizacji Bojowej i Żydowskiego Związku Wojskowego, ale dowiedzieli się także, że „Niemcy wywieźli, zamordowali lub spalili żywcem dziesiątki tysięcy Żydów. Z trzech milionów polskich Żydów pozostało nie więcej niż 10 procent"[3].

Potem, pewnego strasznego dnia zachodni wiatr przywiał z drugiego brzegu miasta, z płonącej dzielnicy żydowskiej „deszcz zwęglonych kartek papieru, które przy zetknięciu z ziemią zamieniały się w czarny popiół, przyprószając wiosenną zieleń żałobnym kirem". Wszyscy mieszkańcy willi znali kogoś z uwięzionych w akcji ostatecznego unicestwiania 450 tysięcy warszawskich Żydów.

10 grudnia, tuż przed godziną policyjną, już po bezpiecznym powrocie Jana i po wyjściu Pietrasi, Antonina zawołała do stołu rodzinę, Lisiarza, Magdalenę, Maurycego, Wandę i innych domowników na domowy barszcz. Na dworze „padał śnieg z deszczem, wiał wiatr", płatki śniegu wirowały w świetle latarni, ale w willi na szczęście starczało opału i panowało przyjemne ciepło. Po kolacji „Ryś, który zmieniał wodę w wanience, usłyszał ciche pukanie do kuchennych drzwi i pobiegł otworzyć. Po chwili wpadł do pokoju rozgorączkowany: – Mimek! Przyszła córka Sobola z całą rodziną...

Lisiarz odłożył gazetę i mruknął: – Daję słowo, u was nieraz można kręćka dostać... z tym mieszaniem ludzi i zwierząt. Nieraz słucham i połapać się nie mogę, o kim mówicie? Ludzi przezywacie jak zwierzęta, zwierzętom nadajecie imiona ludzkie. Soból! Co to jest? Nazwisko, przezwisko, człowiek, zwierz? Bądź tu mądry! – machnął ręką i poszedł do swego pokoju".

Antonina zerwała się z miejsca i pobiegła do kuchni przywitać Reginę Kenigswein z mężem Samuelem i dwójką dzieci, pięcioletnim Mieciem i trzyletnim Stefciem. Najmłodszego, niespełna rocznego Stasia, „umieściła w Zakładzie ks. Bodena", obawiając się, że płacz niemowlęcia może ściągnąć na rodzinę katastrofę. Czwarte dziecko Regina „nosiła pod sercem".

Latem 1942 roku podczas masowych deportacji do obozów zagłady, po odcięciu przejść takich jak w Sądach na Lesznie, a jeszcze przed opracowaniem dróg ucieczki kanałami, Samuel poprosił znajomego katolika, Zygmunta Piętaka, o pomoc w zorganizowaniu ucieczki jego rodzinie i znalezieniu schronienia po aryjskiej stronie. Za większością ucieczek z getta stała skomplikowana siatka przyjaciół, znajomych i szczęśliwych trafów i tak też było w przypadku Kenigsweinów. Samuel zaciągnął się wraz ze swoim przyjacielem Szapse Rotholcem do żydowskiej policji w getcie i szybko postarał się zaznajomić z życzliwszymi lub pazernymi niemieckimi strażnikami oraz z polskimi szmuglerami. Nocą, niosąc uśpione dzieci w plecakach, Kenigsweinowie przekupili straż i przeleźli przez mur. Początkowo Piętak wynajął dla nich mieszkanie, w którym dotrwali niemal do końca roku. W tym czasie był ich jedynym łącznikiem ze światem zewnętrznym, zaopatrywał ich w żywność i inne potrzebne rzeczy. Kiedy jednak skończyły im się pieniądze i musieli opuścić mieszkanie, Piętak zapytał Jana, czy nie mógłby przechować rodziny do czasu, gdy podziemie znajdzie im inną kwaterę.

Antonina znała Reginę, córkę pana Sobola, przed wojną dostawcy owoców do ogrodu zoologicznego. Był to człowiek łagodny, który „na pochylonych plecach, okrytych wyrudziałym watowanym serdakiem dźwigał całe życie kosze jabłek, czereśni, pomidorów, ogórków, ale poza »urzędowo« sprzedawanym towarem zawsze miał w kieszeniach owoce dla zwierząt. Jako podarki... kiedy rzucał małpom garść wiśni, kiedy szafranowe jabłuszko wycierał długo chustką, zanim podarował je Rysiowi...".

W czasie wojny „więź między rodziną Sobolów a zoo utrzymywał syn starego dostawcy owoców. Udało mu się wkręcić do grupy tzw. placówkarzy, czyli Żydów wyprowadzanych na roboty poza gettem, co więcej – udawało mu się często wymykać z miejsca pracy przy ulicy 11 Listopada i wpadać do nas po kartofle, warzywa, itp. Kiedyś przyszedł zrozpaczony, mówiąc, że przenoszą go do innej grupy roboczej w getcie, i prosił, żebym wstawiła się za nim u obecnego kierownika". Kiedy Antonina spełniła jego prośbę, „ów Arbeitsführer okazał się nawet dość względny, a może po prostu był zszokowany, gdy mu wręcz wyznałam, że Sobolowie zginą z głodu, jeżeli odetnie im się tę możliwość zaopatrywania się w jarzyny. Co prawda, niezłą polszczyzną kazał mi »uważać« etc., ale młody Soból ponad miesiąc korzystał jeszcze z dogodnej sytuacji".

Żabińscy nie tylko znali Reginę, kiedy była jeszcze dziewczynką, ale zostali zaproszeni na jej wesele. Jej mąż, Samuel, słynny bokser, walczył jako reprezentant warszawskich klubów Makabi i Gwiazda, ale także pracował jako wykwalifikowany stolarz i współdziałał z Żegotą przy budowie i przebudowie skrytek. Podczas okupacji architektka Emilia Hiżowa, jedna z głównych działaczek Żegoty, wymyśliła uchylne ściany, które otwierały się pod odpowiednim naciskiem, do instalowania w mieszkaniach dających schronienie Żydom. Niezastawiane meblami nie zwracały też niczyjej uwagi i uchodziły za prawdziwe.

Antonina spojrzała na przybyłych z rozpaczą. „Nieszczęsne kurczątka Reginy patrzyły na nas źrenicami rozszerzonymi lękiem i smutkiem". O niej samej pisze: „wyraz jej oczu wytrącił mnie z równowagi... kto zajrzał w oczy skazanej na śmierć młodej matki, ten wie, że nie da się opisać ani zapomnieć takich oczu do końca życia".

Żabińską ogarnęło „piekące uczucie wstydu na własną bezradność i własny lęk". Było dla niej jednak oczywiste, że „muszą pozostać w Arce". Urządzono „im nocleg w podziemnym korytarzu koło starej lwiarni... Po paru dniach przenieśliśmy całą rodzinę do piwnicy naszego domu". Za dnia „Kenigswein, dla którego wykombinowaliśmy olbrzymi kożuch i filcowe buty, przekradał się do woliery... i zamknięty od zewnątrz na kłódkę siedział tam do samego wieczora. Regina i dzieci natomiast wślizgiwały się przed nadejściem Pietrasi do pokojów na piętrze". Tym sposobem przetrwali dwa miesiące. „Dzieciaczki na szczęście... umiały godzinami zachowywać absolutną ciszę, chodzić bezszelestnie, leżeć bez ruchu – przeszły już okrutną szkołę w getcie".

Ostrożność była konieczna, gdyż „mało nam znani chłopcy pracujący w lisiej fermie nieraz zaglądali do kuchni. Żandarmi coraz częściej kręcili się po ogrodzie. Pietrasia nie była złą kobietą, ale w gruncie rzeczy niewiele o niej wiedzieliśmy", a trzeba było wobec niej uzasadnić „zwiększenie codziennych posiłków... toteż przez kilka tygodni domownicy cierpieli na przerost apetytów wprost chorobliwy: każde z nas biegało do Pietrasi po dolewki i dokładki, co niekiedy wyprowadzało ją z obojętnej godności, którą uważała za kardynalną cnotę pomocnicy domowej; wtedy ze zgorszeniem mówiła: – »Ależ jedzą! Czegoś podobnego, jak żyję, nie widziałam!«. Dodatkowe porcje windował na piętro Ryś, raz po raz śmigając z talerzem po schodach tam i z powrotem". Czasami Jan lub Antonina mówili mu: „Trzeba nakarmić lwy" albo „bażanty" czy „pawie", a Ryś wiedział, gdzie i któremu Gościowi zanieść posiłek. Na wszelki wypadek Antonina zwolniła jednak „pod godnym pretekstem" niepewną gosposię i o pomoc w prowadzeniu domu poprosiła szwagierkę starego druha Jana, Franciszkę, choć i jej nie wprowadzano we wszystkie nurty życia i konspiracyjnych posunięć rozgrywanych na trójwymiarowej planszy dyrektorskiej willi.

ROZDZIAŁ 25

1943

W połowie grudnia Jan załatwił kwaterę dla Kenigsweinów u inżyniera Feliksa Cywińskiego, byłego zawodowego oficera wojska polskiego. Z Janem łączyła ich kiedyś walka na froncie pierwszej wojny światowej, a teraz – działalność konspiracyjna. Żonaty, z dwójką dzieci, Cywiński ukrywał wielu ludzi na Sapieżyńskiej pod numerami 19 i 21, w mieszkaniach siostry, swoich rodziców i w warsztacie tapicerskim swego przyjaciela, czasowo zamkniętym pod pozorem remontu. Żywił tam aż siedemnaście osób i to dostarczając osobne posiłki na osobnej zastawie tym, którzy przestrzegali koszeru. Zaopatrywał ich również w razie potrzeby w leki i sprowadzał zaufanego, pracującego dla podziemia, lekarza[1]. Do konspiracyjnego Komitetu Porozumiewawczego Lekarzy Demokratów i Socjalistów, założonego w 1940 roku, należało ponad pięćdziesięciu lekarzy udzielających pomocy chorym lub rannym pozbawionym normalnej opieki lekarskiej. Wydawali również miesięcznik, w którym starali się przeciwdziałać hitlerowskiej propagandzie na temat czystości rasowej i chorób. Raz w miesiącu Cywiński przeprowadzał mieszkających u niego Żydów do zoo lub innego bezpiecznego lokum, żeby zaprosić do siebie znajomych na dowód, że nie ma nic do ukrycia. Kiedy skończyły mu się pieniądze, Feliks zadłużył się, sprzedał własny dom, a dochód przeznaczył na urządzenie czterech kolejnych mieszkań dla ukrywających się Żydów. Wielu podopiecznych Cywińskiego docierało do niego, tak jak Kenigsweinowie, z ogrodu zoologicznego i zostawało tylko na dzień lub dwa, dopóki nie załatwiono im dokumentów i innych kryjówek.

Przenosiny Kenigsweinów nastręczały Żabińskim kolejnego problemu: „jak ich tam przeprowadzić, unikając zbędnego ryzyka?". Antonina uznała, że „ryzyko będzie mniejsze, jeśli Kenigsweinowie ucharakteryzują się na blondynów. Niektórzy bowiem Niemcy uważali blondynów za Nordyków lub Słowian, a brunetów za Żydów". Ten błędny pogląd utrzymywał się na przekór wszelkim dowcipom o niearyjskich wąsikach i grzywce Hitlera. Z fotografii i komentarzy Jana wynika, że sama Antonina nieco rozjaśniła sobie w pewnym momencie włosy, ale w grę wchodziła jedynie zmiana ich brązowawego odcienia, a nie radykalne przeistoczenie kruczej czerni w cytrynowy blond. „Od znajomego fryzjera dostałam perhydrol oraz przepis na rozjaśnianie włosów", pisze Antonina. Przepis był potrzebny, bo według Emanuela Ringelbluma, „w praktyce okazało się, że platynowe blondynki wzbudzały większe podejrzenie niż brunetki"[2].

Antonina zaprowadziła Kenigsweinów na piętro i zamknęła się „z całą rodziną w łazience, stawiając Rysia na czatach. Umoczyłam watę w roztworze i zaczęłam nacierać nim głowę po głowie. Skóra moich cierpliwych klientów płonęła już karmazynem, ja miałam bąble na palcach, a blond kolor wciąż się nie ukazywał. Wzmocniliśmy płyn, ale osiągnięty rezultat daleki był jeszcze od pożądanego. Czterokrotnie otwierałam drzwi łazienki, żeby kolejno wypuszczać moje ofiary o czuprynach ogniście czerwonych.

– O mamo, mamo! Coś ty najlepszego zrobiła! – wykrzyknął Ryś. – przecież wyszedł kolor wiewiórczy!

Skorzystaliśmy z tego określenia, włączając do szyfru kryptonim »Wiewiórki«".

Jan nocą odprowadził Kenigsweinów do bażanciarni, a stamtąd do domu Cywińskiego na Sapieżyńskiej. Tam w razie zagrożenia uchodźcy mogli schronić się w bunkrze, do którego prowadziło zamaskowane wejście w łazience, w załomie ściany za wanną. O tym, że Regina jest w ciąży, Feliks dowiedział się dopiero w chwili, gdy zaczął się poród. Z powodu godziny policyjnej przypadła mu rola położnej, bo zrobiło się zbyt późno, żeby wezwać lekarza. „Najbardziej ucieszyłem się dzieckiem, które urodziło się dosłownie na moich rękach. To było w 1943 roku w czasie ostatecznej likwidacji getta warszawskiego. Sytuacja w mieście była napięta, terror szczególnie wzmożony... Niemieccy żandarmi i szmalcownicy penetrowali te okolice szczególnie skrupulatnie w poszukiwaniu uciekających Żydów"[3]. Feliks opiekował się Kenigsweinami aż do powstania warszawskiego w 1944, podczas którego Samuel Kenigswein, weteran pierwszej wojny światowej, stanął na czele własnego oddziału.

Wielu porozrzucanych po mieście ratowników sięgało po różne kosmetyczne sztuczki mające zmienić wygląd ukrywających się Żydów. Niektóre salony specjalizowały się w bardziej wyszukanych zabiegach. Doktor Mada Walter wraz z mężem, na przykład, otworzyli na Marszałkowskiej niezwykły Instytut Piękności, w którym pani Walterowa prowadziła kursy dla Żydówek, ucząc je, jak się zachowywać „po aryjsku" i nie zwracać na siebie uwagi.

„Widzę kilkanaście pań, mniej lub więcej rozebranych", pisze w powojennej relacji Władysław Smólski, polski pisarz i członek Żegoty. „Jedne siedzą pod różnymi lampami, inne znów, nasmarowane kremami, poddają się tajemniczym zabiegom. Po zjawieniu się p. Mady wszystkie skupiają się wokół niej, przynoszą sobie krzesełka, siadają, otwierają jakieś książki, podręczniki. Zaczyna się lekcja... katechizmu!"[4].

Jak się okazuje, choć niektóre klientki „mają rysy wyraźnie semickie... każda... nosi krzyżyk lub medalik", a „pani Mada uczy je modlitw i katechizmu, uczy, jak mają się zachowywać w kościele, na ślubach, pogrzebach i w podobnych okolicznościach". Ukrywające się Żydówki dowiadują się, jak przyrządzać wieprzowinę i tradycyjne polskie dania, jak zamawiać bimber. Policja, „zabrawszy na komisariat kogoś podejrzanego o żydowskie pochodzenie, sprawdza je starym... sposobem: mężczyzn poddaje dokładnym oględzinom, a kobietom każe mówić pacierz".

„Zdradza je często drobny szczegół", więc pani Walterowa prowadziła coś w rodzaju szkoły czarów, rzucania zaklęcia pozwalającego pozostać nierozpoznaną i niezauważoną. Wymagało to odpowiednio stonowanego makijażu, unikania „podnoszenia głosu i gwałtownej gestykulacji", znajomości polskich obyczajów. Chodziło o unikanie wszelkich typowo żydowskich zwrotów, takich jak na przykład, pytanie „Z której jesteś ulicy?", zamiast typowo polskiego „W jakiej dzielnicy mieszkasz?". Kursantkom zwracano uwagę na odruchowe i codzienne drobiazgi, chód, gesty, postawę, mężczyznom przypominano o zdejmowaniu w kościele kapelusza (który powinni zakładać, wchodząc do synagogi), a wszyscy musieli zapamiętać datę swoich imienin i imienin krewnych i znajomych.

„Uczesanie do tyłu, odsłaniające czoło, dodaje wyrazu »aryjskości«, wszelkie zaś kosmyki na czole, włosy w nieładzie – przeciwnie... Włosy należy rozjaśniać, aby nie miały kruczego połysku, ale też nie zanadto...". Co do ubrania pani Mada radziła: „Nie należy ubierać się jaskrawo. Trzeba unikać koloru czerwonego, żółtego, zielonego, nawet czarnego. Najlepszy jest kolor popielaty albo połączenia kilku niezbyt rzucających się w oczy barw. Nie wolno nosić pewnego fasonu okularów, które w trzecim roku wojny weszły właśnie w modę: podkreślają one bowiem semicki kształt nosa. Jeśli chodzi o ten ostatni – najbardziej znany i rzucający się w oczy szczegół fizjonomii, trzeba się poddać operacji". Na szczęście pani Mada współpracowała z polskimi chirurgami (takimi jak wybitny specjalista dr Andrzej Trojanowski i jego koledzy), którzy potrafili zarówno zmienić kształt nosa, jak i przywracać Żydom napletek, stosując kontrowersyjną i nielegalną, ale praktykowaną od najdawniejszych czasów procedurę[5].

Na przestrzeni wieków „naciąganie skóry", jak je nazywali Rzymianie, ratowało życie prześladowanym Żydom, a sądząc po Biblii, praktykowano je już w 168 roku p.n.e. za panowania Antiocha IV, który greckim zwyczajem urządzał w Judei zawody lekkoatletyczne z udziałem nagich sportowców i upowszechnił korzystanie z publicznych łaźni. Żydzi pragnący ukryć swoje pochodzenie mieli do wyboru: albo unikać miejsc i okazji wymagających rozbierania, albo przywrócić nieżydowski wygląd swoim członkom przez noszenie specjalnego ciężarka, znanego jako *pondus Judaeus*, który miał rozciągnąć napletek tak, by przykrył żołądź. Naciąganie powodowało drobne pęknięcia i uszkodzenia skóry, a dzięki powstawaniu w tych miejscach nowych komórek napletek się wydłużał. Bez wątpienia trwało to dość długo, bolało i nie zawsze dawało się zachować w tajemnicy, nawet jeśli noszono wówczas luźne stroje. Podczas drugiej wojny światowej umiano już osiągnąć ten efekt chirurgicznie, chociaż w literaturze medycznej okresu Trzeciej Rzeszy próżno by, z oczywistych powodów, szukać szczegółowego opisu tego zabiegu.

Ponieważ Jan obracał się w konspiracyjnych kręgach, z pewnością znał Walterów; płyn i przepis, którym Antonina próbowała utlenić Kenigsweinów, mogły pochodzić z ich salonu. Pani Walter i jej podeszły wiekiem mąż ukrywali w swoim domu jednocześnie co najmniej pięcioro Żydów, a inni przewijali się „nieprzerwanym łańcuchem”. Niezliczeni zawdzięczali ocalenie okupacyjnym lekcjom „dobrego wyglądu” w Instytucie Piękności. W powojennych wspomnieniach pani Walterowa pisała, iż „przypadkowy fakt, że nikt z przygodnych mieszkańców naszego wojennego gniazdka nie uległ katastrofie, wytworzył zabobonną legendę, mnożącą stale napływ gości”. W gruncie rzeczy, jak tłumaczy, za jej poczynaniami kryły się zwykłe czary-mary współczucia: „Cierpienie posiadło magiczną władzę nade mną, władzę niwelowania różnic między przyjaciółmi i obcymi”[6].

ROZDZIAŁ 26

Przyroda trwała zawieszona między dwiema porami, w miarę jak wiosna podkradała się coraz bliżej, śnieg topniał, a za dnia objawiał się leciutki nalot miejskiej zieleni, choć w nocy ziemia twardniała jeszcze od mrozu, a światło księżyca srebrzyło oblodzone alejki. Zwierzęta, które zapadły w sen zimowy, wciąż tuliły się w swych kryjówkach w oczekiwaniu. Mieszkańcy willi wyczuwali już wydłużającą się jasność dnia, a w powietrzu można było wyczuć słodkawą woń mchu zwiastującą ożywającą glebę. Korony drzew otaczała bladoróżowa poświata nabrzmiewających pączków, nieomylny znak nadciągającej wiosny. Świat zwierząt szykował się na święto zalotów, dobierania w pary, pojedynków i tańców godowych, węszenia i rycia, strojenia się i gubienia zimowych szatek, krótko mówiąc – bulgotliwego rejwachu, z jakim życie gramoli się z letargu i wdziera z powrotem na swój teren.

Skazana wciąż jeszcze na dobrze wymoszczoną celę swego łóżka Antonina wstawała niekiedy, by pokuśtykać na obolałych nogach na taras, z którego roztaczał się rozległy widok i gdzie słychać było nawet huk pękającego na Wiśle lodu, salwy wieszczące koniec zimy. Przykuta do łóżka Antonina miała czas na wspomnienia i spojrzenie na pewne sprawy z nowej perspektywy, podczas gdy inne znikały z pola widzenia. Ryś spędzał więcej czasu bez rodzicielskiego nadzoru, ale matka wiedziała, że miał więcej umiejętności i rozsądku, niż należałoby wymagać od dziecka w jego wieku.

Nieco starsi od niego harcerze działający w Małym Sabotażu pojawiali się w zoo z reguły niespodziewanie. Nawet jeśli Jan otrzymywał wcześniej wiadomość o takiej wizycie, to w ciągu dnia przeważnie nie było go w domu. Młodych konspiratorów melinowano zwykle na noc lub trochę dłużej w bażanciarni, potem znikali. Czasami zostawali na kilka tygodni, jak Zbyszek, chłopiec poszukiwany przez gestapo. Rysiowi, domownikowi wzbudzającemu najmniej podejrzeń, przypadł obowiązek dostarczania ukrywającym się posiłków.

To znów kazało Antoninie zastanowić się nad tym, jak reaguje na te egzotyczne, przelotne ptaki jej syn. „W obecności Rysia nigdy nie mówiliśmy o przyczynach pobytu Zbyszka w zoo, a Ryś zachowywał się tak, jakby go to nic nie obchodziło. Niepodobna jednak przypuścić, że nie snuł na ten temat jakichś domysłów. Postanowiłam więc sama go o to zapytać. Wydął wtedy swoje bardzo jeszcze dziecinne wargi i powiedział:

– Ech, Mamek, ja i tak wszystko wiem, każdy mężczyzna to zrozumie. A pytać, za nic bym się nie pytał. Przecież widzę, że ty i Zbyszek macie przede mną sekrety. Nie chcecie mnie, to nie. Zresztą nie potrzebuję waszego Zbyszka, mam nareszcie własnego kolegę. A w ogóle w tym wypadku Zbyszek jest głupi, i już!... – Wykręcił się na pięcie i... po tym wybuchu złości wybiegł z pokoju".

Żabińskiej nie dziwiła zazdrość Rysia, ale, jak pisze, „wyznanie to skojarzyło mi się ze zmianami, które ostatnio zauważyłam. Ryś stawał się skryty, powściągliwy, najwyraźniej czymś zaabsorbowany". W nowym koledze Antonina od razu rozpoznała Jerzego Topę, syna „byłego cieśli z ogrodu zoologicznego... który od niedawna razem z rodzicami... zamieszkał w jednym z wolnych służbowych pomieszczeń zoo. Jerzyk był o parę lat starszy od Rysia... bardzo dobrze i rozumnie wychowany, odznaczał się mnóstwem zalet i posiadał wiele umiejętności praktycznych", zapewne wpojonych chłopcu przez ojca, uczącego go swego fachu. Antonina cieszyła się, że Ryś ma towarzysza zabaw, obserwując ze swego posterunku na piętrze, jak „mieszkając po sąsiedzku chłopcy widywali się co dzień, wspólnie bawili się majsterkowaniem i wciąż mieli sobie coś do powiedzenia".

Pewnego dnia, „kiedy obaj byli na lekcjach", zjawiła się u Żabińskiej matka Jerzyka. „Z miną bardzo zakłopotaną, prawie zmartwioną, oświadczyła, że chce pomówić ze mną na osobności". Antonina zaprosiła ją do najbardziej ustronnego miejsca, czyli swojej sypialni, i tu pani Topowa zaczęła:

– „Chłopcy nie wiedzą, że tu przyszłam, to sekret...".

Matka Rysia nieco się zaniepokoiła, ale nie przerywała pani Topowej:

– „Najgorsze to, że ich podsłuchiwałam... Ale co miałam robić? Z początku doleciało do mnie wszystkiego dwa słowa, i tak mnie poderwały, że... musiałam się reszty dowiedzieć. Przycichłam, słucham. To na śmiech, to na płakanie mi się zbiera. Jak wyszli, przysiadłam w kątku, w głowie szumi od myśli, no i wymyśliłam tylko tyle, że pójdę do pani, może coś pospołu uradzimy".

W nadziei, że pani Topowa niepotrzebnie panikuje, Antonina spytała:

– „Dobrze, ale co takiego nasi chłopcy zmalowali? Przecież pani Jurek to czyste złoto, matki nie zmartwi. Ryś jest jeszcze zielony, trzeba na niego uważać, sama wiem, ale...

– Bogu dzięki, do tej pory nic nie zmalowali, ale szykują, i to nie byle co.

Serce mi uciekło w pięty", wspominała Antonina, kiedy z opowieści pani Topowej okazało się, że chłopcy uznali za swój patriotyczny obowiązek pognębić Niemców, podkładając bombę zapalającą „pod szopę z sianem" przy pobliskich magazynach wojskowych, a ponadto, kontynuowała pani Topowa, „pod materacem Jerzyka znalazłam paniny ręcznik i na nim czerwonym atramentem wymalowane »Hitler kaput!«. To oni ten ręcznik chcą powiesić w tej bramie, jak się do ogrodu wchodzi, bo Niemcy tutaj wciąż łażą, niech zobaczą! Cóż miałam robić? Taka sprawa, że kobiecie samej ciężko poradzić, to przyszłam, musimy chyba paninego męża poprosić, żeby smarkaczom przetłumaczył, że na nich jeszcze pora nie przyszła... Szkody nie zrobią nikomu, tylko sobie i rodzinom, nie?... A pani co na to?".

Antonina słuchała „w milczeniu wywodów pani Topowej. „Domyślałam się, gdzie zdobył Ryś materiał wybuchowy, wiedziałam, skąd zaczerpnęli chłopcy ten pomysł, ale... taki wyczyn nieprzemyślany mógłby zaszkodzić odgórnym, starannie przygotowanym akcjom". Do uszu chłopca docierały urywki rozmów o aktach sabotażu, nic dziwnego, że zapragnął pójść w ślady szlachetnych harcerzy. A przecież zoo stało się miejscem względnie bezpiecznym, dzięki wypracowanemu i stosowanemu po mistrzowsku kamuflażowi codziennego zamętu, nieprzyciągającego niczym szczególnym uwagi. Tylko tego brakowało jego mieszkańcom, żeby ktoś nagle i dosłownie zamachał Niemcom przed nosem czerwoną płachtą.

Żabińska zastanawiała się, dlaczego przeoczyła wykluwanie się tego planu w głowie Rysia i przeceniła jego zdolność dorosłej oceny konsekwencji. „Oboje z mężem mieliśmy dotychczas pewność, że z synem rozumiemy się bez słów, że możemy zawsze liczyć na jego dyskrecję i posłuszeństwo w chwilach niebezpiecznych. Było mi więc o tyle bardziej przykro, że teraz, zamiast wzruszyć się brawurą i patriotyzmem malca, musiałam przestawić się psychicznie, zaaprobować udzielenie mu zakazów i nagany ojcowskiej za to, że poważył się wziąć z działu rzeczy nietykalnych materiał wybuchowy i w dodatku zdradzić tę tajemnicę przed Jurkiem.

Panią Topową zapewniłam solennie, że Jan pogada z chłopcami; ręcznik z kompromitującym napisem radziłam spalić".

Tego wieczoru, świadom tego, jak bardzo syn potrzebuje, by odnosić się doń jak do dorosłego, „ojciec rozmawiał z Rysiem w tonie »wojskowym«:

– Od dawna już chyba wiesz, że nie traktuję ciebie jak smarkacza, że uważam cię za żołnierza... Ja jestem oficerem, twoim bezpośrednim dowódcą, i wolno ci robić w dziedzinie wojskowej tylko to, co ci rozkażę. Jeśli nie chcesz, abym cię jak smarkacza raz na zawsze odsunął od spraw wielkiej wagi, musisz mi złożyć przysięgę, że się do mojej woli zastosujesz. To, coś zrobił, jest samowolą, anarchią, w wojsku za to karzą".

Ale jakie sankcje powinien zastosować ojciec pełniący rolę przywódcy wobec dziecka odgrywającego rolę żołnierza? Ryzyko w jego oczach przybiera inny kształt, dziecko nie potrafi też wybiec wzrokiem zbyt daleko naprzód, przewidując rozwój wypadków, zaś kara ma sens jedynie wtedy, gdy obie strony uznają ją za sprawiedliwą, bo „sprawiedliwość" to podstawowa miara dzieciństwa.

„Może zechcesz sam wyznaczyć karę dla siebie? – zaproponował zatem ojciec.

– Daj mi baty – odpowiedział Ryś".

Co też Jan zapewne uczynił, skoro Antonina zakończyła swoją relację z tego wydarzenia stwierdzeniem: „w ten sposób zostało zlikwidowane »odchylenie« naszego domowego »podziemia«".

ROZDZIAŁ 27

Wiosną 1943 roku Antonina wreszcie opuściła łóżko, biorąc przykład z budzących się świstaków, nietoperzy, orzesznic, jeży i susłów. Przed wojną uwielbiała wiosenną wrzawę w zoo, pełną okrzyków „chodź no tu", „odwal się", i „hiphiphura" we wszystkich zwierzęcych językach. Szczególnie nocą, w ciszy uśpionego miasta, dzikie hałasy wyrywały się z zoo rozgłośnie, jak z jakiejś gigantycznej szafy grającej. Brak synchronizacji czasu zwierząt z czasem miasta skutkował dziwnie nieregularnym rytmem, którym Żabińska się rozkoszowała i o którym często pisała, jak w tym śnie na jawie z książki *Rysice*:

„Gdy wiosenna noc otula ciemnym płaszczem Warszawę, a jaskrawe, świetlne reklamy rozpraszają wesołym blaskiem mroki ulic, gdy ciszę śpiącego miasta tu i ówdzie przerywa gwizd syreny zapóźnionego samochodu – na prawym brzegu Wisły, wśród starych wierzb i topoli dają się słyszeć tajemnicze dźwięki pustyni i przejmujące pomruki dżungli. Odzywa się kapela składająca się z wilków, hien, szakali i dingo. Ryk obudzonego lwa przejmuje grozą sąsiadujący z nim lud małpi. Spłoszone ptactwo krzyczy przeraźliwie na stawach, a w klatce Tofi i Tufa śpiewają tęskną serenadę. Miauczenie ich ostrą i przenikliwą nutą góruje ponad innymi nocnymi odgłosami ogrodu. Z dala od dziewiczych zakątków świata – każe zastanawiać się nad zagadkowymi prawami Wielkiej Matki Natury z jej licznymi, czekającymi jeszcze na badacza tajemnicami życia naszych ziemskich towarzyszy – zwierząt".

W powietrzu czuło się jeszcze chłód, gdy „ubrana w wełnianą bieliznę, swetry i grube pończochy... na nowo uczyłam się chodzić. Kolana mi drżały, w słabych rękach nie potrafiłam nic utrzymać bez ryzyka, że nagle wypuszczę przedmiot z bolących palców. Nie byłam na razie zdolna do żadnej pracy... Na co mi przyszło! Tyle miesięcy nadużywałam dobroci i korzystałam z trudu domowników zamiast przodować w harówce, jak przystało kobiecie»wojennej«...

Ale moje najbliższe otoczenie – zwłaszcza Madzia, Niunia i Paweł – gniewało się, gdy próbowałam uderzać w skruchę:»Nie pleć głupstw, nie bredź Toleczko. Pomagaliśmy ci we własnym interesie, co byśmy zrobili, gdyby ciebie zabrakło! Zdrowiej jak najprędzej, bierz nas za łby i rządź swymi podwładnymi. Stęskniliśmy się do twojego rozmachu, słowotwórstwa i roztrzepania. Chcemy pośmiać się po dawnemu, z pewnością okazji nam dostarczysz!«".

Antonina nie mogła się nie rozchmurzyć, śmiać i powoli brać znów spraw w swoje ręce, nakręcając maszynerię zwariowanego domostwa jak jakiś zabytkowy zegar. A przy tym, jak pisała, „pilnowano mnie z gorliwością godną lepszej sprawy: żeby mnie, broń Boże, nie zawiało, żebym się nie zmęczyła, nie nadwerężyła serca, żebym się nie zdenerwowała. Nigdy dotąd nie byłam tak nieludzko rozpieszczana". Żabińska nigdy nie posunęła się dalej w zwierzeniach na temat swojego sieroctwa. Straciła rodziców w wieku zaledwie dziewięciu lat. Groza ich śmierci z rąk bolszewików nie mieściła się w granicach dziecięcej wyobraźni. Być może rodzice nawiedzali ją we wspomnieniach, ale Antonina nigdy o nich nie mówi w swoich książkach.

„Od wszystkich domowników płynęła ku mnie potężna fala serdeczności i ciepła", a pomoc i słowa zachęty, by odzyskiwała siły wypoczywając, bardzo dobrze Antoninie służyły, tak że czasami można było niemal zapomnieć o okupacji i nieustającym pytaniu: „kiedy nareszcie ten koszmar przestanie istnieć?".

„Jan wychodził rankiem w dnie powszednie, wracał najczęściej przed godziną policyjną", a mieszkańcy willi często widywali napięcie i irytację na jego obliczu. W trosce o podtrzymanie ich niepewnej egzystencji sprawdzał wszystko po wielokroć, kontrolował procedury obowiązujące w domu, co musiało odbijać się na jego usposobieniu. Ale przecież najmniejsze zabałaganienie, zaniedbanie czy odruch groziły zdemaskowaniem. Nic dziwnego, że jako jedyny „trzymający rękę na pulsie wszystkich spraw i zawsze skłonny brać na siebie całą odpowiedzialność, aby zapobiec ewentualnym niepożądanym następstwom, które mogło wywołać choćby drobne przeoczenie, zabierał od czasu do czasu głos profilaktycznie, w sposób bardzo zwięzły i kategoryczny, po wojskowemu. Mnie traktował jako swego zastępcę, zwłaszcza więc w stosunku do mnie był surowy i wymagający".

Jan rządził w willi i Goście nie mogli mu się otwarcie sprzeciwić, ale atmosfera się psuła, szczególnie że wybuchowy władca dawał im się na co dzień we znaki, krzycząc na Antoninę.

Gniewało ich to na tyle, że mogła liczyć na ich solidarność: „Nikt oczywiście nie występował otwarcie przeciw dowódcy, ale nagle, jak na komendę wszyscy tracili humor; posiłki zjadano w grobowym milczeniu, unikając nawet przelotnego spojrzenia w kierunku Jana... gdy wreszcie połapał się, o co chodzi, powiedział:

– No, moi kochani, ja się tak nie bawię. To przecież zwykły moralny terror, bojkotujecie mnie za lekką reprymendę, której udzieliłem Puni, i przewracacie jej w głowie. Według was, ja w domu nie mam nic do gadania, a ona jest nieomylna, dobre sobie!

– Pan jest cały dzień w ruchu – odpowiedział Paweł – wiem, że pełno dokoła pana różnych niebezpieczeństw i groźnych pułapek, ale ma pan wskutek tego zmianę wrażeń. A sytuacja psychiczna Toli... przypomina sytuację żołnierza na warcie w oblężonym obiekcie wojskowym. Tylko że jej warta nie zmienia się i wymaga ustawicznego napięcia uwagi. Czy można ją besztać o byle co, o odrobinę roztrzepania?".

Któregoś dnia w marcu „rozległ się z kuchni przeraźliwy krzyk Pietrasi zmywającej naczynia:»La Boga! Pożar!«.

Z kuchennego okna widać było potężną eksplozję ognia: palił się olbrzymi stóg siana, stojący w pobliżu drutów kolczastych oddzielających zoo od terenu magazynów wojskowych zajętych przez Niemców. Silny wiatr niósł ogień wprost na dach pierwszego składu.

Niewiele myśląc, chwyciłam futro i wybiegłam przed dom – przecież tuż obok znajdował się wrak drewnianej lwiarni, a za nim ferma lisów i norek...

W stronę willi pędził już na rowerze jakiś starszy żołnierz niemiecki. Zeskoczył z siodełka i wrzasnął: – To wyście podpalili! Kto tu mieszka?

Spojrzałam na jego wzburzoną twarz i zmusiłam się do uśmiechu: – To pan nie wie? Dawny dyrektor zoo z rodziną. Jestem jego żoną. Za poważni ludzie jesteśmy do takich żartów".

Gniew stygnie pod wpływem uprzejmości i kaprala ułagodził spokój Antoniny.

– „Dobrze, ale w ogrodzie są jeszcze jakieś domki.

– Tak, dwa mieszkania zajmują nasi starzy pracownicy. Pewni i solidni, ręczę za nich jak za siebie. Po co mieliby dla głupiego stogu siana ryzykować życie?...

– To nie lato, piorun nie uderzył. Ktoś musiał ogień podłożyć.

Spojrzałam na niego z udanym niedowierzaniem i mrugnęłam porozumiewawczo.

– To i tego pan nie wie? Bo ja nie mam żadnych wątpliwości, kto wywołał pożar.

Kapral był zaintrygowany, jakby słuchał streszczenia powieści kryminalnej. Celowo zatem milczałam dłuższą chwilę, wreszcie roześmiałam się wesoło:

– Przecież wasi żołnierze stale przychodzą tu na randki z dziewczynkami. Jest chłodno, a siano grzeje. Pewnie i dziś tak było, palili papierosy, jakiś niedopałek gdzieś został, no i wiadomo...

Pamięć to naprawdę mechanizm pełen niespodzianek; nagle przypomniały mi się gdzieś zasłyszane słowa niemieckie... pożal się Boże, co to była za niemczyzna! Kapral jednak rozumiał jej sens... i w końcu roześmiał się także.

Wracaliśmy, rozmawiając już o czymś innym. Pytał, co stało się z naszymi zwierzętami.

– Dwunasty słoń w niewoli u was się urodził, czytałem przed wojną w gazetach. Gdzie on jest?".

Żabińska wyjaśniła, że Tuzinka przeżyła oblężenie Warszawy, a potem została przez Lutza Hecka wywieziona wraz z innymi zwierzętami do Królewca.

„Zbliżaliśmy się do ganku, kiedy podjechali na motocyklach żandarmi. Kapral dość szybko uciszył ich groźne wrzaski... powtórzył im moją historyjkę. Po chwili doszedł mnie rubaszny rechot... Żandarmi i kapral weszli do domu, żeby spisać krótki raport".

Wkrótce po ich wyjściu zadzwonił telefon. Antonina usłyszała ostry, mówiący po niemiecku głos:

– „Tu gestapo dział... (coś, czego nie zrozumiałam). Co to za pożar u was? Czy była straż? Z kim rozmawiam?

– Spaliło się siano i jeden budynek, straż przyjechała po wszystkim. Oddział żandarmów już był, zbadali wszystko. Wszystko w porządku.

– Ach, więc byli, zbadali! A więc mówi pani, że nic poważnego? *Danke schön...*

Nie mogłam trafić słuchawką na widełki; ręka moja gwałtownie drżała".

Gdy Antonina przeżywała jeszcze to wydarzenie chwila po chwili, ważąc w myślach, czy powiedziała wszystko, co należało i jak należało, z zakamarków wylegli domownicy i „zdenerwowani, dopadli mnie i jak pogorzelca zaczęli ściskać, oglądać, żeby się przekonać, czy nic mi się nie stało. Nie muszę chyba dodawać, jaką aprobatę zyskał »beniaminek« za swoją dzielność i spryt. Niech no tylko wróci Żabcio, oko mu zbieleje!

Podczas kolacji Jan wysłuchał uważnie do końca naszego sprawozdania, pomilczał trochę, spojrzał na mnie i zabrał głos, żeby nie tyle może kubełkiem zimnej wody, co paroma jej szklankami oblać podniecone audytorium...

– Że nasza Punia jest Wunderkindem – orzekł – rzecz to znana. Trochę mnie nawet dziwi wasz entuzjazm, bo jej zachowanie nie powinno było stanowić dla was niespodzianki. Postaram się to ująć przyrodniczo albo raczej psychologicznie. Wiecie wszyscy z niezliczonych wspomnień z naszego przedwojennego życia w zoo, że w każdym trudniejszym lub zawikłanym przypadku podczas hodowli... podczas chorób tych czy innych naszych dzikusów, wszędzie tam, gdzie chodziło o trudności z ich żywieniem, z ich płochliwością itp. – powierzałem akcję nikomu innemu, tylko Puni. I rezultaty jej akcji nie podważyły nigdy słuszności moich posunięć. Dlaczego? Żadne z was, zwłaszcza po wielokrotnych pretensjach o to, że nie doceniam mojej towarzyszki życia, nie powie chyba, że postępowałem tak dla przysporzenia jej reklamy czy też jako zakochany i zaślepiony małżonek, pragnąc schlebić jej próżności... Wiemy, że od wczesnego dzieciństwa Punia miała wiele do czynienia ze zwierzętami. Trzeba przyznać, że posiada niesłychanie cienką skórę, że trafnie odgaduje, co tkwi we wnętrzu jej zwierzęcych przyjaciół i wychowanków, wolna od jakichkolwiek tendencji do antropomorfizmu... nie robi ze zwierząt ludzi, raczej sama zatraca właściwości homo sapiens i przemienia się to w panterę, to w borsuka czy piżmowca...

– Mam rzeźbiarskie oko, jako animalistka również dobrze odczuwam zwierzęta i zawsze twierdziłam, że Tola to lwiczka! – zawołał Szpak".

Jan kontynuował:

„A zatem, oprócz wymienionych zdolności, Tola ma wrodzony dar czynienia nad zwierzętami bystrych, wręcz precyzyjnych obserwacji i wyjątkowo, jak na kobietę i do tego nieprzyrodniczkę, potrafi trafić w sedno przy wyciąganiu wniosków ze swoich spostrzeżeń. Niekiedy sprawia nawet wrażenie, że posługuje się szóstym zmysłem.

Słuchałam mężowskiej prelekcji ze zdumieniem: rozwodzi się nad moimi talentami, chwali mnie w obecności innych?! Rzecz niesłychana! ...Mówi o mnie serio! A ja przywykłam już do honorowego przydomka »głuptas«, którym szczodrze okraszał swoje częste pokpiwania.

– Mówię to – ciągnął dalej – aby naświetlić jej specyficzne właściwości, które powodują taką, a nie inną reakcję na otoczenie, i vice versa. Ci z nas, którzy stykają się ze światem dzikich zwierząt, wiedzą, jak dalece są one czujne, jak łatwo w nich powstaje lęk dyktowany potrzebą ratowania życia. Każde przekroczenie tak zwanego kręgu bezpieczeństwa przez istotę nieznaną, obcą, dyktuje im konieczność rzucenia się na nią w obronie własnej. Natomiast u naszej Puni... występuje kompletny zanik tak podstawowego w przyrodzie instynktu... brak jej zupełnie poczucia lęku w zetknięciu z ziemskimi towarzyszami dwu- lub czworo-nożnymi". Dzięki temu jej lęk nie udziela się, a zwierzę nie czuje zmu-szone do ataku. „Zdolności odbierania przez zwierzęta idących ku nim fal telepatycznych są dla nas, ludzi, zgoła niepojęte".

Kiedy z mózgu Puni „płyną ku dzikim pupilom fale łagodnego spo-koju, życzliwego zainteresowania... jak piorunochron wchłania w sie-bie cudze prądy strachu i po prostu je neutralizuje. Własny jej nastrój wyraża się w tonie głosu, w ruchach i spojrzeniu, dlatego ma ona tę stosunkowo rzadko spotykaną łatwość oswajania dzikich bestyjek, pie-lęgnowania ich i hodowania, przezwyciężania oporów w przyjmowaniu pokarmów itd., itd.

Wszyscy już zapewne domyślają się, ku czemu zmierzam, a więc: jak Punia tym razem promieniuje na ludzi? I skoro mózgi ludzkie uważam za mniej od zwierzęcych wrażliwe na owe nieco »metafizyczne« fale, czy aby potrafią one fluidy telepatyczne odebrać? Potencjalnie zapew-ne tak, ale myślę, że to sprawa indywidualna. Jeden posiada ten dar, drugi – nie... Wcale to jednak nie zależy od poziomu intelektualnego człowieka, kto wie, czy natury pierwotne, mniej wyrafinowane... nie są lepszymi odbiornikami? Posługując się dla ułatwienia słownictwem technicznym, pytamy, jakim nadajnikiem jest Punia i co nadaje?".

Jan pozostawał chyba pod wpływem teorii Friedricha Bernharda Marby'ego (1882–1966), okultysty, astrologa i przeciwnika nazizmu, który szukał we współczesnej nauce podstaw i uzasadnienia dla ma-gicznych tradycji nordyckich run:

„Człowiek jako czuły odbiornik i nadajnik kosmicznych fal i pro-mieni, które ożywiają cały wszechświat i których szczególne właści-wości i działanie podlegają wpływowi planet, magnetyzmu ziemskiego i ukształtowaniu terenu"[1].

Gdyby Jan dożył naszych czasów, doczekałby odkrycia neuronów lu-strzanych, specjalnych komórek nerwowych w korze ruchowej mózgu, które uaktywniają się w momencie, gdy ktoś sięga po kamień, robi krok, odwraca się, zaczyna się uśmiechać. Co zdumiewające, owe neurony uaktywniają się niezależnie od tego, czy ich właściciel sam wykonuje

daną czynność czy też ją obserwuje u kogoś, i wyzwalają podobne od-
czucia. Uczenie się na własnych błędach nie jest równie bezpieczne jak
uczenie się na cudzych, więc owe neurony pomagają nam rozszyfro-
wywać czyjeś intencje, umożliwiając społeczne funkcjonowanie. Roz-
winięty mózg ma swoje sprytne sposoby wychwytywania zagrożenia,
spostrzegania czyjejś radości lub bólu jako natychmiastowego wrażenia, bez uciekania się do słów. Czujemy, co widzimy, a innych doświad-
czamy tak jak i siebie.

Ale Jan wcale jeszcze nie skończył.

„Zabawna historia... Nie wiem, jak to się dzieje, bo dawno już wyszła z lat dziecinnych, z pewnością nie jest głupia, lecz stosunek jej do
bliźnich cechuje naiwna wiara w ich zalety i uczciwość. Punia wie teoretycznie, że na świecie bywają zbrodniarze, oszuści, łajdacy i drobne
świntuchy... Niewątpliwie potrafi rozróżnić typy ujemne, ale nie wśród
osób, z którymi się styka. Wie, że istnieje zło, ale w to nie wierzy...

Jedno bezsprzecznie trzeba jako plus na konto Puni zapisać: pamięta
i widzi, co się wokół niej dzieje, i nie jest gapą. Zauważyła, że niemieccy
żołnierze urządzają sobie dom schadzek w stogu siana, a znając Niemcy
ledwie z kilku wyjazdów za granicę, zdołała właściwie odczuć prymitywny i rubaszny styl dowcipu niemieckiego i błyskawicznie potrafiła
wykorzystać swoje spostrzeżenia... Nie było ważne, że przemawiała do
żołnierza łamaną niemczyzną, bo treść jej przemówienia odpowiadała
psychice słuchacza. Dowodzi to »muzykalności«... najbardziej zawa-
żył nie tyle świadomy rozum, co instynkt oraz intuicja... No a... wygląd
z miejsca dawał jej poważny atut do ręki. Bardzo wysoka, szczupła jasna blondynka, wcielenie germańskich marzeń, typ nordycki...

Gdybym zaś miał zdradzić mój własny pogląd na istotną przyczynę tak szybkiego i bezbolesnego zakończenia tej tragifarsy... to myślę,
że pożar ten był dla miejscowej intendentury niemieckiej bardzo na
rękę. Może nawet zbawienny? Doskonale wiemy, jak straszliwa korup-
cja szaleje wśród okupantów... kto z nas może odgadnąć... czy w ten
sposób nie udało się Niemcom zatrzeć śladów ewentualnych nadużyć?
Świadectwo Puni było dla nich nad wyraz dogodne, z miejsca przery-
wało tok śledztwa, jasne więc, że nie mieli w planie represyjnej akcji

politycznej, bo gdyby tak było, obawiam się, że postawa Toli nic by tu nie pomogła...

Nie sądźcie jednak, że chcę odbrązowić waszą bohaterkę; tak czy inaczej spisała się niegłupio i nie po babsku, rad jestem, że można na niej polegać, to grunt! Ale uwzględniając prawdopodobieństwo zdarzeń, wolę zająć stanowisko trzeźwego sceptyka, wolę nawet pozę cynika...".

Żabiński zbagatelizował zdarzenie, które łatwo mogło się skończyć tragicznie, zinterpretował je w chłodny i przemyślany sposób, charakterystyczny dla siebie. Utalentowana i obdarzona wszechstronnymi umiejętnościami Antonina darzyła Jana wielkim szacunkiem i podporządkowywała mu się bez szemrania, często dręczona obawami, że zawiedzie jego oczekiwania, a jej poczynania nie zyskają jego aprobaty. Za przykładem ojca Ryś potrafił niekiedy burknąć wzgardliwie: „To przede wszystkim nie są sprawy dla bab". Mimo to widać z jej zapisków, że Antonina żyła otoczona głęboką miłością Jana, Rysia i Gości i czuła, że stanowi ważne uzupełnienie męża, którego postrzegała jako surowego wobec innych, ale przede wszystkim wobec samego siebie. Podobnie jak on oceniała subtelne sposoby komunikowania się zwierząt. Po tym improwizowanym wykładzie na temat jej metod oddziaływania na umysły innych Antonina długo nie mogła zasnąć.

„To, co Jan wówczas wyjaśniał teoretycznie, nie było dla mnie nowością, poruszaliśmy już między sobą podobne tematy... Jeśli ów kapral z intendentury znalazł się od razu pod wpływem moich fal telepatycznych i zareagował na nie podobnie jak niektóre nasze dzikusy z zoo... Kiedy wywołuję w pamięci moje liczne kontakty ze zwierzętami, dochodzę do wniosku, że naprawdę umiałam je niemal zawsze rozbroić, pozbawić lęku bądź podejrzliwej ostrożności". Podczas pobytu na wsi, jeszcze jako podlotek, pisze Antonina, „rozpieściłam, obłaskawiłam i pouwodziłam bez reszty całe (dosłownie) stado" pięknych rasowych koni i źrebaków. Takie na poły mistyczne doświadczenia często bywały jej udziałem, gdy udawało jej się zbudować niewidzialny pomost ze zwierzęcymi podopiecznymi, nakłaniać je do posłuszeństwa, wzbudzać ich zaufanie. Być może urodziła się już z większą niż u innych ludzi instynktowną wrażliwością, przejawiającą się niezwykle rozwiniętą empatią i wyczuleniem zmysłów, a może do wzmocnienia tych cech przyczyniły się przeżycia z dzieciństwa. Dzieci pozbawione bezpiecznego psychicznego zakotwiczenia w rodzicach, tak jak w przypadku Antoniny, łączy czasami bardzo silna więź ze światem przyrody.

Zamiast spać, Antonina godzinami rozważała, „gdzie przebiega granica między światem ludzi i światem zwierząt i którędy należy ją poprowadzić, aby przestała być przysłowiowym murem chińskim. Przecież na niektórych odcinkach zaciera się ona prawie zupełnie. Dlaczego? Czy »uczłowieczamy zwierzęta«, a ludzi »uzwierzęcamy«?...

Owej bezsennej nocy myślałam, jak wolno w porównaniu ze zdobyczami na polu fizyki i techniki postępują naprzód prace w zakresie psychologii. W labiryncie zagadek psychologicznych poruszamy się po omacku. Kto wie, może człowiek przyszłości... zbliży się do tajemnic psychiki istot żywych... opanowując nieujarzmione dotychczas i często destrukcyjne »żywioły ducha«".

Tymczasem Żabińscy prowadzili przez całą okupację swoje nieoficjalne badania, mieszkając z ptakami, ssakami, gadami, owadami i całą galerią typów ludzkich. A Antoninie nieodparcie nasuwały się pytania o dziką i agresywną postawę, zwierząt i ludzi: „Jak się to dzieje, że niektóre odwieczne prawa przyrody, zakorzenione w instynkcie drapieżców, zmieniają swój zasadniczy charakter w ciągu paru miesięcy, niekiedy nawet tygodni?... jak to się dzieje, że przedstawiciele gatunku ludzkiego, którzy się mienią panami świata, mający za sobą długie wieki ewolucji i doskonalenia się, w ciągu godzin potrafią przeobrazić się w bestie?".

ROZDZIAŁ 28

1943

Na nieustannie niepewnym gruncie każda rzucona mimochodem uwaga mogła uruchomić spiralę kłopotów. „Poza wieloma drobnymi symptomami niebezpieczeństwa zaalarmowała nas wiadomość, którą otrzymaliśmy drogą okólną: jeden z byłych dozorców opowiadał, że pomagamy Żydom, że Madzia, dobrze znana sprzed wojny wszystkim pracownikom, ukrywa się u nas. Dozorca cieszył się opinią człowieka przyzwoitego, ale skoro tak lekkomyślnie wtajemniczał w te sprawy kogoś obcego, mogło się zdarzyć, że innym razem trafi na osobę mniej niż poprzednia zasługującą na zaufanie". A wtedy ich willa nie gwarantowała większego bezpieczeństwa niż domek z kart.

Szantaż na małą i dużą skalę stanowił w okupacyjnej Warszawie groźbę porażającą. Po części za sprawą powszechności czarnego rynku, nawykowej łatwości załatwiania spraw przez „smarowanie" i dawanie w łapę, Warszawa szybko zaroiła się od drapieżców i ich zwierzyny wszelkiego rodzaju, ludzi przyzwoitych i przekupnych, nieprzyzwoicie nieprzekupnych, elementu kryminalnego najgorszego sortu, tubylców oportunistów, ludzi spętanych strachem, sympatyków nazizmu i ryzykantów, którzy żonglowali życiem swoim i cudzym jak płonącymi żagwiami. W tej sytuacji rozsądek nakazywał zamelinować Gości gdzie indziej. Pani Dewitzowa, znajoma Jana z kręgów nauczycielskich jeszcze sprzed wojny, zaoferowała Madzi i Pawłowi kwaterę w swoim domku w Aninie. Jednak „po kilku tygodniach stamtąd wrócili... ani gospodyni, ani jej lokatorzy nie czuli się bezpiecznie". Antonina dziwiła się, że „okolice podmiejskie okazały się mniej pewne niż Warszawa". Być może w grę wchodziły sprawy subtelniejsze, związane z tym, że ludzie nie radzą sobie z życiem w strachu i niepewności.

Emanuel Ringelblum pisał o „psychozie strachu" towarzyszącej Żydom, którzy przedostali się na aryjską stronę.

„Głównym niebezpieczeństwem są te wyimaginowane niebezpieczeństwa, te rzekome obserwacje sąsiada, dozorcy, administratora czy przechodnia na ulicy. Żyd nie przyzwyczajony do życia na powierzchni zdradza się przez rozglądanie się na wszystkie strony, czy nikt go nie obserwuje, przez zdenerwowany wyraz twarzy, przez wystraszony wygląd ściganego zwierza, węszącego we wszystkim jakieś niebezpieczeństwo"[1].

Nawet jeśli inni uważali Antoninę za uosobienie spokoju, to po jej zapiskach widać, jak bardzo się zamartwiała i jak mocno trzymał ją w szponach lęk. Zdawała sobie sprawę z wrażenia, jakie wywiera na mieszkańcach willi, rozładowując wszelkie napięcia. Wiedziała też, jak złudne jest poczucie bezpieczeństwa, które dawała w ich domu ciepła, serdeczna, wręcz kojąca atmosfera. W willi nie brakowało miejsca dla Gości, którzy nie musieli dzięki temu gnieździć się w jakimś schowku za murami czy tkwić stłoczeni w wilgotnej ziemiance. W miarę jednak jak hitlerowcy zaciskali pętlę, gra w mylenie tropów i oszukiwanie śmierci stawała się sztuką dostrzegania znaków. Wedle polskich ludowych wierzeń „spadnięcie obrazka ze ściany, chrzęst pod oknem, przewracanie się miotły, tykanie niewidocznego zegara, stół, który trzeszczy, drzwi, które się same otwierają – wszystko to zwiastuje czyjąś śmierć"[2].

Względy bezpieczeństwa pociągały za sobą różne niewygody, takie jak częste wyprawy po niewielkie ilości jedzenia, żeby duże zakupy nie zwróciły czyjejś uwagi, czy też rozwieszanie prania do suszenia w domu, żeby jakiś niepasujący do gospodarzy fragment garderoby nie wpadł w oko sąsiadowi. Strach musiał się odbijać na nastrojach wszystkich mieszkańców. Ale kierujący niegdyś ogrodem zoologicznym Żabińscy byli czujni, znali się na drapieżnikach. W kłębowisku żmij trzeba uważać na każdy krok. Siła wojennych zawirowań sprawiała, że trudno było czasami ocenić, kogo zaliczyć do swoich, a kogo do obcych, wiernych lub zdrajców, drapieżców czy ich ofiar.

Początkowo nikt nie znał tajemnicy zoo i Żabińscy musieli sami radzić sobie ze zdobywaniem żywności i opracowaniem wyjść awaryjnych. „Na szczęście... wyszło na jaw, że nasza stara i wielka przyjaciółka... Janina Buchholtz (konspiracyjne nazwisko Bukolska), żona inżyniera – sama psycholog, tudzież literatka i tłumaczka, piękna postać »człowieka o człowieczym sercu« – należy do Rady Pomocy Żydom". Podczas okupacji pracowała jako tłumaczka przysięgła u notariusza. „Kancelaria p. Janiny... na zewnątrz uchodziła za normalne, przykładne biuro tłumaczeń na niemiecki, biuro pisania wszelakich podań i próśb do niemieckich władz. Jak zwykle w takich biurach – były tu stoły i półki, szafy i szuflady po prostu zawalone stosami papierów i dokumentów". Ten urzędniczy chaos maskował jednak prawdziwe życie kancelarii, która była „»centralą żydowską«, gdzie zamawiano i wyrabiano »aryjskie« dokumenty, wyszukiwano bezpieczne mieszkania, rozdzielano pieniądze nadesłane przez organizacje pomocy. Tu, w biurze p. Janiny, ześrodkowywały się kontakty zakonspirowanych działaczy żydowskich, tędy szła korespondencja do Żydów w obozach lub w gettach innych miast. Tu łącznicy otrzymywali instrukcje i tu składali sprawozdania ze swoich podróży"[3]. Wywoływało to spory ruch, ale Janina Buchholtz, tak jak Żabińscy, doprowadziła do perfekcji sztukę kamuflażu, w tym przypadku odstręczając szpicli chybotliwymi stosami zakurzonych akt. Jak zauważył jeden z ocalałych, „Niemcy przez cały czas swojej obecności w Warszawie zmierzali stopniowo ku temu, aby z rozlicznych zazębiających się wzajemnie zarządzeń stworzyć system meldunkowo-ewidencyjny uniemożliwiający jakiekolwiek machinacje i umiejscawiający z należytą precyzją każdego poszczególnego mieszkańca miasta"[4]. Pociągało to za sobą konieczność tworzenia fałszywych tożsamości, dokumentów i życiorysów dla ukrywających się, ponieważ Polacy katolicy, mieszkający przeważnie w kamienicach, byli w stanie powołać się na kościelne i miejskie akta stanu cywilnego, łącznie z metrykami chrztu, świadectwami ślubu, kwitami podatkowymi, aktami zgonu krewnych i orzeczeniami o nabyciu spadku. Świeże dokumenty czasami bywały „solidne" i wytrzymywały gestapowską kontrolę, a czasami musiały wystarczać „lipne" papiery, na których nie można było polegać przy dokładniejszej inspekcji. Gunnars Paulsson tak opisuje ten proces:

„Aby zostać *homo novus*, nie wystarczyło się postarać o nowy życiorys, należało też przeciąć wszystkie więzi łączące z dawną,»kompromitującą« tożsamością. Nieodzowna była więc przeprowadzka, w trakcie której można było zgubić dawną tożsamość i normalnie zarejestrować się pod nowym adresem jako nowa osoba. ...należało się wymeldować i otrzymać odpowiednie zaświadczenie w biurze meldunkowym w dawnej dzielnicy. Następnie zarejestrować się u administratora domu w nowym miejscu i znów dostać zaświadczenie. Oba zaświadczenia należało zanieść w odpowiednim terminie do biura meldunkowego na dowód zameldowania. ... Aby przerwać ten łańcuszek, trzeba było zdobyć sfałszowane zaświadczenie o wymeldowaniu, poświadczone odpowiednim wpisem w aktach biura meldunkowego"[5].

Szczęśliwie Janina Buchholtz pracowała w kancelarii notarialnej, gdzie mogła prokurować tożsamości i dołączać do akt dokumenty na ich potwierdzenie. Niektórzy podawali się za urodzonych w Związku Radzieckim albo za potomków polskich muzułmanów. Inni twierdzili, że ich dokumenty spłonęły w pożarze kościoła przed rokiem 1939 lub podszywali się pod prawdziwe nazwiska, tyle tylko, że obywateli przebywających za granicą lub nieżyjących. Wszystkie sposoby wymagały podrabiania dokumentów i finezji w obudowywaniu ich życiorysami, wymyślania, opracowania i wpisów do akt w długim ciągu fałszerstw – stąd himalaje papierzysk w biurze pani Janiny. W 1941 roku, kiedy Hans Frank wprowadził obowiązek posiadania niemieckiej kenkarty (zamiast polskiego dowodu osobistego), z numerami seryjnymi i odciskami palców, urzędnikom udało się zwlekać z ich wydawaniem do roku 1943, a przy okazji fabrykować fałszywe kenkarty. Mnóstwo ludzi nagle zaczęło gubić dokumenty. Chciwi oportuniści i specjaliści pracujący dla podziemia pospołu wyprodukowali tyle paszportów i innych dokumentów, że latem 1943 roku wedle oceny biura Zieglera 15 procent wszystkich będących w obiegu dowodów tożsamości i 25 procent kart zatrudnienia było fałszywych. Bywały takie dni, że jedna z komórek Żegoty fabrykowała od 50 do 100 dokumentów, od metryk chrztu i aktów zgonu po dowody tożsamości niskich funkcjonariuszy SS i gestapo. O swoich klientach pani Janina pisała, że „grunt powinien palić [im] się pod nogami", a jednak funkcjonowali na powierzchni, by „pomagać współzagrożonym towarzyszom niedoli"[6].

„Mam szczęśliwą rękę... Czaruję – mówiła pani Janina z dumnym uśmiechem, zawsze z uśmiechem, postukując zgiętym palcem po stole – żeby nie uroczyć" – wspominała Rachela Auerbach[7].

Janina, „wysoka, dość tęga, starsza pani w czerni, wyglądająca jak przebrana przeorysza" chodziła w „jakimś dziwacznym kapelusiku podwiązanym woalem pod brodą z mufką uwiązaną na sznurku. Na dość długim nosie okulary, które osłaniały dobre i mądre oczy, pełne macierzyńskiego ciepła". W relacjach ludzi, którzy ją znali, powtarzają się słowa o „niezwykłej dobroci pani Janiny", która jawiła im się jako „wieczny obrońca nieszczęśliwych" – jak pisała Basia Temkin-Bermanowa[8].

W tej podwójnej konspiracji, „gdyż nielegalna wszak była nie tylko działalność skierowana przeciwko Niemcom, ale samo życie Żydów", pani Janina współpracowała blisko z Basią, przedwojenną bibliotekarką, będącą jej fizycznym przeciwieństwem: „nerwowa, ruchliwa »paniusia«, zrobiona w stylu staropanieńskim... w podniszczonym bordowym płaszczyku i w czarnym berecie z welonikiem", pod którym kryła swoje semickie rysy.

Janina i Basia codziennie spotykały się w kancelarii na Miodowej 24 lub „w jakiejś melinie – cukierence", by radzić nad kontaktami z ludźmi gotowymi pomagać, wśród których byli „profesorowie uniwersytetu, robotnicy kolejowi, tramwajarze, zakonnice i księża, małżonki wyższych oficerów i straganiarki, kupcy i chłopi", kosmetyczki, służące, inżynierowie, urzędnicy i sekretarki (gotowi usunąć dane człowieka z oficjalnych akt lub spreparować „lipne" zaświadczenia)[9]. No i, naturalnie, dyrektor zoo ze swoją żoną. Na wieść o rosnącym zagrożeniu związanym z pobytem Madzi w zoo pani Janina w porozumieniu ze swoimi współtowarzyszami znalazła rozwiązanie bardzo rozsądne, choć dla Żabińskich oznaczało ono smutne rozstanie. „W rezultacie Paweł został u nas, Madzia zaś przeniosła się na Saską Kępę, do willi inżynierostwa Rendznerów, zażyłych przyjaciół Buchholtzowej". Dzięki temu zamieszkała w uroczej, starej dzielnicy z parkiem zdobnym posągami, takimi jak: *Tancerka*, *Rytm*, czy zmysłowy akt noszący tytuł *W kąpieli*. Saską Kępę zabudowano gmachami w stylu neoklasycznym, secesyjnymi willami, często obrośniętymi gęstwiną pnączy i modernistycznymi domami ze szkła i betonu, które wzniesiono w okresie międzywojennym.

Żabińscy początkowo udzielali gościny tylko przyjaciołom i znajomym, a ogród zoologiczny służył jako tymczasowe schronienie i „musiał zwalczać przeróżne trudności, pełniąc funkcję stacji tranzytowej" w rozbudowanej sieci konspiracyjnych połączeń. „Na szczęście sprawy przybrały wkrótce obrót bez porównania pomyślniejszy" dzięki współpracy z panią Janiną. „Mając w niej sprzymierzeńca, można było liczyć na nie byle jakie zaplecze", z czego Jan korzystał, by wzmóc swoje wysiłki i jeszcze bardziej ryzykować.

Ze wszystkich opuszczających willę Gości Antonina z największym żalem żegnała Madzię, Szpaka, który „odlatywał, pozbawiając nas swoich niezrównanych uroków i niezrównanego humoru". Te dwie kobiety połączyła niezwykła przyjaźń, dziewczyńska i dojrzała zarazem, intymna i profesjonalna. Oboje Żabińscy podziwiali Magdalenę jako artystkę, ale cenili ją także jako tryskającą werwą, dowcipną i szczodrą przyjaciółkę. Sądząc ze słów Antoniny, odczuła bardzo boleśnie wyprowadzkę Madzi, nawet jeśli dzięki temu zwolniło się miejsce dla kolejnej osoby, której trzeba było ratować życie. „Oboje z Janem obiecaliśmy sobie odwiedzać często Madzię, natomiast biedny Paweł, który nie mógł ryzykować wycieczek na miasto, był zgnębiony tym rozstaniem", bo mogło ono oznaczać rozłąkę trwającą miesiące, lata – lub wieczną.

Pod koniec czerwca 1943 roku Jan z Antoniną nabrali pewności, że „wsypy nie będzie", czyli nikt nie doniósł na nich do gestapo, i zaczęli znów ostrożnie przyjmować Gości. „Janina przysłała do nas swoją młodą przyjaciółkę Anielę Dobrucką, która w koszyczku roznosiła bułki i rogaliki własnego wypieku. Mieszkała ona kątem u jakiejś dziwacznej staruszki, przez cały dzień jednak odbywała liczne wędrówki, zawsze z koszyczkiem w ręku. Aniela miała dobrą powierzchowność, jak to się wtedy określało, czyli wygląd raczej »aryjski«. Przystojna szatynka o dużych oczach koloru morskiej wody, spoglądających pobłażliwie, wesoło, można by nawet powiedzieć – trochę szelmowsko, chwilami czule i tkliwie. Pochodziła z ubogiej chłopskiej rodziny z Małopolski Wschodniej. O własnych siłach ukończyła... uniwersytet lwowski". Naprawdę nazywała się Rachela Auerbach, ale takie informacje należało raczej głęboko pogrzebać, żyjąc w podziemiu, gdzie w nieustannym kołowrocie nazwisk, kryptonimów i zadań do wykonania nie raz porzucało się starą i przyjmowało w razie potrzeby nową osobowość.

Emigrantka z Polski, Eva Hoffman, pisze przejmująco o psychicznym trzęsieniu ziemi, jakim była dla niej i jej siostry zmiana imienia: „Nic się w zasadzie nie stało, tylko w naszej mentalności zaszła jakaś drobna, sejsmiczna zmiana. Przeróbka naszych imion odsuwa je od nas na pewien dystans, ale w zaistniałą szparkę wciska się nieokreślony chochlik abstrakcji". Ich polskie imiona przestają istnieć, choć były „częścią nas samych, podobnie jak nasze oczy czy dłonie. Te nowe określenia... nie są nami. Są tabliczkami identyfikacyjnymi, pozbawionymi cielesności znakami, wskazującymi na przedmioty, którymi przypadkiem jesteśmy my – ja i moja siostra. Idziemy na swoje miejsca przez klasę pełną nieznanych nam twarzy, obdarzone imionami, które czynią nas obcymi we własnych oczach"[10].

Aniela „wyszła z getta, zanim nastąpił okres najstraszniejszy i bez reszty poświęciła się działalności społecznej: organizowała dożywianie zagłodzonych, zakładała sieć stołówek, zajmowała się sprawami szpitala, bibliotek itp. Była jedną z nielicznych osób, które znały skrytki z dokumentacją historyczną dotyczącą losów getta...", znały tajemnicę baniek na mleko. W części getta przeznaczonej na zakłady produkcyjne (szopy), na Gęsiej 30, mieścił się OBW (Ostdeutsche Bauwerstätte) warsztat stolarski, w którym pod niemieckim kierownictwem pracowali poprzedni, żydowscy właściciele. Jeden z braci Landau, Aleksander, działał w podziemiu i przyjmował do pracy wielu swoich kolegów z konspiracji, jako fachowców, choć ich brak kwalifikacji nie zawsze łatwo było ukryć. Warsztat Hallmanna na Nowolipkach też zatrudniał niby-stolarzy, a w przydzielonych do warsztatu domach spotykało się dowództwo Żydowskiej Organizacji Bojowej. Na terenie obu warsztatów rozwijały działalność podziemne organizacje, wielu ludzi znajdowało ratunek przed deportacją, a uciekinierzy schronienie.

Już po pierwszym miesiącu niemieckiej okupacji Polski Emanuel Ringelblum doszedł do wniosku, że trzeba stworzyć archiwum, ponieważ to, co się dzieje, nie ma precedensu w dziejach ludzkości i ktoś powinien rzetelnie notować fakty i relacje świadków o niewymownych cierpieniach i okrucieństwie. W tej pracy pomagała Ringelblumowi między innymi Aniela, a Janina „dla materiałów tych miała specjalne ukrycie w wyściełanym oparciu staromodnej sofy” i była „pierwszym czytelnikiem dostarczonych jej utworów”. Potem tajna grupa działaczy ukrywających się pod kryptonimem Oneg Szabat (ponieważ spotykali się w soboty) spakowała dokumenty do metalowych kaset i baniek na mleko i zakopała je w piwnicy domu przy Nowolipkach 68. W 1946 roku ocaleli członkowie Oneg Szabat, ryjąc w morzu gruzów, wydobyli spod nich pierwszą część archiwum, a w 1950 – drugą. Do dziś dnia nie odnaleziono trzeciej, ukrytej najpóźniej partii dokumentów, ale ogromny zbiór relacji i dokumentów spisanych po polsku, hebrajsku i w jidysz pozwala niezwykle plastycznie i szczegółowo odtworzyć życie w gettach pod okupacją niemiecką. Cała kolekcja znajduje się obecnie w Żydowskim Instytucie Historycznym im. E. Ringelbluma w Warszawie.

Tymczasem Aniela przyprowadziła do willi w zoo „swoją towarzyszkę z organizacji, Genię” (Eugenię Sylkes), która organizowała w getcie tajne komplety dla dzieci, brała udział w planowaniu powstania i w walce. Została jednak złapana i już jechała do Treblinki, ale zdołała z mężem wyskoczyć z pociągu w pobliżu Otwocka, kiedy pociąg zwolnił na bocznicy (w niektórych wagonach były małe, zadrutowane okienka, które czasami można było wyrwać). W wywiadzie udzielonym po wojnie londyńskiemu czasopismu „Orzeł Biały-Syrena” (2 maja 1963) powiedziała:

„Byłam śmiertelnie zmęczona i głodna, ale bałam się zbliżyć do zabudowań... Męża nie znalazłam, więc ostrożnie, bocznymi drogami, ruszyłam do Lublina. Po dwóch dniach zawróciłam jednak ku Warszawie i wraz z robotnikami wczesnym rankiem dojechałam do Starego Miasta. Tam u Polki, Marii Kowalskiej, ukrywała się moja kuzynka, żona Polaka. Przyjęto mnie jak zjawę z innego świata, nakarmiono, umyto i położono do łóżka. Po kilku dniach, gdy mogłam już chodzić, dano mi ubranie i przeszłam na Miodową nr 11, do p. Janiny Buchholtz z Rady Pomocy Żydom. Tam zaopatrzono mnie w dokumenty i pieniądze. Później mąż mej kuzynki znalazł mi pomieszczenie przy ul. Chłodnej, w mieszkaniu polskiego policjanta. O wszystkich tych ludziach, którzy mi wtedy pomogli, mogę mówić z największym wzruszeniem”[11].

Kiedy w mieszkaniu policjanta zrobiło się niebezpiecznie, Janina przyprowadziła Genię do zoo, gdzie „wystąpiła w roli krawcowej reperującej bieliznę, a później, kiedy nasz domowy ludek poruszyła wiadomość, że spodziewam się dziecka, Gienia obrębiała pieluszki i szyła wyprawkę dla niemowlęcia... Była bardzo wysoka, dobrze zbudowana, nos miała krótki i lekko zadarty, policzki rumiane, żadnych cech semickich, niestety jednak prawie nie umiała mówić po polsku. Na ulicy udawała niemowę, niekiedy Estonkę”, prawdopodobnie w zgodzie ze swoimi lewymi papierami. Z tą niemotą dołączyła do licznego grona ludzi, których zdradzał silny akcent i musieli zamilknąć w obliczu niewysłowionego.

ROZDZIAŁ 29

Wkrótce po przekwitnięciu wiosennych dzwonków w wilgotnym cieniu starych drzew rozrósł się dziki czosnek z małymi, białymi kwiatkami, których słodkawa woń dolatywała przez otwarte okna o zmierzchu, i wielkimi, półmetrowymi liśćmi, pnącymi się do światła. Jedni hodowcy wypasali owce na czosnku, żeby ich mięso nabrało aromatu, a inni klęli, gdy krowy poszły go skubać z fatalnym skutkiem dla zapachu mleka. Napar z czosnku miał przywracać młodzieńczy wigor, a kataplazm – obniżać gorączkę, podsycać gasnące uczucie, suszyć wypryski, poprawiać pracę serca lub łagodzić uporczywy kaszel.

Antonina pisała: „Zoo pogrążyło się w ciepłej majowej nocy. Drzewa i krzaki, dom nasz i taras zalewało rozbieloną akwamaryną światło księżyca, chłodne i obojętne. Gałęzie bzów uginały się pod ciężarem więdnących kwiatów. Ostre, geometryczne kontury ścieżek podkreślała czarność długich cieni. Odurzone melodyjnością własnego głosu słowiki szalały godowym śpiewem".

Mieszkańcy willi siedzieli, słuchając Lisiarza grającego na fortepianie: „zatraciliśmy poczucie czasu" w ciemności rozjaśnionej jedynie płomykami świec. „Etiuda C-moll Chopina wdzierała się w romantyczną ciszę wieczoru gwałtownymi akordami. Przemawiała do nas niemal rozpaczą, bólem, grozą. W burzliwych pasażach płynęła przez otwarte okno..." – wspominała Antonina.

„Nagle w wysokich malwach coś zaszeleściło, gdzieś niedaleko krzyknął puszczyk. Jan wstał pospiesznie i wyszedł z pokoju. Tylko ja to zauważyłam – po kilku minutach wrócił, przywołując mnie dyskretnym ruchem ręki; prosił o klucz do bażanciarni, dużej woliery z drewnianym domkiem pośrodku".

Do obowiązków gospodyni należała opieka nad kluczami, a Antonina miała ich wiele: do drzwi willi, do pomieszczeń w zoo, a także takie, których przeznaczenie trudno już było odgadnąć, ale nie wyrzucało się ich na wszelki wypadek. Klucz do bażanciarni przydawał się często, „trzymaliśmy tam obecnie króliki", ale teraz zjawił się zapewne nowy Gość.

Antonina spojrzała na męża pytająco: „kiwnął głową, pozwalając mi sobie towarzyszyć". Wyszli na dwór, gdzie „stali wciśnięci w gęstwinę żywopłotu" chłopcy, jak szeptem poinformował Antoninę Jan, z „grupy sabotażowej, która w ostatniej akcji wywołała pożar ogromnych zbiorników benzyny. Cały wieczór, jak się okazało, Jan czekał na nich szarpany niepokojem". Antonina zrozumiała, że „chłopców trzeba było natychmiast zamelinować". W poszukiwaniu kryjówki kazano im zgłosić się do zoo: – „Ładnych parę godzin leżymy już w zaroślach koło domu, bo ciągle było słychać niemiecki szwargot – powiedział jeden.

– Akurat licho przyniosło dziś żandarmów: zachciało im się spacerku, pogoda piękna. Dopiero ze dwadzieścia minut, jak poszli – rzekł Jan. – Ukryję was tu przy domu, w bażanciarni...

– Okazy będziemy odstawiać, tak, panie poruczniku? – spytał drugi.

– To i cóż wielkiego! Króliki gościnne, poza nimi w bażanciarni nikogo, blisko domu, będziecie na oku, spyżę dostarczymy. Dla porządku powtórzę, co sami wiecie: od świtu – jak martwi! Nie gadać, nie palić, słowem: bez szelestu!

– Rozkaz!

Szepty ucichły, ledwo dosłyszalnie zgrzytnął klucz w zamku krytej woliery, schowanej w gąszczu pnącego wina".

Następnego dnia rano Antonina obserwowała, jak Ryś wychodzi do ogródka z Wickiem. „Podrapał królika między uszami i nachyliwszy się ku niemu rzekł półgłosem:

– Szykuj się, stary koniu! Pójdziemy do bażanciarni. Ale pamiętaj, ani mru-mru! – I pogroził mu palcem".

Razem pomaszerowali do drewnianego domku, Wicek „kicał posłusznie przy nogach swego pana.

W małym drewniaczku spali na sianie dwaj chłopcy; gromadka większych i mniejszych królików zebrała się dookoła i z zaciekawieniem obwąchiwała leżących. Ryś zamknął drzwi na wewnętrzną zasuwkę, postawił kosz z paszą na ziemi, zrzucił z wierzchu pęki mlecza i wydobył garnek z kluskami na mleku, kawał chleba oraz dwie łyżki...

Schylił się nad śpiącymi i rozmyślał, jak ich obudzić:»Wołać nie wolno!«. Kucnął i pociągnął jednego za rękaw. Bez skutku. Tarmosił go coraz mocniej: wciąż bez skutku.

W końcu wpadł na pomysł, by dmuchnąć na młodego człowieka. Nadął policzki i chuchnął»całym nabojem« w twarz śpiocha – a potem jeszcze i jeszcze. Wreszcie po trzeciej czy czwartej próbie młodzieniec drgnął, zrobił ręką ruch, jakby chciał spędzić natrętnego owada, i uniósł powieki.

Zdumionym, półprzytomnym wzrokiem przypatrywał się różowej dziecinnej buzi. Ryś uznał, że nadeszła pora prezentacji: przytknął głowę do głowy nieznajomego i wyszeptał mu prosto w ucho:

– Jestem Ryś!

– Bardzo mi przyjemnie – odpowiedział równie cicho tamten – a ja bażant!

– No tak, ale ja jestem naprawdę Ryś, bez żartów, nie taki, co ma kitki na uszach i ogon jak u fokseriera!

– To sam widzę. A ja dopiero od dziś jestem bażant, i kwita!... No, panie Rysiu, schrupałbyś mnie, gdybyś tak był leśnym kotem i gdybym ja miał piórka? Co?

– Niekoniecznie. Niech pan nie żartuje... Przyniosłem śniadanie i ołówek, i...

Z daleka na ścieżce rozległy się kroki i głosy. Obaj zamarli w bezruchu, starając się nie oddychać.

– E, to tylko działkowicze – wymruczał Ryś, gdy się uciszyło.

Drugi spiskowiec zdążył się obudzić; rozcierał nogi ścierpnięte od długiego leżenia w tej samej pozycji. Towarzysz gestem wskazał mu miskę i podał łyżkę. Zabrali się do jedzenia, a Ryś, wciąż siedząc w kucki, przyglądał się swym podopiecznym, czekając, aż opróżnią naczynie.

Gdy skończyli, szepnął cichuteńko:

– Do widzenia. Proszę się nie nudzić. Obiad tu przyniosę i coś do czytania... od biedy troszkę światła wpada przez okienko w dachu.

Tamci spojrzeli po sobie:

– Morowy mały, co? I, u kaduka, żeby było jeszcze stypniej, musi Ryś doglądać bażanty, jak babcię kocham! Niezły temacik do bajki, no nie?".

Ryś wrócił do willi i opowiedział Antoninie swoją przygodę z chłopcami. A ci „przez trzy tygodnie pozostawali w zamknięciu, póki nie osłabła wściekłość Niemców. Tymczasem przygotowano dla nich nowe dokumenty i nowe kryjówki.

Mały dozorca zazdrośnie strzegł swych praw do opieki nad gośćmi, gdy zaś pewnego dnia ptasi domek opustoszał, Ryś spojrzał na mnie pochmurnymi oczyma i zapytał:

– Mamo, gdzie oni? Dlaczego poszli? Źle im tu było, czy co?

– Poszli, synku, bo musieli. Wojna to nie zabawa. Ale nie martw się, przyjdą inni. Oprzątaj tymczasem swoje zwierzątka.

– Wolałbym, mamo, bażanty! Czy nie rozumiesz, że to przecież zupełnie co innego?! Oni nawet mówili do mnie potem »kolego« i wcale nie uważali mnie za smarkacza.

Pogłaskałam jasną czuprynkę.

– I słusznie, tym razem byłeś naprawdę dorosły i pomagałeś w ważnej sprawie. Ale rozumiesz, że nie można o tym nikomu opowiadać, prawda?

Spiorunował mnie wzrokiem:

– Wiem o tym lepiej od ciebie! To przede wszystkim nie są sprawy dla bab – dodał wzgardliwie i gwizdnąwszy na Wicka, znikł w zaroślach, by w samotności przeżyć gorycz jeszcze jednej rozłąki" i radzić sobie z balastem kolejnej tajemnicy, którą trzeba zamknąć „na siedem spustów". Jak ujął to niegdyś urodzony w Gdańsku filozof Artur Schopenhauer: „Kiedy o mej tajemnicy nie mówię, jest mym jeńcem; jeśli ją zdradzę, będę jej jeńcem"[1]. Prowadzenie dziennych zapisków pozwalało Antoninie lawirować między dochowywaniem tajemnicy a jej ujawnianiem – w materii jednakiego rodzaju, tylko przybierającej, jak woda, rozmaite kształty.

ROZDZIAŁ 30

1943/44

Latem, w sezonie czarnych much, wszystkim mieszkańcom zoo jak zwykle dokuczały chmary owadów i nikt, mimo upału, nie wychodził z domu bez długich spodni i rękawów. W chłodzie willi popiskiwanie budziło królika Wicka, który „kicał pospiesznie" w stronę kuchni, gdzie pożywiał się akurat kurczak Kuba. „W czasie naszych posiłków wpuszczaliśmy go na stół, po którym wędrował od talerza do talerza, zdziobując okruchy. Wicek zaś śledził ptaszka z daleka... w końcu połyskliwe futerko nagle zjawiało się w bliskim sąsiedztwie chleba lub miski z kartoflami i ostre siekacze zabierały się żwawo do roboty", ku zgrozie kurczaka i rozbawieniu człowiekowatych.

„Godzina policyjna zastawała zazwyczaj Rysia w łóżku; nie spał jednak, wyglądając powrotu ojca, obydwóch swych towarzyszy ulokowawszy przy sobie na kołdrze. Dzwonek przy drzwiach poruszał całą trójkę", która nasłuchiwała uważnie kroków Jana na schodach. Ich głuche dudnienie wynikało z położenia schodów na górę bezpośrednio nad schodkami prowadzącymi z kuchni do piwnic, których pusta przestrzeń działała jak pudło rezonansowe.

„Chłopiec bystrym spojrzeniem obrzucał twarz wchodzącego ojca – czy bardzo zmęczona i groźna, czy też uśmiecha się do niego? A może zziębnięta ręka wyciągnie torebkę z »deputatem kartkowym«... może tatuś chociaż opowie coś ciekawego", albo wyłowi ze swego zaczarowanego plecaka kolejne zwierzątko? Kiedy Ryś zasypiał, Jan schodził cicho na dół. „Pozostała parka czekała, kiedy przybysz usiądzie...

wtedy Wicek zeskakiwał z łóżka pierwszy, a za nim Kuba zsuwał się na podłogę po zwisającej kołdrze i zaczynał świergolić, prosząc, aby go wpuszczono na stół. Po chwili królik pakował się na kolana siedzącego, pisklę zaś wędrowało ze stołu najpierw na rękę gospodarza, później po ramieniu na kark i wtuliwszy się za kołnierz marynarki ucinało tam spokojnie drzemkę. Sprzątnięte nakrycia zastępowały papiery i książki, ale obydwa stworzonka nie chciały opuścić zajętych stanowisk: lubiły obecność ludzi, a ten właśnie człowiek najdłużej czuwał".

Mroźna zima 1943 roku dała się wszystkim we znaki. „Ryś zaziębił się w nie opalanej szkole i dostał ciężkiego zapalenia płuc. Przeleżał kilka tygodni w szpitalu, walcząc z chorobą" bez pomocy antybiotyków. Penicylinę odkryto dopiero w 1939 roku w Wielkiej Brytanii, a wojna uniemożliwiła oddelegowanie odpowiedniej liczby uczonych do badań nad najskuteczniejszą pleśnią i testów klinicznych na ludziach. Ale 9 lipca 1941 roku Howard Florey i Norman Heatley polecieli do Stanów Zjednoczonych samolotem z zaczernionymi skrzydłami, wioząc ze sobą małe, bezcenne pudełeczko penicyliny. Przystąpili do pracy w laboratorium w Peorii, w stanie Illinois, gdzie przestudiowali bujne okazy pleśni z całego świata i odkryli, że szczep penicyliny wyhodowany na zepsutej kantalupie z miejscowego targu po zanurzeniu w głębokiej kadzi i dalszej fermentacji przyrasta w dziesięciokrotnie szybszym tempie niż inne szczepy. Wymagane testy potwierdziły jej wartość jako najlepszego leku antybakteryjnego swojej epoki, ale rannym żołnierzom zaczęto ją podawać dopiero 6 czerwca 1944 roku (D-Day) po desancie w Normandii, a cywilom i zwierzętom dopiero po zakończeniu wojny.

Kiedy Ryś wrócił do domu, „gdy tylko stopniała lodowa powłoka na naszych grzędach, rozpoczęliśmy prace ogrodnicze. Wicek i Kuba wiernie dotrzymywały nam kroku. Królik... dorósł już całkowicie, prześlicznie się wysrebrzył... i kicał jak tresowany przy nodze Rysia". Prawie całkiem już opierzony kurczak wydziobywał ze świeżo skopanej ziemi „różowosine, tłuste dżdżownice", zaś bacznemu oku Antoniny nie umknęło, że „prawdziwy" drób, „towarzystwo z kurnika... niechętnym okiem spoglądało na nieznajomego" i nie szczędziło bolesnych razów dziobem. Za to Wicek „wspaniałomyślnie pozwalał małemu karmazynowi siadywać na swoim grzbiecie".

Przed wojną ogród zoologiczny mienił się całą gamą krajobrazów – pagórków, dolin, stawów, jeziorek i zagajników – w zależności od potrzeb zwierząt i fantazji Jana jako dyrektora. Podczas okupacji zoo podlegało jednak Zarządowi Zieleni Miejskiej, a zwierzchnikiem Żabińskiego został biurokrata, którego zdaniem „wszystkie parki, kwietniki, skwery i zieleńce na obszarze miasta winny stanowić pewną jednolitą całość, a ich zadrzewienie, rozwiązania pejzażowe itp. powinny zależeć wyłącznie od niego". Teraz pojawiła się okazja, by podporządkować tej koncepcji także park Praski i rozległy teren zoo.

Tymczasem dyrektor Müller z Królewca „prosił władze niemieckie o sprzedanie mu wszystkich klatek z nieczynnego warszawskiego zoo". Ogród w Królewcu był znacznie mniejszy od zoo Żabińskich, ale za to znajdował się w mieście szczycącym się przeszłością krzyżackiej twierdzy i uchodzącym za niezdobyte. W późniejszym okresie wojny Churchill wybrał je na jeden z celów kontrowersyjnych nalotów RAF, w wyniku których większa jego część uległa zniszczeniu, z ogrodem zoologicznym włącznie. Miasto ostatecznie skapitulowało przed Armią Czerwoną 9 kwietnia 1945 roku i wkrótce zostało przemianowane na Kaliningrad.

Ale w 1943 roku Ludwig Leist, niemiecki prezydent Warszawy, nie chciał, żeby jakieś inne miasto przyćmiło jego domenę, i uznał, że należy z powrotem uruchomić warszawskie zoo. Kiedy Jan otrzymał „nakaz sporządzenia kosztorysu imprezy... z początku wszystko przemawiało za koniecznością ratowania polskiej placówki, w którą Jan włożył tyle trudu przed wojną", pisała Antonina. W prowadzenie zoo Żabiński angażował nie tylko swoje umiejętności i wiedzę, ale i pasję, „cierpiał więc z roku na rok coraz silniej, patrząc na marnujące się, puste pomieszczenia swego zoo. I oto Niemcy pozwalają ratować placówkę!... Skończy się jątrząca bezczynność zawodowa, ba, nawet znacznie łatwiej będzie pracować w ruchu oporu, w którym Jan tkwił po uszy, bo instytucja posłuży jako parawan i ludzie odwiedzający nasz dom będą mniej rzucać się w oczy". Rewitalizowanie zoo wydawało się wskazane pod każdym względem. „Ale doświadczenie nauczyło Jana pewnej zasady: jeżeli na jakimś rozwiązaniu bardzo nam zależy osobiście, powinniśmy w nim szukać stron ujemnych ze zdwojoną skrupulatnością". A po namyśle ów doskonały pomysł ujawniał swoje drugie oblicze. „Po pierwsze: społeczeństwo polskie bojkotowało wszystkie imprezy rozrywkowe organizowane przez okupanta. Co prawda, zoo to przecież nie tylko rozrywka, posiada duże znaczenie dydaktyczne i badawcze. Tak jest, ale w warunkach normalnych... Jakiej dydaktyce ma służyć ogród zoologiczny, jeśli Niemcy pozwalają na funkcjonowanie jedynie szkół powszechnych? O roli badawczej lub dydaktycznej zoo można by mówić, gdyby równocześnie władze okupacyjne otworzyły bodaj szkoły średnie; w przeciwnym razie zoo będzie po prostu zwykłą menażerią!". Wreszcie wobec trudnej sytuacji żywnościowej „jakże można walczyć z całą energią o przydziały dla zwierząt, gdy ludzie będą przymierać głodem?". Co więcej, funkcjonowanie zoo mogłoby naruszyć gospodarkę miasta albo też narazić Jana na niebezpieczeństwo, gdyby kierując nim, nie chciał się podporządkować jakimś niemieckim dyktatom. Wyjście zwycięsko z podobnych dylematów, przed jakimi codziennie stawał w swojej pracy na przykład burmistrz m. Warszawy Kulski, było, zdaniem Antoniny, „rzeczą niemal przekraczającą możliwości ludzkie. Wymagało to prawości charakteru, głębokiego rozumu i poczucia realizmu"[1].

Wysłuchawszy Żabińskiego, Kulski powiedział:

– „Trudno powiedzieć, co... wyjdzie na lepsze pańskiej instytucji. Bo, jak pan słusznie uważa, czy w historii ogrodu zoologicznego za jakieś pięćdziesiąt czy sto lat z przyjemnością czytalibyśmy wiadomość, że funkcjonował on w Warszawie podczas hitlerowskiej okupacji, utrzymywany nie dla potrzeb społeczeństwa, lecz pod protektoratem Niemców i na ich wyraźne życzenie? ...czy taki przypadek w pańskim osobistym życiorysie widziałby pan kiedyś z przyjemnością? Ja mam podobną sytuację – dodał z nieuchwytną goryczą... Zaręczam panu, że nie objąłbym obecnego stanowiska, gdyby mieszkańcy miasta zostali doszczętnie wybici w 1939 roku, a dziś Niemcy spędzali ludność, żeby to miasto rekonstruować zgodnie ze swoimi planami". Robię to tylko dla warszawiaków.

„W ciągu dwóch dni [Jan] wysmażył obszerny raport dla Leista; wyraził w nim radość z projektu otwarcia zoo i podał takie zestawienie przyszłych kosztów, że największemu entuzjaście opadłyby ręce... odpowiedzi na swój memoriał nie otrzymał. Nie spodziewał jej się, co prawda, ale również nie spodziewał się i tego, co nastąpiło potem".

Do wydziału ogrodnictwa dotarła jakoś plotka o planie restytuowania zoo, które zrujnowałoby hołubioną przez kierownika idée fixe. Biurokrata ów „złożył więc Niemcom bezpośredni meldunek, dowodząc, że dr Żabiński jest człowiekiem całkiem zbędnym w jego wydziale, wobec czego proponuje zwolnienie rzeczonego pracownika ze służby miejskiej".

Antonina uważa, że „nie było w tym niechęci osobistej czy pragnienia zemsty... Ów maniak realizował w ten sposób ideę »scalenia terenów zielonych«". Niemniej nad Janem i jego rodziną zawisła niezwykle poważna groźba, bowiem każdy, kto „stawał się niepotrzebny, pozbawiony pracowniczego Ausweisu" mógł zostać wysłany na katorżnicze roboty w fabrykach amunicji w Niemczech. Skoro zaś willa należała do ogrodu zoologicznego, Żabińscy mogli stracić dach nad głową i cenną „melinę". Co wówczas stałoby się z Gośćmi?

„Kulski zdążył już interweniować u Niemców... zamiast redukcji spotkało Jana przesunięcie do Muzeum Pedagogicznego przy ulicy Jezuickiej. Było to schronienie pierwszorzędne, cały personel składał się ze staruszka dyrektora, równie starej sekretarki i paru woźnych; nikt na dobrą sprawę nie zajmował się tą placówką. Nic tam nie było do roboty poza odkurzaniem przyrządów do ćwiczeń gimnastycznych, tablic zoologicznych i botanicznych, wypożyczanych przed wojną szkołom... Jan mógł poświęcić jeszcze więcej czasu niż dotąd wykładom na tajnych kompletach medycznych oraz pracy konspiracyjnej w AK". Zachował także posadę na części etatu w Zakładzie Higieny, tak że „opuszczał dom co dzień wczesnym rankiem" „i wracał tuż przed godziną policyjną", o niejasnej porze pomiędzy dniem a nocą. Antonina wprawdzie nie zdawała sobie sprawy z tego, czym dokładnie zajmował się mąż, ale niebezpieczeństwo i lęk przed utratą stanowiły stałą otoczkę obrazu Jana w jej myślach. Starała się nie dopuszczać do wyobraźni dość naturalnych w tych okolicznościach wizji aresztowania czy śmierci męża. Niemniej, jak przyznawała, „w ciągu całego dnia drżeliśmy o niego".

Oprócz konstruowania ładunków wybuchowych, wykolejania pociągów i podtruwania kanapek dla niemieckiej kantyny Jan współpracował z zespołem fachowców budujących bunkry i skrytki. Żegota wynajmowała też wiele mieszkań dla uciekinierów, których trzeba było stale zaopatrywać w żywność i często przenosić z miejsca na miejsce.

Jan mówił jej niewiele, a Antonina nie pytała o jego taktyczne zadania, towarzyszy czy plany. Świadomie nie próbowała potwierdzać swoich przypuszczeń, by zmartwienie i lęk nie przeszkodziły jej w wywiązywaniu się z równie ważnych obowiązków, jakie na niej spoczywały. „Większości tych tajnych spraw nie znałam »oficjalnie«, bawiłam się sama z sobą w chowanego, utwierdzając się w przekonaniu, że istotnie nic nie wiem. Łatwiej mi było dzięki temu utrzymywać beztroski nastrój, tak potrzebny w czasach niepokoju i grozy. Poprawiało to humory ludzi przebywających w naszym domu". Od Antoniny zależał los i samopoczucie wielu osób. „Kiedy się wciąż przebywało na granicy między życiem a śmiercią, lepiej było naprawdę mieć »czyste« sumienie istoty niczego nieświadomej". A przecież mimo woli ludzie wymyślają przerażające scenariusze, przejmując się ich tragizmem lub wyobrażając zbawienie, jakby na wstrząsy można się było uodpornić, zażywając je w postaci osłabionej, jak rodzaj szczepionki. Czy to homeopatyczne dawki rozpaczy? Trzymając umysł na wodzy i stosując wobec siebie samej mentalne fortele, Antonina zniosła lata grozy i zamętu, choć jest różnica między „nie wiem" a „nie chcę wiedzieć, bo nie chcę o tym myśleć". Oboje, Jan i Antonina, cały czas nosili przy sobie dawkę cyjanku.

Kiedy pewnego dnia Żabińskiego wezwano telefonicznie do biura kancelarii gubernatora Fischera, wszyscy zrozumieli to jednoznacznie jako zapowiedź aresztowania. „Czy trzeba opisywać panikę w domu? Większość domowników twierdziła, że Jan musi po tym telefonie natychmiast się ulotnić... ale ucieczka Jana oznaczałaby koniec dla nas wszystkich...

Kiedy Jan wychodził, spojrzeliśmy na siebie znacząco, żegnając się krótkim pytaniem: »Masz swój cyjanek?«".

Żabiński miał się stawić o 9 rano. Antonina czuła chyba każdą sekundę podczas „męki oczekiwania przez tych kilka godzin, wypełnionych powszednimi zajęciami. Około drugiej, gdy wrzucałam kartofle do garnka, za oknem rozległ się znajomy głos: – Puniu! Serce zabiło mi jak szalone – przede mną stał Jan, nie tylko zdrów i cały, ale i uśmiechnięty.

– Wiesz, czego chcieli? Nigdy byś nie odgadła. Z biura gubernatora zawieziono mnie autem do Konstancina, do prywatnej rezydencji Fischera, bo strażnicy zauważyli, że w całej okolicy i w lesie pełno zaskrońców. Nasi inteligentni władcy mieli pietra, że to jakaś organizacja podziemna rozrzuciła żmije, próbując w ten sposób dokonać zamachu na rząd... Podobno Leist wskazał na mnie, jako na jedyny autorytet w tej dziedzinie. Dowiodłem im, że to nie żmije, chwytając je gołą ręką...

Cyjanek na szczęście okazał się niepotrzebny!".

Innym razem Jan, wychodząc po południu z pracy, „niósł właśnie pistolety w plecaku. Z wierzchu przykrył je wielkim, zabitym królem. Wysiadł z tramwaju przy placu Weteranów, kiedy niespodziewanie wyrośli przed nim Niemcy: «*Hände hoch*!« [Ręce do góry]. Jeden z nich przyskoczył do Jana i kazał mu otworzyć plecak. »Przepadłem« – pomyślał Jan, ale... uśmiechnął się i zapytał:

– Jak to zrobić z podniesionymi rękami? Niech pan sam zajrzy do plecaka!

Żandarm zluzował naciągnięty sznur i zobaczył królika.

– Pewnie na obiad do domu, co?

– A co, trzeba coś jeść – odpowiedział z uśmiechem Jan.

Żandarm zrobił ruch oznaczający, że zatrzymany może opuścić ręce i odejść. »*Also, gehen Sie nach Hause*!« – usłyszał jeszcze Jan, gdy pogwizdując z cicha ruszył w stronę zoo".

Antonina pisze, że przy słuchaniu tej opowieści „tętna w skroniach zaczęły mi tak walić, że bałam się, aby mi nie rozsadziły czaszki... Widząc jego niefrasobliwą minę, zazgrzytałam zębami; dlaczego ten potwór zgrywa się przede mną?".

Po latach Jan przyznał się dziennikarzowi, że ryzyko go pociągało i podniecało, a umiejętność opanowania strachu i szybkiego myślenia w opałach napawała żołnierską dumą. Żona z podziwem nazywała go „chłodnym". Ten rys jego osobowości, obcy jej samej, budził jej zachwyt i pokorę, gdyż Antonina nie mogła się z nim równać w takich spektakularnych popisach odwagi. Ona także ocierała się bardzo blisko o niebezpieczeństwo, ale o ile w przygodach Jana widziała bohaterstwo, o tyle we własnych – tylko szczęśliwy traf.

Zimą 1944 roku, na przykład, z powodu niskiego ciśnienia gazu w łazience na piętrze brakowało ciepłej wody, a będącej w ciąży Antoninie bardzo marzyła się gorąca kąpiel. „Zwierzyłam się kiedyś przez telefon z tych pragnień moim kuzynom", Marysi i Mikołajowi Gutowskim. „Willa ich stała w bocznej uliczce, tuż za placem Wilsona. Bardzo rzadko wychodziłam bez asysty gdzieś dalej poza zwykłą trasę: zoo–rzeźnia, względnie zoo–bazar Różyckiego i sklepiki pobliskie. Zaproszenie kuzynów, bym przyjechała wykąpać się i spokojnie przenocować na Żoliborzu, było dla mnie zbyt wielką pokusą. Dostałam zezwolenie od Jana i pewnego dnia zaraz po obiedzie wybrałam się do Marysi i Mikołaja", na przekór lodowatym podmuchom lutowego wiatru, śniegowi i niemieckim patrolom na ulicach.

„Po rozkosznej ciepłej kąpieli zasiadłam ze wszystkimi w zacisznej jadalni do kolacji i dłuższej pogawędki". Na jednej ze ścian uwagę Antoniny przyciągnęła „dekoracja w postaci kolekcji srebrnych łyżeczek: rączki ich zdobiły różne herby miast niemieckich. Gutowscy przywieźli je z którejś przedwojennej podróży, jako tak zwane pamiątki". Po kolacji Antonina poszła spać w pokoju gościnnym, ale „około czwartej nad ranem obudził mnie hałas i warkot samochodów ciężarowych. Gospodarze zerwali się z łóżek i nie zapalając światła, podbiegli do okien. Wzdłuż uliczki... stały – jedna przy drugiej – budy. Od strony południowej widać było ulicę Tucholską... tam także ciemniały szeregi ciężarówek i tłum ludzi otoczony kordonem niemieckiej żandarmerii". Mikołaj powiedział:

– „Najwyraźniej Niemcy szukają kogoś na skutek donosu, a przy okazji gromadzą nowych zakładników i kandydatów do obozu. Może jednak ominą nasz domek, może nie przyjdą. Udawajmy, że śpimy, że nas to nie powinno dotyczyć...

Położyliśmy się, niestety na bardzo krótko. Gdy rozległo się stukanie do drzwi wejściowych, Mikołaj w piżamie poszedł otworzyć", a Antonina martwiła się o swoich domowników: – „Jeżeli mnie zabiorą, to co oni tam beze mnie poczną?

Żandarmi... zażądali dokumentów i meldunków do sprawdzenia.

– A ta pani – spytali wskazując na mnie – dlaczego nie ma zameldowania?

– To moja siostrzenica, żona dyrektora byłego zoo warszawskiego, nocuje tutaj dziś, bo u nich na Pradze zepsuła się łazienka, przyszła wykąpać się i została. Wieczorem ciemno, ślisko, a ona spodziewa się dziecka...

Żandarmi przechodzili z pokoju do pokoju, rozglądając się z wyraźną przyjemnością po eleganckim i wyjątkowo przytulnym wnętrzu.

– *So gemütlich* – orzekł jeden. – A u nas... ciągle bombardują".

Istotnie od lutego 1943 roku trwały całodobowe naloty lotnictwa brytyjskiego i amerykańskiego, a w marcu na Berlin spadło 2000 ton bomb. W kwietniu nad pięknymi niegdyś niemieckimi miastami szalała bitwa powietrzna, w której brały udział tysiące samolotów. Niemieckim żołnierzom mogło rzeczywiście brakować *gemütlichkeit*, chociaż najgorsze i tak było wciąż przed nimi, bo pod koniec wojny alianci prowadzili naloty dywanowe, których ofiarą padło między innymi Drezno, chlubiące się swoimi humanistycznymi tradycjami i piękną zabytkową architekturą[2].

Antonina pisze: „Stałam w hallu milcząc i obserwując wyraz ich twarzy. Kiedy weszli do jadalni... jeden zerknął na ścianę, gdzie wisiały »pamiątki z Niemiec«. Wyraźnie go to zainteresowało, zbliżył się, zdumiał niepomiernie i rozpromienił. Pociągnął kolegę za rękaw, żeby zwrócić jego uwagę na łyżeczki... Pokiwali głowami, ukłonili się grzecznie: »Dziękujemy, wszystko w porządku, rewizja skończona, do widzenia!« – i wyszli".

Antonina zastanawiała się później, „jaki czynnik odegrał tu rolę łagodzącą: sentymentalne wspomnienie ojczyzny, czy też po prostu mniemanie, że ktoś w tej rodzinie jest Niemcem i lepiej nikogo nie ruszać". Niemniej „błahy w gruncie rzeczy kaprys Marysi, której kiedyś zachciało się wzorem niemieckim udekorować ścianę, ocalił nas – kto wie, czy nie od śmierci: areszt, przesłuchania, konfrontacja itp. mogły w tym przypadku pociągnąć za sobą groźne następstwa". Mimo wszelkich starań, by wiedzieć jak najmniej, Antonina znała wiele cennych tajemnic (ludzi, miejsc, kontaktów).

Rano Antonina wróciła do domu, gdzie domownicy i Goście wysłuchali jej opowieści „z wypiekami na twarzy", a Genia dała wyraz swojej wierze, że skoro „tyle ludzi was błogosławi... nie stanie się wam nic złego!", a dom pod zwariowaną gwiazdą jest także domem pod szczęśliwą gwiazdą.

Nie tylko miękka ziemia i świeże liście znaczyły koniec zimowego snu w zoo: „opustoszałe wybiegi znów ożywiły się wiosną, wypełniał je gwar głosów, nie zwierzęcych jednak, lecz ludzkich. W tłumie działkowiczów, zbrojnych w szpadle i motyki, przekradały się tu i inne postacie, by pozostać w zoo". Zarówno willa z jej piwnicami i szafami, ale i „niektóre budki i stajenki, dobrze ukryte w gęstych zaroślach służyły za schronienie osaczonym i zaszczutym ofiarom faszyzmu i wojny". Antoninie wciąż ściskało się serce, gdy patrzyła na ludzi pozbawionych wygód, rodzinnych fotografii i pamiątek, „którzy wszystko stracili i mieli już do stracenia tylko własne życie".

W czerwcu 1944 roku niezmordowany życiowy optymizm znów zwyciężył dzięki narodzinom córeczki Antoniny, Tereski, która znalazła się w centrum uwagi całego domu, na przekór przygniatającej wojennej szarpaninie. Ryś był zaabsorbowany noworodkiem, a Antoninie wydawało się, że „jak w starej bajce o królewnie, dziewczynce zewsząd przesyłano dary: wiklinowa kolebka połyskiwała złociście, becik z surówki, własnoręcznie pikowany przyjazną ręką, przypominał kolorem drogocenną kość słoniową, a czepeczki, pończoszki i kaftaniki, robione mozolnie ze zdobywanej wełny, kryły w sobie magiczne zaklęcia, zdolne odwrócić każde zło od niemowlęcej główki. Ktoś, kto sam był znękany i ubogi jak Łazarz, drobnym ściegiem wszywał na obrębach pieluch cenniejsze od najkosztowniejszych pereł życzenia radosnej przyszłości... ja nie mogłam się oderwać od tych cudów. Wyjmowałam z białej bibułki dziecięce fatałaszki i wciąż składałam je i rozkładałam na kołdrze".

W czasie wojny wiele par starało się nie wydawać na świat potomstwa w obawie przed niepewnym jutrem, a to zdrowe niemowlę stanowiło dobry omen w kulturze bogatej jak żadna w rozmaite przesądy, zwłaszcza związane z rodzeniem dzieci[3].

W polskich i żydowskich wierzeniach ludowych kobiecie w ciąży nie wolno na przykład patrzeć na kalekę, gdyż grozi to urodzeniem kalekiego dziecka. Podobnie patrzenie w ogień może powodować na skórze dziecka czerwone znamiona, a zaglądanie przez dziurkę od klucza – zeza. Jeśli przyszła matka przestąpiła leżący na ziemi sznur lub przeszła pod sznurem do bielizny, groziło skręcenie pępowiny podczas porodu. Kobiety przy nadziei powinny zatem podziwiać wyłącznie piękne widoki, przedmioty i ludzi, dużo śpiewać i rozmawiać, by dziecko urodziło się szczęśliwe i towarzyskie. Apetyt na kwaśne miał zwiastować chłopca, a na słodkie – dziewczynki. Należało w miarę możliwości rodzić w szczęśliwy dzień tygodnia, najlepiej o dobrej godzinie, by zapewnić dziecku pomyślność na całe życie, podczas gdy rodzenie „w złą godzinę" wróżyło niedolę. Wprawdzie Matka Boska błogosławiła sobotę, a urodzonych w tym dniu zło miało się nie imać, ale urodzeni w niedzielę mogli być obdarzeni darem jasnowidzenia i zdolnościami mistycznymi. Zabobony nakazywały odprawienie pewnych rytualnych czynności przy suszeniu i przechowywaniu pępowiny, pierwszej kąpieli, pierwszym karmieniu, pierwszych postrzyżynach itp. Szczególnego znaczenia nabierało odstawienie od piersi, gdyż oznaczało koniec niemowlęctwa:

„Na wsi kobiety miały specjalne pory, które uważały za dobre na odstawienie od piersi. Po pierwsze nie wolno było tego robić w czasie, gdy ptaki odlatują na zimę, żeby dziecko nie wyrosło na dzikusa i nie chowało się w lesie. Natomiast dziecko odstawione od piersi w czasie opadania liści szybko wyłysieje. Należy także unikać pory żniw, kiedy zboże starannie chowa się do spichrzy, gdyż groziło to dziecku wyrośnięciem na osobę bardzo skrytą".

Ciążę należało także ukrywać najdłużej, jak się da, nawet mąż nie powinien mówić o niej otwarcie, żeby zazdrosna sąsiadka „złym okiem" nie rzuciła na dziecko uroku. W czasach Antoniny wielu Polaków i Żydów obawiało się „złego uroku", zrodzonego z zawiści i zadawanego „na złość", by popsuć szyki i sprowadzić nieszczęście. Nie wolno było kusić złego losu chwaleniem noworodka, tak że matka w reakcji na okrzyk „jakie śliczne dziecko!", potrafiła odpowiedzieć, „Brzydkie dziecko!" i splunąć. Na podobnej zasadzie matka wymierzała policzek dziewczynce, która dostała pierwszej miesiączki. To odczynianie uroku spadało przeważnie na matki, które usiłowały chronić swoje potomstwo, powstrzymując się przed okazywaniem radości i dumy, wyrzekając się ich w imię tego, na czym zależało im najbardziej, bowiem z chwilą pokochania czegoś narażamy się także na utratę. Katolikom zagrażał szatan i jego słudzy, zaś Żydów osaczały na co dzień demony, wśród których największą sławę zyskały upiorowate dybuki, czyli duchy zmarłych, które straszyły, wstępując w ciała żywych ludzi.

10 lipca Antonina wstała z łóżka, żeby „uczcić przyjście na świat tak gorąco upragnionej córki" małym przyjęciem. „Podałam przygotowane przeze mnie jeszcze zimą konserwy z młodych gawronów, które zbieraliśmy w różnych zakątkach ogrodu po urządzanych tu przez Niemców »wprawkach w strzelaniu«... naszpikowane słoninką udawały z powodzeniem kuropatwy. Na deser, do omletów usmażonych przez Lisiarza, podałam ajerkoniak wyrobu Pawła. Gęstym, słodkim trunkiem wzniesiono zdrowie małej... Święto nie byłoby dla Pawła świętem, gdyby nie stało się zadość utartemu już z dawna zwyczajowi: po zakończeniu kolacji Piotruś musiał zjawić się na stole biesiadnym i dokonać codziennego przeglądu nakryć i okruszków... Piotruś wędrował po stole, ocierając się o talerze i filiżanki; to przysiadł na kusym ogonku, to podrygiwał, ruszał wąsami i wciągał nosem powietrze, unosząc pyszczek w górę...

wietrzył jakiś nieznany zapach. Wreszcie odkrył, że źródłem tajemniczej woni są kieliszki, w których pozostało na dnie kilka kropli likieru. Z nagłą łapczywością uchwycił łapkami jeden z kieliszków i zaczął oblizywać szkło, od czasu do czasu mrużąc oczy. Zasmakowawszy w pijaństwie, nie dał się od pucharków odciągnąć" ku uciesze biesiadników. Niestety, „życiem to przypłacił. Nazajutrz rano Paweł znalazł w klatce sztywne ciałko swego przyjaciela".

ROZDZIAŁ 31

1944

„Chociaż dawny ład domowy w niczym się nie zmienił, w tych ostatnich dniach lipca czaiło się w powietrzu coś szczególnego. Każdy wykonywał swe obowiązki z uśmiechem, ale wszyscy mieli nerwy napięte do ostateczności i rozmowy urywały się nieraz w połowie zdania...", pisała Antonina.

20 lipca w Wilczym Szańcu, kwaterze Hitlera na Mazurach, czyli dawnych Prusach, eksplodowała bomba podłożona przez hrabiego von Stauffenberga. Hitler nie odniósł poważniejszych obrażeń, ale w Warszawie „dało się zauważyć wzrastającą panikę wśród Niemców: tabory niemieckie, węgierskie i własowskie ciągnęły ze wschodu na zachód przez most Kierbedzia... rozpoczęło się pospieszne wysyłanie do Reichu Niemców z rodzinami; korzystali oni z przeróżnych środków lokomocji; uciekała administracja, gorączkowo wywożono magazyny". Wyjechał niemiecki gubernator, burmistrz i inni urzędnicy, zostawiając jedynie dwutysięczny garnizon. Jednocześnie „ściągało do Warszawy mnóstwo ludzi z okolic letniskowych i majątków, obawiając się rozprzężenia, jakie towarzyszy wojskom w czasie odwrotu".

Jan spodziewał się wybuchu powstania lada dzień, przekonany, że licząca w okręgu warszawskim 50 tysięcy ludzi Armia Krajowa będzie w stanie w ciągu kilku dni pokonać Niemców. W teorii po opanowaniu mostów połączone w potężną armię oddziały z obu stron Wisły miały wyzwolić miasto.

27 lipca, kiedy wojska rosyjskie dotarły do Wisły zaledwie kilkadziesiąt kilometrów na południe od Warszawy (Antonina pisała, że ziemia „kołysała się od wstrząsów" kanonady), niemieckie władze ogłosiły „nakaz stawienia się nazajutrz rano stu tysiącom mężczyzn i kobiet w wieku od 17 do 65 lat na dziewięciotygodniowe roboty fortyfikacyjne. Uderzyło to w warszawiaków jak grom. Nikt się nie stawił". Członkowie Armii Krajowej trwali w pogotowiu, do boju wzywała warszawiaków także rosyjska radiostacja nadająca po polsku: „Wybiła godzina walki!". Oddziały Armii Czerwonej znajdowały się już kilkanaście kilometrów od prawobrzeżnej Warszawy z jej zoo, napięcie narastało „i znów pojawiało się dręczące pytanie: na kiedy zostanie wyznaczony wybuch powstania?".

Skład osobowy w willi bardzo się już zmienił. Większość Gości ją opuściła, przenosząc się do bezpieczniejszych kryjówek lub dołączając do podziemnych oddziałów. „Lisiarz wybierał się w Grójeckie na inną fermę. Paweł przeniósł się do Szpaka na Saską Kępę, mecenasostwo – do znajomych w Śródmieściu, ale ich obie córki oświadczyły, że pod żadnym pozorem nie rozstaną się ze mną, nie opuszczą mnie samej z noworodkiem, bo »w razie czego« pozostałyby tylko dzieci, babcia [matka Jana], licząca siedemdziesiąt kilka lat, i Franciszka". Jan miał nadzieję, że mimo spodziewanej ewakuacji ludności cywilnej z okolic przyczółków mostowych powstanie szybko zwycięży i „tym razem nieprzyjaciel nie zdąży usunąć nielicznych mieszkańców zoo, a swoi nas chyba nie ruszą i dwie najważniejsze osoby, babcia i wnuczka, dla których tułaczka mogła być zabójcza, jakoś przetrwają okres przejściowy pod własnym dachem... Nadszedł wreszcie pamiętny dzień 1 sierpnia. O siódmej rano zjawiła się u nas łączniczka z rozkazem, aby Jan natychmiast zameldował się na miejscu zbiórki". Tą dziewczyną mogła być koleżanka Haliny Dobrowolskiej (w czasie wojny Haliny Korabiowskiej), którą poznałam pewnego słonecznego dnia w Warszawie. Energiczna pani – dziś po osiemdziesiątce – miała w czasie wojny kilkanaście lat i pamięta do dziś, jak na rowerze i tramwajem wyruszyła w długą, niebezpieczną podróż na przedmieścia, by przekazać żołnierzom AK informację, że wydano rozkaz rozpoczęcia powstania.

Musiała skorzystać z tramwaju, ale motorniczy zbierał się do zajezdni. Na szczęście konspiracyjny przełożony Haliny przewidująco zaopatrzył ją w dolary, które przekonały motorniczego, żeby dowiózł ją tam, gdzie trzeba.

„Jan wpadł na górę do pokoiku, w którym spałam z małą", wspomina Antonina. – „Jak to – spytałam – jeszcze wczoraj miałeś inne informacje? – Nie rozumiem tego wszystkiego – odpowiedział – pójdę, dowiem się na miejscu".

Przyjaciel Żabińskich, Stefan Korboński, którego również zaskoczył rozkaz o wszczęciu powstania, plastycznie odmalował panujące tego dnia na warszawskich ulicach „ruch i ożywienie":

„Tramwaje – oblepione młodymi chłopcami... Po chodnikach szybkim krokiem, z widocznym pospiechem idą po dwie, trzy kobiety naraz, obładowane ciężkimi paczkami i torbami. Mówię do siebie po cichu: »Roznoszą broń na punkty zborne«. Ulicą mkną rowery jeden za drugim. Chłopcy w butach z cholewami i w wiatrówkach pedałują co sił... Z rzadka, tu i ówdzie, umundurowany Niemiec i patrole krążą, nic nie widząc i nic nie rozumiejąc, co się wokół nich dzieje... Minąłem po drodze wielu mężczyzn idących w różnych kierunkach. Mieli na twarzach wyraz powagi i skupienia. Wpatruję im się w oczy, odpowiadają spojrzeniem pełnym cichego porozumienia" [1].

Po czterech godzinach Jan „wrócił, aby się pożegnać... Decyzja zapadła. Trzymał w ręku wojskową menażkę i podał mi ją ze słowami:

– Masz tu wewnątrz nabity rewolwer. Na wszelki wypadek, gdyby jacyś własowcy...

Ścierpłam: własowcy? O czym on myśli? Czyżby przestał wierzyć w to, co kilkanaście dni temu było dla wszystkich niemal oczywistością", że czeka ich szybkie zwycięstwo?

– „Nie wierzysz? – wykrztusiłam.

– Przed tygodniem mogliśmy mieć duże szanse. Spóźniliśmy się. A teraz wydaje mi się, że na powstanie za wcześnie. Przed dwudziestoma czterema godzinami myślano tak samo w Komendzie Głównej. Wczoraj pod wieczór na łeb, na szyję zmieniano rozkazy. Takie improwizacje nie wychodzą na zdrowie".

A przecież Jan nie wiedział jeszcze, że Rosjanie, rzekomi sprzymierzeńcy, mają swoje własne, ukryte zaborcze plany, a Stalin, który wymusił już na aliantach obietnicę wyrwania Polsce po wojnie dużej części terytorium, traktował jak wrogów zarówno Niemców, jak i Polaków. Żeby przyspieszyć klęskę powstania, odmówił zgody na lądowanie alianckich samolotów z pomocą dla powstania na lotniskach zajętych już przez Rosjan.

Tymczasem Antonina żegnała się z mężem. „Objęłam go za szyję, przytuliłam twarz do jego policzka. Pocałował mnie we włosy, spojrzał na małą i wybiegł. Boże, jak nieznośnie biło mi serce! Wsunęłam blaszaną menażkę pod łóżko i weszłam do sypialni. Jan już wcześniej pożegnał się ze swoją matką. Zastałam ją siedzącą w fotelu z różańcem w ręku; twarz miała zalaną łzami".

Zapewne żegnając syna, zgodnie z obyczajem nakreśliła mu na czole krzyż, polecając go opiece Marii Panny. Matka Boska Powstańcza miała opiekować się żołnierzami AK, stąd wiele pospiesznie wzniesionych ołtarzyków i kapliczek w walczącej Warszawie. Powstańcy i ich bliscy często nosili też przy sobie medalik z napisem „Jezu, ufam Tobie".

Nie wiemy, jak Antonina wytrzymywała w kleszczach niepewności, ale skoro otrzymała katolickie wychowanie, o czym Jan wspomniał w jakimś powojennym wywiadzie, ochrzciła dzieci i zawsze nosiła medalik, to można przypuszczać, że zapewne szukała pociechy w modlitwie. Podczas wojny, gdy wszelka nadzieja się rozwiewała i pozostawała już tylko wiara w cuda, nawet niewierzącym zdarzało się modlić. Niektórzy Goście sięgali po wróżby, by dodać sobie otuchy, ale jako zdeklarowany racjonalista i syn ateisty niekryjącego swoich poglądów, Jan patrzył krzywo na wszelkie przesądy i wierzenia, zmuszając może żonę i swoją głęboko wierzącą matkę do ukrywania przed nim pewnych spraw.

Nasłuchując latających nisko nad miastem i ostrzeliwujących samolotów, „zupełnie wytrąceni z równowagi... obijaliśmy się po domu do późna, usiłując wspólnie odgadnąć, co dzieje się po drugiej stronie Wisły; z tarasu widzieliśmy jaskrawe błyski... na tle ciemności...

w napięciu łowiliśmy odgłosy strzałów; nosiły one charakter przypadkowy", nie kojarzyły się z długą, zażartą bitwą.

Antonina uświadomiła sobie, że jej przypadło teraz dowództwo nad małym zoologicznym państewkiem, którego ludność stanowili Ryś, czterotygodniowa Tereska, dwie młode dziewczyny, Niunia i Ewa, teściowa, gosposia, Lisiarz i jego dwaj pomocnicy. Poczucie odpowiedzialności za życie innych było „najsilniejszym bodźcem zmuszającym mnie do wzięcia się w karby, do zmobilizowania wszystkich sił", ale także ciężarem, który „nabrał charakteru niemal obsesyjnego".

„Sytuacja nie zezwalała mi wówczas na najmniejszy »negliż wewnętrzny«... Chcąc nie chcąc musiałam wziąć na siebie obowiązki głównodowodzącego. Od mojej sprawności psychofizycznej, od przytomności mego umysłu, inicjatywy i szybkiej decyzji zależy przyszłość nas wszystkich; muszę czuwać, tak jak mnie w harcerstwie kiedyś uczono, bo na barki tego, kto dotychczas czuwał, na barki Jana, zwaliły się nieskończenie cięższe obowiązki...

Przez dwadzieścia trzy doby... nie spałam na dobre ani we dnie, ani w nocy. Do dziś nie mogę zapomnieć szczególnego lęku przed zaśnięciem. Zdawało mi się, że żaden dźwięk, szmer lub szelest nie powinny ujść mej uwagi, że w każdej sekundzie muszę być zdolna do przeciwstawienia się niebezpieczeństwu".

W przypadku Antoniny ta opiekuńcza postawa nie była czymś nowym. Sama pisała o „działaniu odruchu, który wytworzył się we wrześniu 1939 roku, kiedy wśród ogłuszających wybuchów osłaniałam synka własnym ciałem. Prymitywny odruch, instynkt macierzyński odezwał się teraz na nowo" gotowością do walki w obronie bliskich.

Mimo że walki toczyły się po drugiej stronie rzeki, zachodni wiatr niósł do zoo zapach śmierci, siarki i zgnilizny, a także nieustający „terkot karabinów maszynowych, huk strzałów armatnich i wybuchy granatów". Bez żadnych wiadomości ani kontaktu z resztą miasta, odosobniona willa wydawała się już nie arką, lecz statkiem „bez steru i kompasu, zagubionym gdzieś na oceanie". W drzwiach w każdej chwili mogła stanąć śmierć.

Z tarasu Antonina z Rysiem „daremnie wypatrywała oczy, chcąc od-czytać losy powstania z płomieni coraz szerzej ogarniających stolicę.

– Tatuś na pewno jest na najgorszym odcinku – nieustannie powta-rzał Ryś, wyciągając rękę w kierunku Starego Miasta. Chłopczyk go-dzinami tkwił na tarasie, jak żołnierz na warcie; nie rozstawał się z lor-netką, raz po raz przykładał ją do oczu, jak gdyby mógł dostrzec na przeciwległym brzegu sylwetkę ojca".

Obok drzwi do sypialni Antoniny metalowa drabinka prowadziła na płaski dach, na który Ryś też często się wspinał. Niemcy stacjonujący w parku Praskim zajęli mały park rozrywki w pobliżu mostu i z wie-życzki wypatrzyli Rysia z lornetką. Żołnierz zagroził Antoninie, że za-strzelą chłopca, jeśli nie przestanie ich śledzić.

Pomimo niespokojnych, bezsennych nocy Antonina czasami „dygo-tała ze wzruszenia", wyobrażając sobie przebieg powstania, „wielkiej sprawy, dojrzewającej od dawna w ukryciu". Na drugim brzegu rze-ki, w sercu miasta, brakowało żywności i wody, ale powstańcy wzno-sili z bruku barykady przeciwczołgowe. Z 28 tysięcy walczących tylko kilka tysięcy miało odpowiednie uzbrojenie, reszta starała się zdobyć broń na wrogu.

Ponieważ powstańcy mieli ograniczoną łączność telefoniczną, armia dzielnych łączniczek kursowała po mieście z meldunkami i rozkazami, tak jak robiły to podczas okupacji. Po powrocie do walczącej Warszawy Halina Korabiowska została łączniczką, organizowała też kuchnie polo-we i zaopatrywała powstańców.

Pełnym emocji głosem opowiadała mi, że „wszędzie były barykady. Na początku wszyscy się cieszyli. W piątek po południu powstanie się zaczęło i założyliśmy biało-czerwone opaski... w pierwszych tygodniach powstania żyliśmy koniną i zupą, jedliśmy raz dziennie, ale pod koniec mieliśmy już tylko suchy groch, psy, koty i ptaki.

Widziałam, jak moja piętnastoletnia przyjaciółka ciągnęła z jednej strony nosze z rannym żołnierzem. Nadleciał samolot i ona, widząc strach w oczach tego żołnierza, przykryła go własnym ciałem i została ciężko ranna w kark. Kiedy indziej szłam z meldunkiem i natrafiłam na dwie kobiety, które wychodziły z jakiegoś domu z ciężkimi torbami.

Zapytałam, czy im nie pomóc, a one powiedziały mi, że znalazły skład niemieckich lekarstw i wielki worek cukierków, i dały mi ich trochę. Napchałam ich sobie do kieszeni i rękawów żakietu i szłam z rękami do góry, żeby mi się nie wysypały. Jak po drodze spotykałam żołnierzy, to kazałam im nadstawiać ręce i opuszczałam swoje, sypiąc z rękawów tymi cukierkami!".

Po wycofaniu się Niemców z części miasta mieszkańcy mogli, po raz pierwszy od lat, poczuć się swobodnie, Żydzi mogli wyjść z kryjówek, a z okien domów wywieszano polskie flagi. Ludzie śpiewali patriotyczne pieśni i chodzili z biało-czerwonymi opaskami na rękawach. Feliks Cywiński[2] walczył na Starówce, Samuel Kenigswein również wziął udział w powstaniu[3]. Odżyło zdławione życie kulturalne stolicy. Na archiwalnym zdjęciu widać skrzynkę pocztową z orzełkiem i lilijką, w uznaniu zasług najmłodszych harcerzy, którzy z narażeniem życia dostarczali listy.

Na wieść o powstaniu Hitler rozkazał Himmlerowi użyć najcięższych sił do jego stłumienia, zabijać wszystkich Polaków i całe miasto obrócić w perzynę, ulica po ulicy, przy pomocy bomb, pocisków i miotaczy ognia, tak żeby los Warszawy stał się ostrzeżeniem dla całej okupowanej Europy. Wśród 50 tysięcy niemieckich żołnierzy użytych w tej operacjiznalazły się oddziały słynące z bestialstwa, złożone z kryminalistów, policjantów i byłych rosyjskich jeńców wojennych, własowców[4]. Piątego dnia powstania, znanego później pod mianem Czarnej Soboty, zaprawieni w bojach esesmani, kryminaliści Dirlewangera i żołnierze Wehrmachtu przystąpili do kontrnatarcia i wymordowali około 30 tysięcy ludności cywilnej, mężczyzn, kobiet i dzieci[5]. Niemcy palili przepełnione powstańcze szpitale, a kobiety i dzieci przywiązywali do czołgów w charakterze żywych tarcz. Następnego dnia w mieście bombardowanym przez watahy sztukasów – ich bzyczenia jak gigantycznych komarów można posłuchać na archiwalnych filmach – słabo uzbrojeni i niemający porządnego wojskowego przeszkolenia Polacy walczyli zaciekle, wzywając Londyn do zorganizowania zrzutów żywności i broni, a także śląc prośby do Rosjan, by przystąpili do ataku.

Pewnego ranka pod domem Żabińskich pojawiło się dwóch esesmanów, którzy „trzymając palce na cynglach karabinów", wrzeszczeli „Alles rrrraus!!!".

Przerażeni domownicy wyszli na podwórze: „stanęliśmy półkolem; nikt na razie nie wiedział, czego chcą".

– „Hände hoch! – ryczeli z wściekłością, mierząc do nas.

Trzymając dziecko w beciku, jedno ramię podniosłam do góry. Świadomość z wysiłkiem zarejestrowała znaczenie ochrypłych, brutalnych krzyków. Były to same pogróżki: mieliśmy zapłacić za śmierć bohaterskich żołnierzy, mordowanych przez polskich bandytów, czyli naszych mężów i braci, nasze dzieci – takie jak ten smarkacz (czyli Ryś) i jak to w poduszce (Tereska) wysysają z mlekiem matek nienawiść do narodu niemieckiego. Niemcy długo nam pobłażali, ale teraz nie przepuszczą nikomu, tysiąc Polaków za jednego Niemca...

To już chyba koniec – myślałam, przyciskając małą. Nie czułam bicia własnego serca, nogi wrastały mi w ziemię. – Muszę coś powiedzieć – podszeptywał mi słaby głos nadziei. – Byle co. Tylko łagodnie, jak do rozjuszonych zwierząt!

A kiedy nagle zdecydowałam się, nie wiadomo skąd odnalazłam potrzebne wyrazy niemieckie... zaczęłam mówić o dzikich plemionach, o niemieckiej kulturze...". Tuląc do siebie niemowlę Antonina nie po raz pierwszy czuła się sparaliżowana strachem, ale i tym razem słowa płynęły z jej ust, a jednocześnie, jak pisze „całą siłą woli koncentrowałam się na rozkazie: »Spokój! Opuść karabin!«.

Ale esesmani pieklili się w dalszym ciągu; pierwszy trzymał nas na muszce. Nie przestawałam mówić...

Nagle ten drugi zatrzymał wzrok na młodszym chłopcu z lisiej fermy i ruchem ręki kazał mu iść w głąb ogródka, za róg domu. Fermowy ruszył biegiem. W tej samej chwili Niemiec sięgnął do kieszeni. Ogłuszył mnie huk wystrzału rewolwerowego. Przerażenie odebrało mi mowę.

– Teraz ty! – wrzasnął" drugi esesman do Rysia.

Każdy ruch ze strony Antoniny mógł się skończyć śmiercią jej i niemowlęcia. Tymczasem „popielata twarz Rysia skurczyła się do wielkości piąstki, wargi miał liliowobiałe; z podniesionymi rękoma odwrócił się plecami jak automat. Patrzyłam osłupiała, jak idzie, póki nie straciłam go z oczu, odgadywałam tylko, że jest już przy malwach, pod oknami gabinetu. Drugi wystrzał odczułam jak cios bagnetu w moją pierś... potem był jeszcze jeden strzał.

Nie widziałam już nic, z ciemności doleciał mnie głos czarnego: »Za panią jest ławka, niech pani siądzie... z dzieckiem na ręku trudno stać tak długo...« – i w sekundę później: »Hej chłopcy! Dawajcie tu tego koguta! Na lewo, w krzakach!«.

Chwiejąc się na nogach wyszli nareszcie z zarośli obydwaj chłopcy, cali i zdrowi; Ryś niósł za skrzydło martwego Kubę, z roztrzaskanej głowy ptaka gęstymi kroplami ciekła na ścieżkę krew".

– Zrobiliśmy wam świetny kawał! – „wybuchnęli zgodnym śmiechem esesmani, z miejsca zatracając swój do niedawna pełen nienawiści wyraz twarzy. I rechocąc z zadowolenia oddalili się ku bramie, wymachując martwym kogutem. Ryś stał z opuszczoną głową, zaciskając powieki, żeby powstrzymać łzy. Przytknęłam usta do jego ucha i szepnęłam:

– Jesteś bardzo dzielny, synku, odprowadź mnie do domu, taka jestem strasznie słaba!

Sądziłam, że łatwiej odzyska równowagę, gdy ja wezmę na siebie ciężar wzruszenia; znałam chorobliwy lęk chłopca przed ujawnianiem uczuć. Ale rzeczywiście po przeżytym szoku nogi miałam jak z waty.

Próbowałam później wyjaśnić sobie postępowanie esesmanów. Może w ogóle nie zamierzali do nas strzelać? Może tylko chcieli odegrać makabryczną komedię, zabawić się raz jeszcze w panów życia i śmierci, cieszyć się przestrachem swoich ofiar? Zakończenia z kogutem nie zaplanowali jednak z góry, przecież nie wiedzieli o istnieniu Kuby. A jak sobie wytłumaczyć nagłą troskliwość o mnie? Obawą, żebym mdlejąc nie upadła? Czy w zwyrodniałej duszy obudziły się skrucha i litość? Czy to ma znaczyć, że bezwzględne zło nie istnieje, że w każdym zbrodniarzu drzemie na dnie odrobina ludzkiego uczucia?

...Niezależnie od epilogu tej przygody... wstrząs, jaki wtedy przeżyłam, mocno osłabił moją odporność nerwową. Bo wystrzały przeznaczone – jak się potem okazało – dla koguta, uważałam za śmiertelne dla chłopców, z których jeden był moim synem".

Nic zatem dziwnego, że matka, na której oczach niemal zamordowano jej dziecko, zapłaciła za ten incydent głęboką depresją, „późniejszym załamaniem", jak je nazywa Antonina, „którego ogromnie się wstydziłam, uważając je za karygodną słabość u osoby mającej grać rolę przywódcy".

Kolejną udręką w następnych dniach był dla Antoniny „monstrualny hałas rozsadzający czaszkę", za sprawą ryczących na Pradze niemieckich moździerzy, wyrzutni rakietowych, dział szturmowych i baterii artylerii ciężkiej. Można sobie wyobrazić dudnienie ziemi od bomb i huk wszelkiego kalibru i rodzaju pocisków powodujących piekielną „orgię wybuchów, podmuchów, zgrzytów, trzasku, łoskotu walących się murów, w dodatku wszystko to spotęgowane przez powtarzające się echo". Pewien rodzaj pocisków wydawał przeraźliwy, skrzeczący odgłos, zwane w angielskim slangu *screaming meemies*, którego to terminu zaczęto z czasem używać na określenie stanu wyczerpania nerwowego wywołanego długim ostrzałem na polu walki.

Niemcy używali także moździerzy wyrzucających pociski, „zwane przez ludność krowami albo szafami: sprzężone, ustawione w kilka rzędów, oddawały kolejne salwy". Ich nazwa pochodziła stąd, że „przed każdą serią wybuchów słychać było sześć ryków, sześć złowieszczych jak gdyby nakręceń jakiejś maszynerii", jak pisze Jacek Fedorowicz, który przeżył powstanie jako siedmioletnie dziecko: „Tego dźwięku nie zapomnę do końca życia. Od »nakręcenia« nie było już odwrotu. Zawsze po nim następowały detonacje; słyszę wybuch, znaczy nie trafili we mnie... ucho rozróżniało wtedy wiele siejących grozę dźwięków"[6]. Fedorowiczowi towarzyszył w tej gehennie bardzo ważny przedmiot, „mój miś pluszowy, w którym była zaszyta resztka fortuny rodzinnej w postaci tak zwanych świnek, czyli złotych pięciorublówek. Udało mi się to uratować z powstania. Pozostałe rzeczy ocalałe to jedna szklanka i na pół spalona książka z serii *Doktor Doolittle*".

Wkrótce „zaczęły się naloty sztukasów, które ostrzeliwały ludność z broni pokładowej, a Starówkę zasypywały bombami kruszącymi. Były to wtedy w naszych oczach istne biblijne dni Sądu Ostatecznego".

W powietrzu unosił się dym, pył i zapach siarki. „Gdy mrok zapadał – od strony przyczółka mostu Kierbedzia, z parku Praskiego – rozlegał się warkot silnika, jakby uruchamiano tam jakąś gigantyczną maszynę... niektórzy z nas sądzili, że Niemcy mają tam krematorium, gdzie palą zmarłych i zabitych, żeby zapobiec ewentualnej zarazie, inni natomiast (i ja do nich należałam), że to jakieś urządzenie czy aparat wysyłający śmiercionośne promienie ku powstańcom. Rzeczywiście, całą Wisłę i jej wybrzeża... zalewało zielonkawe, fosforyzujące światło. Tak silne, że można było dojrzeć ludzkie postacie w oknach budynków na lewym brzegu... Nastrój posępnej grozy potęgowały jeszcze bardziej dziwne, chóralne śpiewy [pijanych rosyjskich żołnierzy z pułku zwanego własowskim]... po zachodzie słońca... robiły wrażenie jękliwego zawodzenia, niemal wycia głodnych wilczych stad...".

Antonina pisze: „z nadejściem nocy ogarniał mnie zabobonny, chłodny, oślizły lęk; wędrował po karku, jakby chciał mi zjeżyć włosy". Co prawda okazało się, że „światło nie pochodziło z żadnych morderczych instalacji. W parku ustawiono po prostu agregat zasilający potężne reflektory", żeby oślepić i namierzać powstańców.

Mimo że walki na Pradze szybko ustały, „po opustoszałej dzielnicy i po naszym zoo włóczyły się często bandy żołnierzy-maruderów i złodziei...

Jedna taka banda własowców wpadła do nas... bystre spojrzenia łakomie ślizgały się po ścianach i podłogach, wypatrując łupu: błyszczących ram obrazów lub kosztownych dywanów. Stanęłam przed tą zachłanną falą... wyminęli mnie i rozleli się szerokim strumieniem po pokojach. Czułam, że mam dokoła siebie stado szukających żeru zwierząt, że jeśli okażę niepokój, bodaj cień lęku, będę zgubiona.

Jeden z nich, najstarszy rangą, zatrzymał się przy mnie. Zmierzyliśmy się wzrokiem. Rozbiegane, półprzytomne oczy na chwilę znieruchomiały. Tuż w pobliżu, w koszykowej kolebce, spała maleńka... patrzyłam, wciąż patrzyłam bez drgnienia powiek na przybysza o wybitnie wschodnich rysach twarzy. Opalona ręka z wolna wyciągnęła się ku mnie i pochwyciła złoty łańcuszek od medalionu... między wargami zaświeciły białe zęby.

Możliwe spokojnym i łagodnym gestem wskazałam napastnikowi niemowlę i ważąc sylaby jak najcenniejszy kruszec, usiłowałam każdemu z wymawianych powoli słów nadać siłę rozkazu:

– Nielzia! Twaja mat'! Twaja żena! Twaja siestra! Poniał?*. – Położyłam mu rękę na ramieniu. Zdumiał go mój ruch i zaskoczył. Dzikość, jak spłoszony lis do głębokiej nory, uciekła ze skośnych źrenic. Jakiś rozszalały żywioł w nim ucichł... jak pod magicznym zaklęciem... usta, przed chwilą skrzywione okrutnym grymasem, wygładzały się stopniowo niby zmięta tkanina pod gorącym żelazkiem... wsadził dłoń do tylnej kieszeni spodni. W pamięci stanął mi ten sam gest esesmana. Czyżby?... nie! Wyciągnął rękę... podał mi garść zlepionych różowych landrynek, pokrytych kurzem, brudem, resztkami tytoniu.

– Dla niewo wazmi**! – powiedział wskazując z kolei dziecko.

Serdecznie, z wdzięcznością podałam mu rękę.

Odtajał. Uśmiechnął się po chłopięcemu i zaczął oglądać moje palce, nie było na nich nawet obrączki. Pokiwał głową z politowaniem. Potem ściągnął z własnego palca... pierścionek i wielkodusznie mi go ofiarował.

– A eto dla tiebia! Na, wazmi! Nadień koleczko***!

Pierścionek dygotał mi w ręku w takt gwałtownego bicia serca: srebrny orzełek powstańczy... – z czyich to martwych palców go zdarto?

Ostro zawołał do towarzyszy. Zbiegli się. Kazał im pokazać łupy.

– Ostawtie wsio!!! A to ubju kak sobaki****!!! – krzyknął nagle.

Posłusznie rzucali zrabowane przedmioty i wyładowywali z zanadrza resztki drobiazgów, patrząc na wodza w osłupieniu.

– Pajdiom otsiuda procz, zdieś nielzia*****! – oznajmił krótko.

Skulili się, nagle pokorniejąc i wyszli posłusznie jeden za drugim".

Po ich wyjściu Antonina usiadła ze wzrokiem utkwionym w srebrny pierścionek.

---

* Nie wolno! Twoja matka! Twoja żona! Twoja siostra! Zrozumiałeś? [ros.]

** Weź dla niego. [ros.]

*** A to dla ciebie! No, weź. Załóż pierścionek. [ros.]

**** Zostawić wszystko! Bo zabiję jak psy! [ros.]

***** Idziemy stąd, tu nie wolno. [ros.]

„Jeśli wyrazy »matka«, »siostra«, »żona« mają w sobie aż tyle mocy, żeby wskrzesić w zdeprawowanej duszy wspomnienia zdolne poskromić zbrodnicze instynkty, to chyba nie będzie naiwnym sentymentalizmem wiara w jaśniejsze jutro?".

Żołnierze „jeszcze kilkakrotnie nawiedzali nasz dom", ale obyło się bez szkód. Pewnego dnia przed willą zatrzymał się samochód. Była to wizyta „wyższych urzędników z zarządu ferm futerkowych, którzy Lisiarza znali jeszcze z powiatu grójeckiego. „Bardzo ich ucieszył fakt, że zwierzęta, a raczej ich futerka... nie doznały szwanku; oznajmili, że będą interweniować u komendanta Pragi w sprawie wywiezienia fermy do Rzeszy", razem z pracownikami... oczywiście w skrytości ducha łudziliśmy się, że zanim zorganizuje się transport, Niemcy ustąpią z Pragi" i wyprowadzka z zoo nie będzie konieczna.

„Tymczasem samoloty zarzucały nas ulotkami, które wzywały mieszkańców Warszawy do opuszczenia jej murów; w przeciwnym razie miasto będzie planowo obrócone w perzynę.

Niepostrzeżenie obstawiono zoo oddziałem ciężkiej artylerii", który zamaskowano wśród drzew i krzewów. „Zaroiło się wokół naszej willi od zielonych [niemieckich] mundurów... szeregowcy w pojedynkę i po kilku wpadali raz po raz do naszej kuchni, żeby napić się wody... dopominali się o kubek zupy lub parę kartofli". Pewnego wieczoru „wszedł do nas dowódca, młody i bardzo wysoki Leutenant... [który] trochę się ciskał, bo ludności cywilnej nie wolno było znajdować się »na pozycjach«, ale zgrzeczniał, gdy usłyszał, że „srebrne i platynowe lisy, norki i jenoty na fermie są hodowane na zlecenie niemieckiego urzędu rolniczego, ponieważ skóry tych zwierząt Rzesza sprzedaje jako »waluty«, a my wszyscy jesteśmy fachowym personelem hodowlanym. Nie mamy zatem prawa opuścić placówki i nie mamy prawa o tej porze roku zabijać zwierząt, gdyż ich futra letnie nie posiadają żadnej wartości". Dopiero po letniej wylince, we wrześniu, październiku i listopadzie, wyrasta im gęsta, podszyta puchem sierść. Zaburzanie im tego naturalnego cyklu choćby przez stres czy przewożenie do innego klimatu może źle wpłynąć na jakość futer. Oficer przyjął do wiadomości te wyjaśnienia.

Grzmoty nigdy Antoniny nie przerażały – „To w końcu tylko odgłos dochodzący z próżni powstałej między błyskawicami" – ale w sierpniu 1944 roku w powietrzu nie czuło się wilgoci, nie padał deszcz, tylko „artyleria niemiecka strzelała bez przerwy... Pewnego popołudnia zapanowała niezwykle długa, bo parę godzin trwająca cisza". Mieszkanki willi skorzystały z tej przerwy, by się położyć i odpocząć. „Teściowa moja, Niunia i Ewa drzemały. Ja siedziałam przy małej na dole. Było bardzo gorąco, pootwierałam wszystkie okna na parterze. W zupełnej ciszy skrzypnęły drzwi kuchenne. Do pokoju wszedł nie znany mi dotychczas... [niemiecki] podoficer. Chwilę zawahał się, widząc mnie i dziecko, ale zrobił parę kroków... poczułam silną woń alkoholu... Niemiec tymczasem wszedł do gabinetu Jana...

– Ooo! Fortepian! Nuty! – Pani gra? – doleciał mnie stamtąd jego ochrypły głos.

– Trochę – odpowiedziałam...

Wziął z fortepianu preludia i fugi Bacha, otworzył zeszyt i zaczął gwiżdżąc odtwarzać tekst, bezbłędnie prowadząc frazę przewodnią, precyzyjnie zachowując tempo i artykulację. Robił to po mistrzowsku.

– Pan jest bardzo muzykalny – zauważyłam.

Poprosił, żebym mu coś zagrała... Musiałam wziąć się w karby, żeby nie schwycić Teresy i nie uciec. Miałam wrażenie, że mój przyszły słuchacz podziękuje mi za występ kulą w głowę...

...Rozpoczęłam słynną *Ständchen* [Schuberta] w nadziei, że ta znana i tak lubiana przez Niemców melodia usposobi gościa sentymentalnie. Pomyliłam się jednak.

– Ach, na Boga, nie! – syknął. – Po co pani gra coś takiego? Speszona zdjęłam palce z klawiatury". Antonina słyszała i grała tę serenadę wiele razy, teraz przebiegała wzrokiem jej tekst:

Nie zastukam tego ranka do kochanka wrót,
Zatrzymała mnie rusałka w srebrnym lustrze wód,
Rozpuściła włos zielony – niech nim igra toń
I spytała szmerem wody, po co tak spieszę doń?

Póki smutek nie zamieszkał w mym powszednim dniu,
Mogę tworzyć obraz szczęścia z marzeń i ze snów,
Póki na mych uczuć łąkę nie padł żaden cień,
Tylko słońce, tylko gwiazdy i świąteczny dzień.

Nie rozstrzygnie biedne serce wątpliwości tej,
Czy on bardzo kocha jeszcze, czy już trochę mniej?

Kto nauczy, kto podpowie, czego trzeba by,
By radości nam spod powiek nie zabrały łzy,
By w powodzi słów słodzonych i drobniutkich kłamstw
Choćby drobna cząstka nieba pozostała w nas.

Nie doradzą żadne mędrce, którą ścieżką iść,
Nie wywróży mi naprędce akacjowy liść,
Nie wie sowa rosochata, zatopiona w śnie,
Czy ma rację ta rusałka, że niepokoi mnie.

W trwodze bije biedne serce echem pieśni tej,
Czy on bardzo kocha jeszcze, czy już trochę mniej?
Czy już trochę mniej?

Złamane serce to rzeczywiście może każdego wyprowadzić z równowagi, pomyślała. Tymczasem Niemiec „podszedł do etażerki
z nutami i zaczął je przeglądać. Wyraźnie ożywił się, kiedy trafił
na dział hymnów narodowych... wreszcie z triumfem złapał jeden z zeszytów, przykrył nim stojącego na pulpicie Schuberta
i zawołał:
– Proszę! To pani zagra. *Sofort*!
Uderzyłam pierwsze akordy; Niemiec śpiewał do wtóru, twardo
wymawiając angielskie słowa... co myśleli odpoczywający wśród
zarośli żołnierze Wehrmachtu, słysząc triumfalne dźwięki hymnu
amerykańskiego *Pod gwiaździstym sztandarem*?

Zerknęłam ukradkiem na Niemca: patrzył na mnie lekko zmrużonymi oczyma, ironicznie, szyderczo, po czym w milczeniu zasalutował i sprężystym krokiem odmaszerował za drzwi...

Kim był w cywilu ten podoficer, skoro tak doskonale znał się na muzyce?... może po prostu miał ochotę spłatać komuś złośliwego figla... Podoficer mógłby... zawołać: »Musiała się baba najeść porządnego stracha, bo jakby ją tak nasz dowódca przyłapał i oskarżył o dywersję lub prowokację na linii frontu!«... Skłonna jestem sądzić, że ta wersja zawiera większe prawdopodobieństwo. Jeszcze miałam w uszach amerykańską melodię, a już na nowo rozpoczął się piekielny koncert dział...".

Niemcy coraz gwałtowniej atakowali Starówkę, ale Żabińska wciąż nie traciła nadziei na zwycięstwo powstańców. Nie był już tajemnicą rozkaz Hitlera, zgodnie z którym „lewobrzeżna Warszawa ma być zrównana z ziemią". Znacznie później dotarły do warszawiaków wieści o wyzwoleniu Paryża przez francuski ruch oporu, wojska amerykańskie i brytyjskie, i o Aachen, pierwsze zdobyte przez aliantów niemieckie miasto, na które spadło 10 tysięcy ton bomb.

Antonina nie miała żadnych wieści o Janie, który stacjonował na Starym Mieście, gdzie oddziały AK, coraz bardziej osaczane i spychane na coraz mniejsze terytorium, toczyły zażarte walki o każdy budynek. Wielu świadków opowiadało o gmachach podzielonych nagle w środku linią frontu, z piętra na piętro, podczas gdy pozostający na zewnątrz narażeni byli na nieustający grad kul i bomb. Antonina z Rysiem mogli tylko nasłuchiwać ciężkiej kanonady i strzelaniny wokół Starówki i wyobrażać sobie Jana, jak z towarzyszami przebiega brukowanymi uliczkami.

Na zdjęciu z 14 sierpnia fotoreporter Sylwester „Kris" Braun uchwycił powstańców prezentujących z dumą zdobyty niemiecki transporter opancerzony. Jana na fotografii nie ma, ale czy całkiem przypadkowo potężna maszyna została nazwana „Jasiem", imieniem, które nosił słoń z warszawskiego zoo, zastrzelony w pierwszych dniach wojny?

ROZDZIAŁ 32

Z początkiem września 5 tysięcy żołnierzy wydostało się ze Starówki kanałami, które Niemcy usiłowali blokować, wrzucając przez włazy granaty i podpalając benzynę. Alianci parli naprzód na wszystkich frontach: po wyzwoleniu Francji i Belgii armie amerykańska i brytyjska posuwały się w głąb Niemiec od strony Holandii, Nadrenii i Alzacji, a Armia Czerwona, czekająca pod Warszawą, zajęła już Bułgarię i Rumunię, szykowała się do zdobycia Belgradu i Budapesztu i planowała atak na Rzeszę od strony państw bałtyckich; Amerykanie wylądowali na Okinawie i opanowywali południowy Pacyfik.

Niemiecki oficer zapewnił Lisiarza, że niezależnie od wszystkiego cenne zwierzęta futerkowe będą Rzeszy potrzebne i zostaną ewakuowane. „Zwierzęta trzeba będzie zamknąć w skrzyniach przewiewnych, my zaś pojedziemy jako konwój i obsługa". Przy akompaniamencie pocisków padających coraz bliżej zoo, Antonina wraz z bliskimi – dziećmi, matką Jana, dziewczętami, Lisiarzem i jego dwoma pomocnikami – szykowała dobytek do przymusowej przeprowadzki poza zasięg szalejącej w mieście bitwy, jak się okazało, do Łowicza. Trzeba było podjąć trudną decyzję, które domowe zwierzęta zabrać – Szczurcia? Wicka? Inne króliki? Kotkę? Orła? Ostatecznie w podróż wyruszył tylko Wicek, a piżmaka i inne wypuszczono.

Niemcy teoretycznie nie ograniczyli Żabińskiej ilości zabieranego bagażu, ale przezorność nakazywała jej zabrać przede wszystkim „materace, kołdry, poduszki, zimowe palta i kapce, bak na wodę, garnki, wiadra, łopatę, siekierę" i inne praktyczne rzeczy. Te cenniejsze należało jakoś ukryć i zabezpieczyć przed bombami i plądrującymi żołnierzami. „Futra, maszyny – do szycia i pisania – stołowe srebro, dyplomy i dokumenty, zapakowane do kufrów, zamurowaliśmy w podziemnym korytarzu, który prowadził z piwnicy schronu do zarośli w ogródku... Lisiarz i jego fermowy, student, pracowali nad tym gorączkowo".

23 sierpnia, w dzień wyjazdu, „wystrzelony od strony zachodniej spadł o pięćdziesiąt metrów od naszego domu olbrzymi pocisk artyleryjski. Na szczęście nie wybuchnął". Gdy saperom udało się go unieszkodliwić, pojawił „się nagle rozwrzeszczany oficer, wściekły, że zastał tu jeszcze cywilów... zaryczał, że daje nam termin do południa. Jeśli nie wyniesiemy się do tego czasu, to każe nas rozstrzelać... Ryś pobiegł pożegnać się z królikami... po raz ostatni, poczęstowawszy wychowanków szczególnie grubymi i soczystymi liśćmi mlecza, pootwierał drzwiczki klatek, aby wypuścić trusie z bażanciarni; odtąd niech same troszczą się o siebie. Króliki nie rozumiały jednak, czego od nich chce, i wcale nie kwapiły się z wychodzeniem. Ryś chwytał więc jednego za drugim za uszy i wynosił na trawnik". Ani na ziemi, ani na niebie nie czaiły się na nie żadne drapieżniki, „orła i Szczurcia już wypuściliśmy poprzedniego dnia".

– „No, idźcie już, idźcie, głuptasy, jesteście wolne!

Większe i mniejsze puchate kulki kręciły się niezdecydowanie pomiędzy źdźbłami trawy. Nagle z krzaków wyskoczyła Balbina i mrucząc zbliżała się do Rysia, zadarłszy przyjaźnie ogon do góry. Króliki spłoszone jej widokiem rozbiegły się wreszcie po zaroślach...

Ryś wziął kotkę na ręce:

– No co, Balbina, pojedziesz z nami?

Niósł ją w stronę domu. Kocica, jakby coś zmiarkowawszy, zaczęła się wyrywać.

– Nie chcesz? Trudno! Tobie chociaż wolno zostać – powiedział z goryczą, puszczając kotkę. Miauknęła parę razy... i skryła się w gęstwinie.

Obserwowałam tę scenę z ganku. Tak dobrze rozumiałam, co dzieje się w duszy mego malca; nie mówiąc wprawdzie o tym, ale i my dorośli żywiliśmy trochę nadziei, że jeśli już zostaliśmy przy życiu, to dobry los pozwoli nam we własnym domu doczekać odejścia Niemców.

W tej sytuacji paradoksem było niecierpliwe oczekiwanie na niemiecką ciężarówkę, która miała nas stąd wywieźć... Z drżeniem patrzyłam na zegarek, wskazówki przesuwały się nieubłaganie... Czy aby nie powinnam po prostu zwiać gdzieś poza teren zoo? W najgłębszej rozterce zadawałam sobie to pytanie. Ale matka nie zdołałaby przejść nawet pół kilometra, ponadto mogliśmy trafić na ulicę, z której akurat ewakuują ludność do obozu gdzieś koło Pruszkowa. Taka ewentualność przekreślałaby z miejsca – przynajmniej jeśli chodzi o staruszkę – wszelkie szanse ratunku. Toteż mimo wszystko wyjazd z lisami jest chyba mniejszym złem.

O wpół do dwunastej moje wahania i rozmyślania przerwał warkot małej archaicznej ciężarówki... załadowaliśmy na nią przygotowane zawczasu rzeczy i pojechaliśmy na jakąś praską bocznicę kolejową; stał już tam wagon towarowy ze skrzynkami, w których siedziały srebrne lisy, nutrie i jenoty. Pudełko z Wickiem też już było na miejscu". Wagon doczepiono do dłuższego pociągu, który przekroczył Wisłę i po kilku postojach dotarł do Łowicza. Tam „kazano nam wysiąść... jakiś funkcjonariusz wyjaśnił Lisiarzowi", że po zwiezieniu z innych okolic zwierząt z ferm futerkowych cały transport pojedzie w Poznańskie. „Długo nie mogliśmy odzyskać równowagi – tak niebywale dziwne wydawało nam się to, że wolno nam bez żadnej kontroli chodzić po mieście i że w Łowiczu »nie ma wojny«, nie słychać strzałów... Nazajutrz po przyjeździe wybrałam się na tak zwane przeszpiegi. Dowiedziałam się, że w zarządzie towarzystwa »Rolnik« pracuje syn byłego premiera Andrzej Grabski. Ponieważ znaliśmy się kiedyś, zameldowałam się u niego i powiedziałam całą swoją historię", nie kryjąc swoich obaw przed wywiezieniem dalej w głąb Rzeszy. Grabski załatwił Antoninie i jej bliskim tymczasowe schronienie. Po sześciu dniach nastąpiło pożegnanie z Lisiarzem (który zostawał w Łowiczu ze zwierzętami) i „wynajętą parokonną furą razem z dziećmi i »świtą«" Antonina ruszyła do Marywilu pod Bielawami: „przebycie czterech mil nie było takie proste – na wsi wylądowaliśmy późnym wieczorem".

Przydzielona kwatera mieściła się w wiejskiej szkole. „Obudziliśmy się na zasłanej słomą, zabłoconej podłodze... Cienkie drewniane ściany izby, z lekka otynkowane, upstrzone były brudnymi plamami...

Zwieszające się z sufitu frędzle pajęczyn poruszał podmuch wiaterku, w kątach poniewierały się stosy pożółkłych niedopałków, zapstrzone przez muchy, potłuczone szybki w oknach niechętnie przepuszczały pierwsze promienie wrześniowego słońca.

...Pod glinianym piecem chrobotał królik, usiłując wydostać się ze skrzynki. Był to jedyny odgłos docierający do naszych uszu, nawykłych już do straszliwej orkiestry dział. Ale cisza tutejsza nie miała w sobie nic kojącego, raczej dławiła nieznośnym ciężarem...

– Tu jest nieprzyjemnie cicho – odezwał się Ryś. Niespodzianie objął mnie rękami za szyję i wtulił twarz pod moje ramię". Nie mogąc mu oszczędzić wszelkiego strachu i cierpień, Antonina chciała przynajmniej pomóc je koić. Dlatego z ulgą objęła „go jeszcze mocniej", bo „przez cały sierpień odgradzał się od wszystkich nieprzebytym murem, a teraz poddał się dziecinnemu odruchowi...

– Mamo, my już nigdy do domu nie wrócimy – wyszeptał".

Te przenosiny ze starego, dużego miasta w stanie wojny na spokojną, zapadłą wieś, gdzie z powodu tymczasowości nie warto się było zadomawiać, skutkowały utratą kontaktów z przyjaciółmi, rodziną i podziemiem, ale także rozładowały wreszcie napięcie spowodowane nieustannym ostrzałem. Antonina pisze jednak, że „wypadki sierpniowe zostawiły głęboki ślad w mojej duszy", chociaż starała się tego nie okazywać i podnosić na duchu Rysia. Dokuczał im „brak poczucia rzeczywistości... a bezsilność utożsamiała się z żywiołową klęską".

„Tego pierwszego ranka Ryś wyruszył na poszukiwanie miotły, ścierek i kubła. Zapukał do drzwi nauczycielki", która z mężem kowalem i dwójką synów mieszkała w tym samym domku. Otworzyła „szczupła, ale muskularna kobieta, [która] podała mi na przywitanie małą, szorstką spracowaną dłoń.

– Za późno dowiedzieliśmy się o przyjeździe państwa, nawet nie było kiedy sprzątnąć klasy... Mąż ustawi kuchenkę i pomoże we wszystkim, jakoś pomalutku się panie urządzą. Będzie dobrze, nie trzeba się gnębić, człowiek niepotrzebnie się osłabia.

Przyniosła drewniany cebrzyk do kąpania Teresy... pożyczyła chleba, masła, zagotowała dla nas wodę w imbryku... rozmaite sprawy, pozornie bez wyjścia, zaczęły się wydawać łatwiejsze", ale Antonina wciąż martwiła się o Rysia, który „przeżył jakby trzęsienie ziemi... zawaliło się przecież wszystko... i teraz czuł się niby wątłe źdźbło porwane przez wiatr i rzucone bardzo daleko od pola, na którym wyrosło. Wyjazd z Warszawy, rozstanie z ojcem, o którym oczywiście nie było wieści, lęk przed czekającym nas niewiadomym i bieda... przygnębiły go do tego stopnia", że łatwo się złościł.

Na szczęście z upływem dni w towarzystwie rodziny Kokotów Ryś „uspokajał się i odzyskiwał dawny humor. Rozkład dnia tej rodziny przez swoją monotonię działał kojąco na nerwy chłopca, nadszarpnięte nadmiarem wrażeń". Antoninę dręczyło to, że zmuszony stawiać czoła wielu niebezpieczeństwom jak dorosły, Ryś „wciąż irytował się, gdy ktoś traktował go jak smarkacza". Okazało się, że „spragniony był odpowiednich dla swego wieku obowiązków, normalnej nauki, odrabiania lekcji, a nawet po trosze dyscypliny narzuconej mu przez starszych.

W rodzinie nauczycielki znajdował punkt oparcia; z bliska obserwował istniejący jeszcze ład uczciwego życia, którego treścią była praca, i to praca podejmowana również z myślą o innych". Podziw Rysia wywoływała „zarówno pani nauczycielka mknąca na rowerze do odległej kolonii za wsią, żeby zrobić zastrzyk ciężko choremu lub do miasteczka po lekarza, jak pan Kokot, który w małym warsztacie ślusarskim leczył chore maszyny do szycia, dziurawe opony i bańki, fabrykował karbidówki i naprawiał zegarki".

„Od najmłodszych lat Ryś odczuwał pewne lekceważenie w stosunku do inteligentów pogrążonych w rozmyślaniach o rzeczach abstrakcyjnych... Toteż tym większym szacunkiem i uwielbieniem darzył Kokotów", którzy oprócz zdrowego rozsądku i pracowitości posiadali „wielki zapas wiadomości praktycznych, którymi chętnie dzielili się z każdym, kto tego potrzebował... Ryś nie odstępował więc pana Kokota, pomagał mu szklić nasze okna i opatrywać je – zgodnie z otrzymanymi poleceniami – pakułami i leśnym mchem. Dziury w ścianach zalepiał osobliwym cementem, spreparowanym z lasowanego karbidu i piasku".

A potem Ryś zrobił coś zdumiewającego. „W dowód przyjaźni ofiarował synom nauczycielki swego ulubionego towarzysza, Wicka. I uczynił to z całą świadomością, że braterstwo, które zawarli, warte jest największej ofiary. Nie zmieniło to właściwie w niczym istoty rzeczy, królik przebywał w tym samym domu i bawił się ze wszystkimi chłopcami, ale prawo do karmienia i decydowania o jego losach przeszło na kogo innego.

Wicek jednak nie wyznawał się na takich subtelnościach prawnych; wysłuchiwał z miną nieprzeniknioną nauk moralnych, jak ma się wobec swych nowych panów zachowywać, i uparcie dobijał się do naszej izby, starając się wśliznąć przez uchylone drzwi. Wtedy pełen powagi i samozaparcia Ryś brał go na ręce i odnosił do sąsiadów:

– Teraz mieszkasz u Jędrka i Zbyszka, do nich należysz, tępaku jeden! Dlaczego nie chcesz tego zrozumieć?

Truś strzygł uszami, coś przeżuwał i pozwalał na krótki przeciąg czasu przypuszczać, że zastosuje się do nowych zarządzeń". Ledwo jednak Ryś wynosił go na korytarz i wracał do swego pokoju, a królik skrobaniem domagał się wpuszczenia go z powrotem.

Antoninę znowu dopadła depresja, o czym wspomina niechętnie i nie wdając się w szczegóły: „złe samopoczucie wzmogło się, przechodząc niemal w depresyjną psychozę", jakby chodziło o zmianę pogody. „Czułam to, co czułam, ale działałam", pisze Antonina, żeby zapewnić byt garstce związanych z nią kobiet i dzieci. Od właścicieli różnych okolicznych majątków zdobywała kartofle, cukier, mąkę, kaszę, torf na opał; „gmina przyznała mi pół litra mleka dziennie...".

Powstańczy zryw Warszawy z sierpnia 1944 roku zakończył się po 63 dniach zaciekłych walk ulicznych, kiedy dowództwo AK podpisało kapitulację w zamian za obietnicę potraktowania ocalałych jeszcze w gruzach swoich żołnierzy jak jeńców wojennych, a nie jak wyjętych spod prawa partyzantów. (Niemniej prawie wszystkich deportowano do obozów). W Niemczech Hitler kazał uczcić to zwycięstwo biciem w kościelne dzwony przez równy tydzień.

Na drogach wokół Łowicza i Marywilu zaroiło się od uchodźców. Były to wiejskie okolice usiane dawnymi szlacheckimi majątkami, z dworkami, biednymi zagrodami i siołami, których byt zależał od właścicieli majątków, dających także wielu miejscowym zatrudnienie. „Rzesza tułacza wzbierała z każdym dniem jak rzeka i rozlewała się szeroką falą... Chłopi patrzyli na to niezbyt życzliwym okiem i zapewne, gdyby nie surowe zarządzenia władz, niewielu bezdomnych znalazłoby dach nad głową i kromkę chleba".

Antonina ze swoją gromadką po przyjeździe siedzieli „cicho jak mysz pod miotłą, lękając się, czy aby niemieccy urzędnicy z zarządu ferm futerkowych nie każą szukać uciekinierów. Najwyraźniej jednak... dali spokój" i można było, w ciągu kilku następnych tygodni po kapitulacji Warszawy, próbować dowiedzieć się czegoś o rodzinie i przyjaciołach. Antonina czekała przede wszystkim na „cudowny powrót" lub jakąś wiadomość od Jana, przekonana, że ten „poruszy niebo i ziemię, aby nas odnaleźć", tak jak dokonał tego z pomocą dr. Müllera w 1939 roku. Nie miała jeszcze wówczas pojęcia o niespotykanym szczęściu Jana na początku powstania, kiedy trafił do lazaretu „z przestrzeloną na wylot szyją – kula wyszła po drugiej stronie... wszyscy obecni byli przekonani, że ranny umrze.

– Bo i kto znający anatomię mógłby przypuszczać, że kula powędruje przez środek szyi i omijając najważniejsze organa – kręgosłup, cztery tętnice, żyły, tchawicę i przełyk – wyjdzie, nic nie uszkodziwszy?". Jak powiedział Antoninie po latach chirurg, który go wtedy przyjmował: „Wie pani, gdybym go uśpił i próbował długą igłą ostrożnie przejść drogę, jaką przebyła ślepa kula, tobym tego nie potrafił". Po zdobyciu szpitala przez Niemców Jan trafił do obozu jenieckiego dla oficerów, gdzie kurował ranę, walcząc jednocześnie z głodem i wyczerpaniem organizmu.

Antonina wysłała list do przyjaciela rodziny, licząc słusznie, że jego adres „stanie się centralą zgłoszeń dla znajomych i krewnych". Niunia, która zdecydowała się towarzyszyć i pomagać Antoninie zamiast dołączyć do swoich rodziców, została teraz ich łączniczką. „Wszelkie wyjazdy z Marywila były bardzo męczące. Wprawdzie kilka razy w tygodniu kursowała do Łowicza furmanka, zastępująca autobus, ale... biedna Niunia musiała zrywać się o świcie... Na całej trasie podwarszawskiej zostawiała karteczki z naszym adresem, przypięte do parkanów..., do słupów lub drzew", czyli w ówczesnym ogólnopolskim „biurze osób zaginionych". Stefan Korboński wspomina, jak: „Na każdym stacyjnym płocie setki kartek z adresami, przy pomocy których mąż szukał żony, rodzice dzieci i każdy w ogóle dawał o sobie znak życia. Przed tymi »biurami adresowymi« stały od rana do wieczora tłumy ludzi"[1].

Wkrótce Antoninę „zasypano listami"; napisali sanitariusz i „pielęgniarka z lazaretu, gdzie leżał ranny Jan, listonosz z poczty na placu Wareckim czy woźny z Muzeum" Zoologicznego na Wilczej. Wszyscy starali się dodać Żabińskiej ducha i tą drogą dostała też wiadomość, że Jan znajduje się w niewoli, oraz „adresy paru oflagów, do których natychmiast powysyłałam kartki napisane przez Ewę po niemiecku".

ROZDZIAŁ 33

GRUDZIEŃ 1944

Z nadejściem zimy „pola ośnieżyły się nareszcie, kałuże i maziste błoto w koleinach bocznych dróg stwardniały pod dotknięciem mrozu". Antonina szykowała Gwiazdkę zupełnie niepodobną do tych przedwojennych. Wtedy oprócz ludzi raczących się dwunastoma potrawami podczas tradycyjnej Wigilii, prezenty dostawały także zwierzęta: „W Wigilię przed samym wieczorem przywieziono wóz nie rozprzedanych choinek: była to gwiazdka dla zwierząt zimujących na dworze. Zarówno bażanty, jak i kruki, niedźwiedzie, lisy i inni mieszkańcy zoo lubili dziobać, skubać lub gryźć pachnącą żywicą korę i aromatyczne igliwie świerczków, które rozmieszczano po klatkach i wolierach, a przystrojony w ten sposób ogród od razu nabrał uroczystego wyglądu".

Przez całą noc po terenie ogrodu wędrowały światła latarek: „dozorca w pawilonach z egzotycznymi zwierzętami co parę godzin sprawdzał ciepłotę powietrza, dokładał węgla na ogień i pilnował pieców... inny znów obficie zaopatrywał w siano i słomę stajenki i schowy zwierząt spędzających zimę na dworze, a do wolier z ptakami wstawiał snopy nastroszonej słomy, żeby skrzydlata rzesza miała się gdzie schronić i ogrzać". Bezpieczne schronienie stanowiło istotę tej sceny tańczących świateł.

Przed świętami Bożego Narodzenia 1944 roku natomiast „Ryś, zmówiwszy się ze Zbyszkiem Kokotem, wymknął się któregoś dnia do lasu.

– Dzieciom należy się przyjemność – kategorycznie oznajmił przed wyjściem.

Przynieśli z lasu choinki dla Teresy i Jędrka".

Zgodnie z ludowym obyczajem choinki ustrojono za dnia, a świeczki zapalono dopiero z pojawieniem się pierwszej gwiazdki, kiedy wszyscy usiedli do wigilijnego stołu. Antonina opisuje, jak ich „mała drzewina... ustawiona na stołku w kąciku wesoło wyciągała ku nam zielone gałązki. Sześć świeczek, trzy jabłuszka, parę pierników i kilka pawich oczek, zrobionych przez Rysia, stanowiły całą jej ozdobę. Ale malutkiej dziewczynce choineczka wydawała się czymś tak zadziwiającym, że trzepotała z ożywieniem łapkami i wykrzykiwała jakieś niezrozumiałe sylaby...

W okresie świątecznym spotkała nas miła niespodzianka. Zjawiła się Genia... narażając się na łapanki podczas niebezpiecznej jazdy koleją i na dalsze konsekwencje związane z jej pochodzeniem, na trud czteromilowej wędrówki po mrozie, przybyła do nas, aby... przywieźć nam nieco pieniędzy od przyjaciół i zapewnienie, że póki żyją, nie zapomną o nas!". Antonina i Ryś nadal nie mieli żadnych wiadomości od Jana. Pewnego dnia nauczycielka jak zwykle popedałowała na pocztę. „Już z daleka, widząc panią Kokotową, poznaliśmy po jej minie, że zaszło coś niezwykłego. Ryś bez palta wybiegł na jej spotkanie. Potrząsając białym druczkiem, wpadł do mieszkania, a za nim zadyszana... pani Kokotowa.

– Doczekaliśmy się – rzekła... czytaliśmy wspólnie, po kilkanaście razy, literki kreślone ołówkiem. Potem Ryś pobiegł do warsztatu i podzielił się radosną nowiną ze swym przyjacielem.

Tatuś nie był już mitem, bohaterem z legendy, znów postacią realną, jak ojcowie innych dzieci" i Ryś mógł wreszcie mówić o nim bez obawy, że wzbudzi tylko niechciane współczucie u słuchających.

W archiwum warszawskiego ogrodu zoologicznego obok ofiarowanych przez rodzinę fotografii znalazło się prawdziwe cacko: kartka nadesłana przez Jana z obozu jenieckiego bez żadnego tekstu poza adresem. Na drugiej stronie kartki widnieje świetna karykatura Żabińskiego w workowatym mundurze z dwiema gwiazdkami na epoletach, okutanego szalikiem zwisającym mu do kolan. Narysował sam siebie nieogolonego, z workami pod oczami i długimi rzęsami, mocno zmarszczonym czołem, trzema włoskami sterczącymi z prawie łysej czaszki i niedopał-kiem w wyniośle wykrzywionych nudą wargach. Ile można przekazać bez żadnych niecenzuralnych komentarzy, pokazując siebie ni to z poli-towaniem, ni to z humorem, jako steranego, ale niepokonanego.

Armia Czerwona wkroczyła w końcu do Warszawy 17 stycznia 1945 roku, długo po kapitulacji powstania i o wiele za późno na pomoc dla miasta. Teoretycznie Rosjanie mieli przegonić Niemców, ale z poli-tycznych, strategicznych i praktycznych względów (takich jak między innymi strata w walkach na przedpolach Warszawy około 123 tysięcy żołnierzy) zatrzymali się na wschodnim brzegu Wisły i biernie przy-glądali się trwającej bite dwa miesiące krwawej bitwie, której żniwem były tysiące zabitych, tysiące zesłanych do obozów i całkowicie zbu-rzone miasto.

Halina ze swoją kuzynką Ireną Nawrocką (powojenną mistrzy-nią olimpijską w szermierce) i trzy inne łączniczki zostały aresztowa-ne przez Niemców i zagonione do długiej kolumny zmaltretowanych mieszkańców Warszawy pędzonych pod eskortą do obozu pracy w Ożarowie. Pracujący w polu zdołali podać dziewczętom ubrania robocze, wyciągnąć je z tłumu i wrócić razem z nimi do zrywania lnu, zanim równie wyczerpani drogą strażnicy cokolwiek zauważyli. Udające wieś-niaczki dziewczęta przedostały się później do Zakopanego, gdzie się ukrywały przez kilka miesięcy aż do końca wojny.

ROZDZIAŁ 34

1945

„Był pochmurny ranek styczniowy. Miało się nieco ku odwilży, gałęzie drzew zdawały się czarniejsze, wrony zlatywały się gromadnie na zaśnieżone pola. Ciężka, wilgotna mgła wsiąkała w płuca, utrudniając oddech. Dookoła działo się coś niezwykłego". Dało się słyszeć „hurkot wozów pancernych... gdzieś daleko warczały samoloty, wybuchy bomb wstrząsały ziemią. – Niemcy uciekają!".

Wkrótce można było zobaczyć, jak szosą „parły naprzód czołgi radzieckie", zaś miejscowi pospiesznie wywieszali „powitalne sztandary, w pośpiechu zszyte z kawałków czerwonego materiału. Nagle z głośnym łopotem skrzydeł wzbiła się w górę chmara gołębi. Rozsypały się niby białe śnieżyste kulki nad głowami przejeżdżających żołnierzy, znów się skupiły i nie mącąc szyku, unosiły się coraz wyżej ku niebu... Można by przypuszczać, że ukryty gdzieś reżyser zainscenizował ten symboliczny przelot...".

Nie tracąc nadziei na powrót Jana, Antonina postanowiła „przezimować na wsi... Nie posądzałam siebie o tyle odwagi i ryzyka, by wędrować w kierunku Warszawy bez niczyjej pomocy, z dziećmi, z bardzo wątłą Ewą... Na razie musieliśmy przenieść się do sąsiedniego domu, bo dziatwa na wsi czekała na rozpoczęcie nauki w szkole... Ten okres był chyba najcięższy po powstaniu. Ze względu na brak waluty obiegowej nie mogłam absolutnie nic kupić, nawet przydziałowego pół litra »mleka dla niemowląt«... gdyby nie dwór walewicki, skąd mimo wszystko przysyłano małą »ordynarię«, przymieralibyśmy głodem.

Miałam wprawdzie kilka złotych pięciorublówek zachowanych na czarną godzinę, nie chciałam ich jednak wydawać z uwagi na ewentualną podróż do Warszawy", z której poważnym kosztem należało się liczyć.

Na drogach znów zaroiło się od podróżnych, bo „wygnańcy z Warszawy tęsknili do swego miasta i każdy chciał znaleźć się tam jak najprędzej, chociaż podobno zostały ze stolicy same zgliszcza. Niunia, nasza łączniczka, wybrała się na rekonesansową wyprawę do Warszawy". Przyjechała z wiadomościami o odnalezionych na Pradze znajomych, u których można się było zatrzymać, nawet jeśli „dom w zoo nie nadawał się do użytku, częściowo rozbity przez pociski" i splądrowany.

Po podjęciu decyzji o powrocie trzeba już było tylko „czekać na okazję – jakąś wojskową ciężarówkę, która by zechciała zabrać nas wszystkich... w ciągu paru dni upolowaliśmy samochód transportujący z prowincji kartofle. Żołnierze zgodzili się, że pojedziemy na stercie ziemniaków... mróz był osiemnastostopniowy. Zmarzliśmy wszyscy prócz Teresy, owiniętej w kołdrę. Jechaliśmy nad podziw długo, bo kilkakrotnie zatrzymywały wóz jakieś posterunki... Do Włoch dotarliśmy wieczorem". Stamtąd na Pragę podrzucił ich „jakiś radziecki lotnik".

Tak Żabińska opisuje wjazd do miasta:

„Samochód zbliżał się do Warszawy. Spod kół biły na zamarzniętą szosę fontanny śniegu zmieszanego z piaskiem. Śnieżno-piaskowy pył, unoszony gwałtownymi podmuchami wiatru, nieznośnie trzeszczał pod zębami. Chroniąc się przed chłodem, przywieraliśmy jak najciaśniej do siebie... Tylu naocznych świadków tragedii Warszawy opisywało mi krajobraz zdruzgotanego miasta, ale mimo to pierwsze wrażenie na widok ruin i gruzów było wstrząsające". Na zdjęciach i filmach dokumentalnych widać osmalone framugi okien i drzwi prowadzące wprost do nieba, biurowce jak otwarte plastry składające się z pustych komórek, kamienice i kościoły przełamane jak lodowce, drzewa skoszone jak trawa, parki zasypane gruzem i nierealne jezdnie, wzdłuż których ciągnęły się fasady domów cienkie jak płyty nagrobne. „Zimowe słońce zaglądało do czarnych czeluści lejów, przeświecało przez dziurawe stropy i fasady, przez sieć dziwacznie splatanych prętów, kabli, rur". Po zniszczeniu 85 procent zabudowy eleganckie niegdyś miasto wyglądało jak gigantyczne śmietnisko i cmentarz, z całą zawartością rozłożoną na czynniki pierwsze, wszystkie pałace, muzea, place, dzielnice mieszkalne i zabytki zredukowane do bezkształtnych stosów gruzu. Podpisy do tych zdjęć głoszą „Umarłe miasto", „Pustynia ruin", „Góry gruzów"[1]. „Chociaż było mroźnie, czoła mieliśmy wilgotne od potu", pisze Antonina. Tę noc spędzili u przyjaciół Niusi.

Po śniadaniu Antonina pospieszyła z synem do zoo. „Ryś pomknął naprzód... i zaraz biegł już z powrotem w moją stronę. Policzki miał zaróżowione: mróz, wiatr czy radość?

– Dom stoi, mamusiu! Znów bredni nagadali, że wszystko zrównane z ziemią! Trochę się rozwalił, nie ma drzwi, nie ma podłóg, rzeczy rozkradli, ale jest dach! Są ściany, mamo, są schody!".

Przed oczami Antoniny stało zoo: „ziemia pokryta śniegiem, przerzedzone drzewa o wierzchołkach ściętych przez kule i pociski, gałęzie czerniejące na tle nieba; w głębi sylwetka naszego domu, zarys małpiarni i ruiny sąsiadujących z nią budynków. Obeszliśmy dom dookoła... jeden pokój na piętrze przestał istnieć, a na parterze brakowało drewnianych ścian przegrodowych, w których mieściły się szafy; widocznie porąbano je na opał, tak jak wszystkie drzwi, resztę szaf i większość futryn". Podziemny korytarz łączący piwnice domu z Bażanciarnią, gdzie zostały zamurowane rodzinne kosztowności, nie tyle się zapadł, co zdematerializował (i brak doniesień o jakichkolwiek próbach odkopania go po wojnie). „Nogi grzęzły w miękkiej warstwie papierów i kartek z podartych książek. Przykucnęliśmy, grzebiąc palcami w tych szczątkach jak w piasku, pożółkłe i brudne fotografie dawnego zoo wycieraliśmy chusteczkami; pieczołowicie chowałam te pamiątki do torby; nie pamiątki zresztą – dokumenty".

Pomimo zimna zrobili jeszcze przegląd ogrodu, w którym „przybyło nowych lejów od bomb, wzdłuż głównej alei ciągnęły się okopy... wszędzie kupy odłamków, niewypały, żelazo, zasieki z drutów kolczastych".

Nie odważyli się zapuszczać daleko, gdyż teren nie był jeszcze całkowicie rozminowany.

„Stąd wojna dopiero co odeszła, snuł się jeszcze w powietrzu jej trujący zapach". Antonina planowała już w myślach remonty, a „Ryś porównywał swoje wspomnienia z rzeczywistością". W drodze powrotnej zajrzeli do dawnego ogródka warzywnego: „w jednym miejscu wiatr zwiał grudkę śniegu i tuż przy samej ziemi wystawał zieleniejący rąbek listka... był to krzaczek truskawek!... zalążek nowego życia", pomyślała Antonina. „W tym samym momencie jakieś stworzenie ukazało się w okienku piwnicy.

– Szczur? Za duże na szczura...

– Kot! Zatrzymał się między badylami i patrzy na nas.

Szary, chudy kot. Ryś zrobił parę kroków naprzód i zawołał:

– Balbina! Starucho! Kicia! Balbina, chodź!

W pierwszej chwili kotka jakby się żachnęła: zlękła się naszego głosu... ale imię jej, powtórzone kilkakrotnie, imię, którego dawno nie słyszała, a znała kiedyś dobrze, dotarło przecież do jej pamięci. Prosto jak strzała puściła się ku siedzącemu w kucki Rysiowi i skoczyła mu w ramiona. Witali się bardzo długo i czule.

– Chyba jej teraz nie zostawimy, weźmiemy z sobą na Stalową, prawda, Mimek?

Tulił do siebie pomrukującą kotkę, kiedy jednak zbliżaliśmy się do bramy, Balbina zaczęła się gwałtownie wyrywać. Chłopiec był rozżalony.

– Widzisz, znów to samo, co w lecie! Ucieka! Co zrobić?

– Puść ją! Na pewno ma jakieś powody, żeby zostać.

Ryś puścił kotkę, dała kilka susów w głąb krzaków, potem zatrzymała się, odwróciła ku nam wychudzony łebek i zamiauczała po swojemu; »Ja wracam, a wy?«".

Dla Antoniny nie było powrotu do dawnego życia i czasów, gdy „gęgały gęsi, skrzeczały kormorany, kwiliły mewy... pawie przechadzały się po trawnikach w całej krasie swych mieniących się w słońcu, barwnych wachlarzy ogonów... stękały lwy i tygrysy, a głos ich wydawał się przechodniom pobliskich ulic grzmieniem trąb jerychońskich; małpki

rezusy bujały się z wesołym rozmachem na swych sznurach-linach",
niedźwiedzie polarne pławiły się w swoim basenie, kwitły róże i jaś-
min, i „dwie małe, sprytne wyderki… do rysiczek zapałały taką sympatią, że zamiast korzystać z własnego kosza wdrapywały się do wy-
sokiej, rysiej paki… by tam wtulone w puszyste futerka… drzemać,
ssąc ucho jednej lub drugiej kotki". Minęły dni wspólnego mieszkania
lisiąt, wyderek i szczeniąt w willi i ich niekończących się zabaw w berka po ogrodzie. Antonina z Rysiem wstąpili jeszcze do domu, „aby temu wszystkiemu, co zostało opuszczone, obiecać, że nie zapomnimy"
i wrócimy ratować.

ROZDZIAŁ 35

EPILOG

Jeszcze pozostając w ukryciu, Magdalena Gross i Maurycy Fraenkel (Paweł Zieliński) pobrali się, a po powstaniu warszawskim przenieśli do Lublina. W tym wolnym już od Niemców mieście awangardowi artyści i intelektualiści mogli się spotykać w kawiarni „Paleta". Schodzili się tam ludzie wielu teatrów obywających się bez słów, teatru muzycznego, teatru tańca, teatru rysunkowego, teatru cieni i teatrów operujących ognikami lub kostiumami z papieru i szmat. Polska tradycja satyrycznych teatrzyków kukiełkowych zanikła w czasie okupacji, ale w Lublinie Magdalena dołączyła do grona entuzjastów, którzy postanowili jako pierwsi stworzyć w nowej Polsce teatr lalkowy, a Gross poprosili o zrobienie marionetkom główek. Zamiast zaprojektować typowe uproszczone maski z papier-mâché postanowiła nadać im bardzo realistyczne i finezyjnie zróżnicowane fizjonomie i ozdobić lalki jedwabiem, perłami i koralikami. Pierwsze przedstawienie odbyło się 14 grudnia 1944 roku w Lublinie.

W marcu 1945 roku Magdalena i Maurycy wrócili do niedawno wyzwolonej Warszawy, pozbawionej jeszcze elektryczności, gazu czy komunikacji miejskiej. Ale złakniona rzeźbienia zwierząt Magdalena pytała: „Kiedy będą zwierzęta? Muszę rzeźbić! Tyle czasu zmarnowałam!". Z braku flamingów, marabutów czy innych egzotycznych stworzeń wzięła się za sporządzanie podobizny jedynego dostępnego modela, kaczora, a z powodu swego zwykłego, wolnego tempa pracy musiała „raz po raz przerabiać i uzupełniać swoje dzieło", w miarę jak kaczorek rósł. Powstanie pierwszej powojennej rzeźby Magdaleny Gross uczczono należycie.

Przedwojenna Warszawa liczyła półtora miliona mieszkańców, wczesną wiosną 1946 kolejny gość, dr Józef Tenenbaum, oceniał jej ludność na „najwyżej pół miliona. Zresztą na moje oko miejsca do mieszkania nie było nawet na jedną dziesiątą. Większość nadal żyła w kryptach, pieczarach, piwnicach i podziemnych schronach". Co nie przeszkadzało mu podziwiać morale warszawiaków:

„Nie ma na świecie ludzi tak niepomnych na niebezpieczeństwa jak warszawiacy. To miasto tryska niewiarygodną żywotnością i zaraźliwą brawurą. Puls życia bije tu w niesłychanie szybkim tempie. Ludzie chodzą obdarci, twarze mają sterane i wyraźnie niedożywione, ale nie pozbawione animuszu. Żyje się niełatwo, ale bez przygnębienia, a nawet wesoło. Mnóstwo bieganiny i pchania się, ludzie śmieją się i śpiewają ze zdumiewającą zadziornością...

Wszystko ma swój rytm i romantyzm, a także zapierające dech w piersi zarozumialstwo... Miasto jest jak ul. Wszędzie wrze praca, wyburza się zrujnowane domy i buduje nowe, niszczy i tworzy, sprząta i ustawia. Warszawa zaczęła się wygrzebywać z gruzów, gdy tylko ostatni hitlerowiec zniknął z przedmieść. I od tamtej pory bez przerwy się buduje, przebudowuje i odbudowuje, nie czekając na plany, fundusze czy materiały"[1].

Zewsząd dobiegała uszu Tenenbauma *Piosenka o mojej Warszawie*, utwór Alberta Harrisa, nieoficjalny hymn miasta, gwizdany, śpiewany lub nadawany z ryczących głośników na głównych placach budowy, by umilić ludziom pracę przy odgruzowywaniu: „Jak uśmiech dziewczyny kochanej... tak serce raduje piosenki tej śpiew, piosenki o mojej Warszawie... Ja wiem żeś ty dzisiaj nie taka, że krwawe przeżyłaś już dni... lecz taką jak żyjesz w pamięci przywrócę...".

Jan wrócił z obozu jenieckiego na wiosnę 1946 roku, a od 1947 ruszyły w zoo porządki i remonty, wznoszono nowe pomieszczenia i wybiegi dla zwierząt, początkowo wyłącznie rodzimych gatunków, ofiarowanych przez ludność Warszawy. Ich liczba wzrosła wkrótce do 150 sztuk.

Odnalazły się nawet niektóre z dawnych mieszkańców, w tym borsuk, którego żołnierze przywieźli w metalowej beczce. Antonina bardzo chciała wierzyć, że przedsiębiorczy Borsunio w czasie bombardowania Warszawy przedostał się wpław przez Wisłę i przeżył... Magdalena wyrzeźbiła jeszcze *Koguta*, *Królika I* i *Królika II*, poważnie już niedomagając na zdrowiu (nadszarpniętym wojną). Zmarła 17 czerwca 1948 roku, w dniu ukończenia *Królika II*. Od wielu lat marzyła o stworzeniu dla ogrodu zoologicznego dużych rzeźb, lecz ku żalowi Żabińskich nie miała szans zrealizować tego zamiaru, mimo że wkrótce zoo mogło służyć jako znakomite tło dla takich dzieł sztuki. Dzisiaj gości wita przy bramie naturalnych rozmiarów zebra pręgowana metalowymi żebrami. Niektóre dzieła Magdaleny Gross zdobią teraz biuro dyrektora zoo, choć kilka trafiło także do warszawskiego Muzeum Narodowego, tak jak sobie tego życzyli Żabińscy.

W przededniu 21 lipca 1949 roku i ponownego otwarcia warszawskiego zoo dla zwiedzających Jan i Antonina ustawili rzeźby Magdaleny Gross *Kaczor* i *Kogut* w miejscu, gdzie spodziewali się dużego ruchu, „na słupkach przy zejściu ku fontannie"[2].

Dwa lata później Jan nieoczekiwanie rezygnuje z kierowania ogrodem, mimo że ma dopiero 54 lata. Panujący w powojennej Warszawie i Polsce reżim stalinowski prześladował byłych akowskich działaczy podziemia, zatem zapewne zmuszono go do rezygnacji. Norman Davies tak pisze o atmosferze lat bezpośrednio powojennych:

„Każdy, kto ośmielał się chwalić przedwojenną niepodległość lub oddawać cześć tym, którzy podczas Powstania walczyli o jej odzyskanie, narażał się na zarzut, że plecie niebezpieczne, wywrotowe bzdury. Ludzie zachowywali ostrożność nawet w prywatnych rozmowach. Donosiciele byli wszędzie. Dzieci chodziły do szkół zorganizowanych na sowiecką modłę, gdzie denuncjowanie własnych przyjaciół i rodziców uchodziło za rzecz godną pochwały"[3].

Mając nadal rodzinę na utrzymaniu, Jan zajął się pisaniem książek o życiu zwierząt i potrzebie ich ochrony. Prowadził również w radiu cykle audycji na te same tematy i pracował dla Międzynarodowego

Towarzystwa Ochrony Żubra, chlubiącego się swoim odrodzonym stadkiem w Puszczy Białowieskiej.

Jak na ironię, żubry przetrwały częściowo dzięki staraniom Lutza Hecka, który podczas wojny odstawił większość z trzydziestu ukradzionych z Polski okazów z powrotem, razem z turopodobnymi i tarpanopodobnymi owocami swojej hodowli wstecznej. Trafiły do Białowieży, miejsca wymarzonego przez Hecka na polowania w zaufanym kręgu przyjaciół Hitlera. Podczas alianckich nalotów na Niemcy macierzyste stada zginęły, a nadzieją na zachowanie gatunku pozostały egzemplarze w Białowieży.

W 1946 roku na pierwszym powojennym zjeździe Międzynarodowego Towarzystwa Dyrektorów Ogrodów Zoologicznych w Rotterdamie zadanie reaktywowania ksiąg rodowodowych żubra powierzono Janowi, który musiał wytropić wszystkich ocalałych potomków żubra, łącznie z osobnikami z eksperymentalnych hodowli w Niemczech. Plonem badań Żabińskiego była pełna dokumentacja przedwojennych, wojennych i powojennych urodzin żubrów, dzięki czemu cały program i prowadzenie spisów rodowodowych znalazło się znów w gestii Polaków.

Jan pisał dla dorosłych, Antonina tworzyła dla dzieci, wychowywała własne i utrzymywała kontakt z obrastającą coraz szerszym kręgiem grupą Gości, którzy przeważnie porozjeżdżali się po świecie. Spośród wyprowadzonych przez Jana z getta byli Kazio i Ludwinia Kramsztykowie (kuzyni znanego malarza Romana Kramsztyka), dr Ludwik Hirszfeld (lekarz, specjalista chorób zakaźnych) i dr Róża Anzelówna z matką, które mieszkały krótko w willi, a potem przeniosły się do pensjonatu na Widok, poleconego przez znajomych Żabińskich. Po paru miesiącach zostały jednak aresztowane przez gestapo i zabite, jedyni Goście willi, którzy nie przeżyli wojny.

Kenigsweinowie przetrwali okupację i odebrali swego synka z sierocińca, ale w 1946 roku Samuel zmarł na zawał serca, a po jego śmierci Regina wyemigrowała z dziećmi do Izraela, gdzie ponownie wyszła za mąż i mieszkała w kibucu. Też nigdy nie zapomniała czasu spędzonego w zoo. Dwadzieścia lat po wojnie powiedziała izraelskiemu dziennikarzowi: „Dom dra Żabińskiego był jakby Arką Noego – ukryli się ludzie i zwierzęta". Rachela „Aniela" Auerbach także wyjechała, najpierw do

Londynu, gdzie przekazała raport Jana o zachowanych żubrach Julianowi Huxleyowi (przedwojennemu dyrektorowi londyńskiego zoo), a potem do Izraela. Irena Mayzel gościła Żabińskich u siebie w Izraelu. Genia Sylkes przeprowadziła się do Londynu, a stamtąd do Nowego Jorku, gdzie przez wiele lat pracowała w Instytucie YIVO.

Pojmana przez gestapo i bestialsko torturowana Irena Sendler, ratująca dzieci z getta, zdołała, dzięki pomocy podziemia, zbiec i do końca wojny musiała się ukrywać. Pomimo połamanych na gestapo nóg pracowała po wojnie w opiece społecznej i na rzecz upośledzonych. Wanda Englertowa podczas wojny przeprowadzała się wielokrotnie, jej mąż Adam został aresztowany w 1943 roku i osadzony na Pawiaku, potem zesłany do Auschwitz i Buchenwaldu. Zdołał przetrwać więzienie i obozy, po wojnie wraz z żoną wyjechał do Londynu.

Halina i Irena, młode łączniczki AK, są nadal bliskimi przyjaciółkami i mieszkają w Warszawie. Wśród medali zdobytych w szermierce Irena powiesiła sobie na ścianie fotografie swoją i Haliny jako młodych, olśniewających, wytwornie uczesanych dziewcząt, które mają całe życie przed sobą. To zdjęcie studyjne zrobił im podczas wojny sąsiad.

Siedząc z Haliną w kawiarni na dziedzińcu hotelu Bristol, w tłumie turystów i ludzi biznesu, mając przed oczami wystawione smakołyki, śledzę na twarzy mojej rozmówczyni odblaski migających w jej pamięci wspomnień, a ona nuci cicho piosenkę, którą przed ponad sześćdziesięciu laty zaśpiewał jej młody przystojny żołnierz:

Ty jeszcze o tym nie wiesz, dziewczyno,
Że od niedawna jesteś przyczyną,
Mych snów, pięknych snów.
Ja mógłbym tylko wziąć cię na ręce
I jeszcze więcej niż dziś
Kochać cię.

Jeśli nawet ktoś z restauracyjnych gości podsłuchał, to nie dał tego po sobie poznać, a rozglądając się wokół zauważyłam, że nie ma przy nich nikogo tak starego, żeby mieć jakieś wojenne wspomnienia.

Ryś, mający własne dzieci inżynier, mieszka w centrum Warszawy na siódmym piętrze bez windy i bez żadnych zwierzaków. „Pies nie dałby rady tyle chodzić po schodach!" – tłumaczy po drodze, śmigając z podestu na podest. (Może dzięki tym schodom ten wysoki i smukły siedemdziesięciolatek robi wrażenie wysportowanego). Jest serdeczny i gościnny, ale zachowuje pewną ostrożność, czemu nie należy się dziwić, biorąc pod uwagę nauczkę, jaką wojna wryła mu w pamięć w dzieciństwie. „Żyliśmy z chwili na chwilę" – rzekł, siadając w pokoju dziennym, w otoczeniu fotografii rodziców, ich książek, oprawionego rysunku żubra i szkicu ojca. Życie w zoo nie wydawało mu się czymś niezwykłym, bo „tylko takie znałem". Opowiedział mi o bombie, która spadła tak blisko willi, że – jak sobie uświadomił – zginąłby, gdyby wybuchła. Pamięta pozowanie dla Magdaleny Gross, wielogodzinne nasiadówki, kiedy miesiła glinę, cała tym pochłonięta, a on rozkoszował się okazywanymi mu żywo względami. Od dorosłego Rysia dowiedziałam się, że przy ładnej pogodzie jego matka zastawiała taras skrzynkami pełnymi kwiatów, że do jej ulubionych należały bratki, kwiatki z zamyślonymi buziami, że najbardziej lubiła muzykę Chopina, Mozarta i Rossiniego. Moje pytania na pewno budziły czasem jego zdziwienie – chciałam, żeby opowiedział mi, jak jego matka pachniała, poruszała się, gestykulowała, jaki miała ton głosu, jak się czesała. Wszystkie takie dociekania zbywał słowem „przeciętnie" lub „normalnie" i szybko zdałam sobie sprawę, że albo nie odwiedza tych zakamarków pamięci, albo nie chce się nimi dzielić. Urodzona pod koniec wojny siostra Ryszarda, Teresa, wyszła za mąż i mieszka w Danii. Ryszard uprzejmie zgodził się wybrać ze mną do willi w zoo. Gdy przestępujemy ostrożnie próg z odciśniętą podkową, by zwiedzić dom jego dzieciństwa, zauważam poruszona, że Ryszard porównuje to, co jest, z tym, co było, zupełnie tak samo, jak robił to w dzieciństwie po powrocie do zbombardowanego zoo pod koniec wojny i jak opisała to Antonina.

Jednym z przykładów, że los może się niekiedy bardzo spektakularnie odwrócić, było zbombardowanie zoo w Berlinie z podobnie tragicznym skutkiem, co w przypadku zoo w Warszawie. Lutzowi Heckowi nie zabrakło wówczas tych samych problemów i trosk, jakie za sprawą jego państwa spadły niegdyś na Żabińskich. W autobiografii opisuje wzruszająco własne śmiertelnie poranione zoo. W przeciwieństwie do Żabińskich Heck dobrze wiedział, jakich zniszczeń może się spodziewać, ponieważ miał okazję oglądać je wcześniej w Warszawie, o czym w ogóle zresztą nie wspomina. Bogate łupy z safari, wielki zbiór fotografii i niezliczone dzienniki podróży przepadły pod koniec wojny. Heck opuścił Berlin, uciekając przed nadciągającą armią sowiecką, żeby uniknąć aresztowania za ograbienie ukraińskich ogrodów zoologicznych. Do końca życie mieszkał w Wiesbaden, ale wyjeżdżał na myśliwskie wyprawy za granicę. Lutz zmarł w 1982 roku, w rok po bracie, Heinzu. Syn Lutza, też Heinz, wyemigrował w 1959 roku do Catskills, gdzie prowadził mały ogród zoologiczny słynący ze stada koników Przewalskiego, pochodzących od tych, które Heinz Heck hodował przez całą wojnę. W pewnym momencie monachijskie zoo miało największe stado koni Przewalskiego poza Mongolią (częściowo oparte na okazach ukradzionych z zoo w Warszawie).

W sumie przez „stację przesiadkową" w warszawskim zoo przewinęło się co najmniej kilkadziesiąt, a może ponad sto osób, przeważnie przed udaniem się na dalszą tułaczkę. Jan zawsze uważał i potwierdził to zresztą publicznie, że prawdziwą bohaterką tej epopei była jego żona, Antonina. Dziennikarzowi izraelskiej gazety „Jediot Ahronot", Noahowi Kligerowi, powiedział: „Bała się wszelkich możliwych konsekwencji, przerażała ją myśl o tym, jak mogą się na nas i naszym synku odegrać hitlerowcy, bała się śmierci, a jednak nie okazywała tego strachu, pomagała mi [w działalności konspiracyjnej] i nigdy nie prosiła, żebym tego zaniechał".

„Antonina była gospodynią domową" – powiedział Żabiński Dance Narnish z innej izraelskiej gazety. „Nie zajmowała się polityką czy wojną, była nieśmiała, a mimo to odegrała wielką rolę w ratowaniu innych i nigdy się nie skarżyła na niebezpieczeństwo, jakim to groziło".

„Jej ufność rozbrajała najbardziej nawet wrogo nastawionych" – usłyszał od Jana inny reporter. Żabiński dodał jeszcze, że źródłem tej siły jego żony była miłość do zwierząt. „Nie robiła ze zwierząt ludzi, raczej sama zatracała właściwości Homo sapiens i przemieniała się to w panterę, to w borsuka czy piżmowca. I tak, mając zdolność przejęcia ich instynktu walki, stawała się nieustraszoną obrończynią swoich".

Yaronowi Beckerowi Żabiński wyjaśniał: „Została wychowana po katolicku, bardzo tradycyjnie, ale to jej nie przeszkodziło. Wręcz przeciwnie, wzmocniło jej determinację, żeby pozostać wierną sobie, słuchać głosu serca, nawet jeśli wymagało to wielu poświęceń".

Zafascynowani osobowością ratujących Malka Drucker i Gay Block przeprowadzili wywiady z ponad setką z nich i doszli do wniosku, że łączą ich pewne kluczowe cechy. Ratujący umieli podejmować decyzje i ryzyko, szybko myśleć, odznaczali się niezależnością, pewną awanturniczością i duchem przekory, otwartością na innych i niezwykłą elastycznością – gotowi w razie potrzeby natychmiast zmieniać plany, wyrzekać się przyzwyczajeń, czy rezygnować z utrwalonej rutyny. Mieli skłonność do nonkonformizmu, a chociaż wielu ratujących jednocześnie uznaje zasady, w imię których warto oddać życie, to wcale nie przypisywali sobie bohaterstwa. Za charakterystyczne można uznać z ich strony takie stwierdzenia, jak to, które padło z ust Jana: „Spełniałem tylko swój obowiązek – jeżeli można uratować komuś życie, to należy spróbować". Czy też: „Robiłem tylko to, co należało"[4].

Antonina zmarła w roku 1971 roku, jej mąż trzy lata później.

ROZDZIAŁ 36

I

BIAŁOWIEŻA 2005

Na skraju pierwotnej puszczy w północno-wschodniej Polsce czas jakby nie istniał. Pod lazurowo błękitnym niebem dwadzieścia parę koni pasie się na podmokłej łące u stóp gigantycznych sosen. Podczas porannych przymrozków otaczają je obłoczki pary, a po ich odejściu unosi się w powietrzu słodkawy zapach. Ich woń utrzymuje się niewidzialną chmurką nad krzyżującymi się śladami kopyt nawet przez kilka godzin. Czasami na dróżce żwirowanej czy przysypanej warstwą opadłych liści, na których nie widać żadnych tropów, człowieka otacza nagle zapach stanowiący kwintesencję dzikiego konia, spokrewnionego z tarpanem konika polskiego.

Od wiosny do jesieni konie obywają się bez ludzkiej pomocy, brodzą po mokradłach, skubią liście krzewów, gałązki drzew, paprocie i trawę. Około połowy października zaczyna padać śnieg, który utrzymuje się przeważnie do maja. Zimą wygłodniałe koniki próbują wygrzebać spod śniegu resztki suchej trawy czy gnijących jabłek, a leśnicy zaopatrują je w siano i sól. Obdarzonych przez naturę węźlastymi muskułami koników nie chroni przed zimnem warstwa tłuszczu, dlatego porastają kłaczastym futrem, które łatwo się filcuje. To wtedy właśnie upodabniają się najbardziej do koni z prehistorycznych malowideł na ścianach jaskiń w Dolinie Loary.

Kto by się spodziewał – że można zapomnieć o tu i teraz, stając oko w oko ze stworzeniami jakby żywcem przeniesionymi z prehistorii. Pasą się na leśnych polanach jak przed tysiącami lat. To przepiękne zwierzęta z czarną pręgą na grzbiecie i ciemną grzywą (czasami rodzi się źrebak z czarnym pyskiem oraz pęcinami i pręgowaną, jak u zebry, nogą lub dwiema). Mają długie uszy i potężne karki, są bardzo rącze. W przeciwieństwie do koni udomowionych bieleją na zimę, zupełnie jak gronostaje czy zające polarne, żeby trudniej je było spostrzec na śniegu. W szorstkich grzywach i ogonach zbierają im się grudki lodu, a w kopyta nabija się śnieg. Ostry klimat i ubogi jadłospis jednak im służą, a ogierom, mimo zażartych walk, jakie między sobą toczą, robiąc użytek z obnażonych zębów i silnych szyi, rany goją się szybko jak za dotknięciem różdżki szamana. Jak pisał o dzikich zwierzętach Henry Beston w *The Outermost House* [Dom na najdalszym skraju]: „Obdarzone zmysłami tak rozwiniętymi, jakich my nigdy nie mieliśmy lub dawno zatraciliśmy, poruszają się w świecie starszym i pełniejszym od naszego, kierując się w życiu głosami, jakich nigdy nie będzie nam dane słyszeć".

W Białowieży można napotkać odtworzone turopodobne bydło, przypominające nieco ulubioną zwierzynę łowną Juliusza Cezara. Swoim przyjaciołom w Rzymie Cezar opisywał tury jako czarne, dzikie byki, „nieco mniejsze od słoni", szybkie i silne. Odnotował, iż: „Nie ujdzie im człek ani zwierz, nie sposób je przymusić do obecności człowieka, ani poskromić, nawet pojmawszy za młodu". Najwyraźniej rdzenni mieszkańcy Szwarcwaldu zaprawiali się nieustannie w polowaniach na tury-byki (krów nie zabijano, żeby nie zaburzyć rozmnażania), a ci „którym udało się zabić ich znaczną liczbę – i przedstawić na dowód ich poroża – cieszyli się wielkim poważaniem. Rogi... są bardzo pożądanym towarem; osadzone w srebrze służą za puchary na wielkich ucztach". W muzeach uchowało się jeszcze trochę tych oprawnych w srebro rogów, ale do 1627 roku wybito wszystkie prawdziwe tury.

A jednak łatwo uwierzyć, że tarpany i tury nadal przemierzają strzeżone tereny na polsko-białoruskiej granicy, w których takie upodobanie znajdowali od XV wieku polscy królowie i które stały się krainą magiczną, osnową wielu europejskich baśni i legend. Oczarowany jej scenerią król Kazimierz Jagiellończyk ponoć stąd kierował państwem przez siedem lat (1485– 1492).

Skąd ten zachwyt nad puszczańskim pejzażem, czym urzekała Białowieża ludzi różnych epok i kultur, z Lutzem Heckiem, Göringiem i Hitlerem włącznie? Rosną tu ponadpięćsetletnie dęby, niebotyczne sosny, świerki i jesiony, z dostojeństwem katedry osiągające wysokość kilkudziesięciu metrów. Puszcza może się poszczycić 12 tysiącami gatunków zwierząt, od jednokomórkowców po tak okazałe ssaki jak dzik, ryś, wilk i łoś, oraz, naturalnie, żubry. Po zaroślach i trzęsawiskach przemykają bobry, kuny, łasice, borsuki i gronostaje, a orły przednie zaludniają przestrzeń podniebną pospołu z kaniami, jastrzębiami, sowami, bocianami i nietoperzami. Codziennie można podczas spaceru natknąć się na więcej łosi niż ludzi. W powietrzu unosi się aromat żywicy i sosnowego igliwia, mchu i wrzosu, jagód i grzybów, podmokłych łąk i torfowisk. Nic dziwnego, że Puszcza Białowieska jako pierwsza po wojnie otrzymała status chronionego parku narodowego, a obecnie jest wpisana na listę Światowego Dziedzictwa Kulturalnego i Przyrodniczego UNESCO.

Dzięki zakazowi wstępu dla myśliwych czy drwali, a także wszelkich pojazdów mechanicznych rezerwat jest ostatnią ostoją unikatowej flory i fauny. Z tego względu leśnicy oprowadzają niewielkie grupki wycieczkowiczów tylko wyznaczonymi trasami, na których nie wolno śmiecić, palić ani głośno rozmawiać. Nie wolno niczego zbierać, nawet kamyka czy liścia na pamiątkę. Wszelkie przejawy ludzkiej działalności, szczególnie hałas, są niemile widziane, a leśnicy korzystają w rezerwacie z konnych furmanek na oponach, tną przewrócone drzewa ręcznymi piłami, a do ich wywiezienia także zaprzęgają konie.

W tak zwanym ścisłym rezerwacie widać wiele przewróconych i gnijących drzew, które stanowią zresztą, jakkolwiek dziwne się to wydaje, zdrowy trzon i wielką siłę kniei, o której nietykalność walczą w związku z tym energicznie działacze ochrony przyrody. Obalone przez wichurę lub umierające z innych naturalnych przyczyn drzewa stają się siedliskiem 3000 rodzajów grzybów, 250 gatunków mchów, 350 gatunków porostów, 8791 gatunków owadów oraz ptaków i ssaków. Z pogadanek przewodników i muzealnej ekspozycji na dioramach można się wiele dowiedzieć o ekologii i historii parku, ale niewielu zwiedzających zdaje sobie sprawę, ile uroku miał zarówno dla nazistowskiego rasizmu, jak i romantyzmu.

Gdy nad białowieskimi mokradłami zapada zmierzch, pod niebo wzbijają się jednocześnie setki szpaków, by zatoczyć wielki krąg i opaść w zarośla w poszukiwaniu miejsca na nocleg. Przychodzi mi na myśl miłość Antoniny do szpaków i jej przyjaciółka Szpak, Magdalena Gross, a także Lutz Heck. I on upodobał sobie „małego, mieniącego się zielonym połyskiem szpaczka z szeroko rozdziawionym dziobkiem, z którego dobywa świergotliwą piosnkę, cały rozdygotany pod naporem własnego śpiewu"[1]. Eugenika i eksperymenty hodowlane rozkręcone dzięki ambicjom Hecka, pasji łowieckiej Göringa i narodowosocjalistycznej ideologii przyczyniły się, paradoksalnie, do uratowania wielu rzadkich roślin i zagrożonych gatunków zwierząt.

Polscy patrioci, mało wyrozumiali – z oczywistych względów – dla związków Hecka z nazistami i nazizmem, szybko uznali i nadal uznają, że wyhodowane przezeń zwierzęta może i przypominają swoich praprzodków, ale technicznie rzecz biorąc są fałszywkami. Za życia braci Heck nie było jeszcze mowy o klonowaniu, w przeciwnym razie na pewno by opanowali tę sztukę. Niektórym zoologom, zwolennikom określeń „tarpanopodobne" lub „turopodobne", tamte eksperymenty hodowlane nadal kojarzą się z polityczną ideologią. Owe konie, „choć nie są prawdziwie dzikimi zwierzętami, pozostają dużymi, osobliwymi stworzeniami, których dzieje ubarwia spora doza dramatyzmu, determinacji i blagi" – twierdzą Piotr Daszkiewicz i dziennikarz Jean Aikhenbaum w książce *Aurochs, le retour... d'une supercherie nazie* (1999). Przedstawiają Heków jako mistyfikatorów. Ogłosili bowiem, że wskrzeszają wymarły gatunek, podczas gdy stworzyli nowy. W recenzji opublikowanej w „International Zoo News" Herman Reichenbach krytykuje książkę Daszkiewicza i Aikhenbauma za niedostatki faktograficzne i zasadniczo za to, że jest tym, „co Francuzi zowią *polémique*... a Amerykanie *hatchet job*, czyli schlastaniem... co się skądinąd zapewne Heckom należało; po wojnie nader oszczędnie wypowiadali się na temat swoich powiązań z dyktaturą hitlerowską... Odtworzenie pradawnego środowiska naturalnego Niemiec (w obrębie parku narodowego)

273

miało tyle samo wspólnego z nazistowską ideologią co dążenie do zajęcia Alzacji"[2].

Niemniej Reichenbach przyznaje produktom hodowli Hecka ważną rolę: „Mogą się one nadal przyczyniać do ochrony środowiska naturalnego lasów mieszanych i łąk... Będąc dziką odmianą bydła turopodobne być może wzbogacą pulę genów zwierzęcia domowego, która w ostatnich dziesięcioleciach uległa zubożeniu. Próba hodowli wstecznej tura była może szaleństwem, ale nie zbrodnią". Profesor Z. Pucek z Białowieskiego Parku Narodowego odsądza bydło Hecka od czci i wiary jako „największe naukowe oszustwo XX wieku". Spór trwa zatem nadal, na łamach czasopism i w sieci, a jego uczestnicy nierzadko powołują się na myśl Amerykanina Williama C. Beebe, który w swojej książce z 1906 roku *The Bird: Its Form i Function* [Ptak: forma i działanie] napisał: „Piękno i geniusz dzieła sztuki można odtworzyć, nawet jeśli jego pierwotna materialna postać uległa zniszczeniu; zapomniana harmonia może się znów stać natchnieniem dla kompozytora; ale jeśli ostatni przedstawiciel rasy istot żywych wyda swe ostatnie tchnienie, to prędzej nasza ziemia i nasze niebiosa przeminą, nim znowu taki nastanie".

Istnieje wiele rodzajów obsesji. Obserwując bujne życie białowieskiej przyrody, nie sposób odgadnąć, jaką rolę odgrywała w aspiracjach Lutza Hecka, jak wpłynęła na los warszawskiego zoo i jaki pożytek mieli z niej w swoich altruistycznych poczynaniach Jan i Antonina Żabińscy, którzy wykorzystali manię nazistów na punkcie rzadkich zwierząt i borów, by uratować od niechybnej śmierci wielu bliźnich.

II

Współczesna Warszawa jest miastem wielkich przestrzeni pod rozległą kopułą nieba, z alejami, które szpalerami drzew schodzą ku rzece. Rudery sąsiadują niekiedy z najnowocześniejszym budownictwem, a nigdzie nie brakuje zapachu ani cienia wysokich drzew. W okolicach ogrodu zoologicznego park Praski nadal odurza słodkim aromatem kwitnących lip i roi się od pszczół. Po drugiej stronie Wisły o getcie

przypomina otoczony kasztanami pomnik. Dziś w dawnej siedzibie gestapo mieści się Ministerstwo Edukacji, dawnego urzędu bezpieczeństwa – Ministerstwo Sprawiedliwości, a w budynku komitetu central-
nego partii komunistycznej – giełda. Za to peanem na cześć dawnej
architektury jest Stare Miasto, odbudowane po wojnie w stylu zwanym
gotykiem nadwiślańskim na podstawie starych rycin i obrazów osiemnastowiecznego wenecjanina Bernarda Bellotta, pod kierunkiem Emilii
Hiżowej (tej samej, której wynalazkiem była uchylna ściana stosowana
przez Żegotę w celu zamaskowania wejść do kryjówek Żydów). W fasady niektórych gmachów wkomponowano fragmenty z wojennych ruin.
Ulice Warszawy zdobią dziesiątki pomników, bo Polska wciąż ugina się
pod ciężarem swojej dotkliwej historii.

Śladami Antoniny wędruję z miejsca, gdzie się zatrzymała u krewnych podczas oblężenia Warszawy, na Miodową, przecinam starą fosę
i ceglane mury Starego Miasta. Między rzędami ciasno upakowanych
kamieniczek krok staje się nieco chwiejny na kocich łbach bruku, i od-
zyskuje równowagę dopiero na większych, wygładzonych przez kilku-
setletnie deptanie po kamieniach. Projektanci powojennej odbudowy
dążyli do wykorzystania oryginalnego budulca wszędzie tam, gdzie było
to możliwe. Tak opisał „kwadraty bruku" w *Sklepach cynamonowych*
rówieśnik Antoniny, Bruno Schulz: „jedne bladoróżowe jak skóra ludzka, inne złote i sine, wszystkie płaskie, ciepłe, aksamitne na słońcu, jak
jakieś twarze słoneczne, zadeptane stopami aż do niepoznaki, do bło-
giej nicości"[3].

Na rogach wszystkich wąskich uliczek sterczą elektryczne (dawniej
gazowe) latarnie, a otwarte okiennice przypominają kalendarz adwen-
towy. Pod dachami biegną czarne, żeliwne rynny, a ozdobne tynki od-
padają miejscami ze ścian, odsłaniając ceglastoczerwone podłoże.

Skręciłam w Piekarską, po bruku nierównym i falującym jak dno wy-
schniętego łożyska potoku, potem w lewo w Piwną, gdzie minęłam fa-
sadę domu z kapliczką we wnęce na piętrze; drewnianą figurę świętego
otaczały kwiaty. Potem przeszłam obok klubu numizmatycznego Karola
Beyera, i trojga niskich drewnianych drzwiczek na podwórka, na rogu
skręciłam w lewo obok przypominającego piramidę muru i wreszcie

wyszłam na otwartą przestrzeń Starego Rynku. Na początku wojny, kiedy Antonina robiła tu zakupy, mało który handlarz ryzykował wystawienie kramu. Sklepy z bursztynem czy antykwariaty pozostały zamknięte, tak jak i patrycjuszowskie domy, i nigdzie nie było widać papugi, która przepowiadała przyszłość w latach trzydziestych.

Po wyjściu z Rynku szłam wzdłuż fortyfikacji, aż mur z usmolonej cegły zaprowadził mnie do średniowiecznego Barbakanu. Za lejkowatymi okienkami obserwacyjnymi i wąskimi strzeleckimi czaili się niegdyś łucznicy. Wiosną rosnące wzdłuż tej trasy spacerowej jaśminy pienią się białym kwieciem, przyciągającym tłuste sroki. Nad murem widać korony jabłoni wyciągających konary do słońca. Idąc Rycerską, dotarłam do małego skwerku z czarnym cokołem, na którym widniała płaskorzeźba syrenki z mieczem. Antonina chyba mogłaby utożsamiać się z tą chimerą – obrończynią: pół kobietą, pół zwierzęciem. Po obu stronach cokołu z ust brodatego bożka tryska woda. Łatwo sobie wyobrazić Antoninę, jak odstawia koszyk, by podsunąć kubek i czekać, aż życiodajne źródełko go napełni.

PRZYPISY

Od Autorki

1 Większość cytatów w tej książce pochodzi ze wspomnień Antoniny Żabińskiej *Ludzie i zwierzęta*, Czytelnik, Warszawa 1968. Inne jej książki to: *Nasz dom w zoo*, Czytelnik, Warszawa 1970. *Dżolly i s-ka*, Wydawnictwo Literackie, Kraków 2008. *Borsunio*, Wydawnictwo Literackie, Kraków 2008. *Rysice*, Wydawnictwo Literackie, Kraków 2008 (przyp. red.).

Rozdział 2

1 Parę lat wcześniej z ptaszarni warszawskiego zoo włamywacze ukradli wiele rozmaitych sów, kruka i kondora. Oficjalnie uznano, że sowy i kruka zabrano jedynie dla zmylenia tropów, a prawdziwym łupem był kondor, którego czarnorynkowa cena ogromnie wzrosła. Innym razem rabuś uprowadził małego pingwinka. Takie porwania zdarzają się we wszystkich ogrodach zoologicznych, zwykle na zamówienie hodowców lub nielegalnych laboratoriów, ale czasami także że indywidualnych kolekcjonerów. Notabene, piękną kakadu skradzioną z zoo w Duisburgu odnaleziono – martwą – w mieszkaniu pewnego małżeństwa, które dostało wypchanego ptaka w podarunku z okazji rocznicy ślubu.

2 Drążek pogo, szalenie modny w latach dwudziestych, został opatentowany przez Amerykanina, George'a Hansburga.

[3] Flamingi wyglądają, jakby nogi zginały im się w kolanach do tyłu, ale w rzeczywistości są to kostki ich nóg. Kolana mają wyżej, schowane pod piórami.

Rozdział 3

[1] Wiele szczegółów na temat Rejentówki zaczerpnęłam od Heleny Boguszewskiej, która miała swoją działkę w pobliżu.

Rozdział 4

[1] Bardzo podobnie do Antoniny zapamiętał tę scenę inżynier Wiktor Okulicz-Kozaryn, który był jej świadkiem jako chłopiec: „Niemiecki samolot leci nisko nad tłumem, strzela i zabija wielu ludzi... dwa polskie samoloty atakują niemiecki bombowiec nad polami, samolot w płomieniach, potem pojedynczy spadochron unoszący się nad jakimiś drzewami".

Rozdział 5

[1] Szafy grające wynaleziono w latach trzydziestych XX wieku, żeby przygrywały w lokalach będących skrzyżowaniem spelunki, jaskini hazardu i tancbudy, przez kreolskich mieszkańców Karoliny zwanych *jooks*.

Rozdział 6

[1] Fragment przemówienia Stefana Starzyńskiego z września 1939 roku.

[2] Przemówienie Rómmla cyt. za Israel Gutman, *Walka bez cienia nadziei: powstanie w getcie warszawskim*, przeł. Marcin Stopa, „Rytm", Warszawa 1998, s. 38.

[3] Cyt. za Stanisław Piotrowski, *Dziennik Hansa Franka*, Wydawnictwo Prawnicze, Warszawa 1957.

4 Adam Zamoyski, *Własną drogą: osobliwe dzieje Polaków i ich kultury*, przeł. Aleksandra Zgorzelska, Znak, Kraków 2002.

5 Jan Żabiński, *Relacja*, „Biuletyn Żydowskiego Instytutu Historycznego", 1968, nr 65/66, s. 198–199.

Rozdział 7

1 Heinz Heck został dyrektorem ogrodu zoologicznego Hellabrunn w Monachium w 1928 roku i piastował to stanowisko do roku 1969.

Rozdział 8

1 Lutz Heck, *Tiere – mein Abenteuer: Erlebsnisse in Wildnis und zoo*, [Zwierzęta – moja przygoda], Ullick, Wien 1952.

2 Podjął ją wcześniej – bez powodzenia – polski uczony Tadeusz Vetulani. Heck ukradł wyniki badań Vetulaniego, a także trzydzieści zwierząt, które odesłał do Niemiec, by umieścić je później w Rominten, a następnie w Białowieży.

3 Hitlerowska propagandowa retoryka sławiła sprawną, dziarską i witalną rasę aryjską, ale nazistowscy przywódcy nie byli okazami zdrowia: Goebbels miał szpotawą stopę, Göring cierpiał na otyłość i był uzależniony od morfiny, a sam Hitler miał pod koniec wojny objawy syfilisu, był uzależniony od środków pobudzających i uspokajających i, prawdopodobnie, cierpiał na chorobę Parkinsona. Lekarz Hitlera, Theo Morell, znany specjalista wenerolog, towarzyszył mu wszędzie ze strzykawką i witaminami zawiniętymi w złocistą folię. Na nielicznych filmach dokumentalnych można dostrzec typowe dla Parkinsona drżenie lewej ręki, którą wódz chowa za plecami, podając zdrową, prawą rękę ustawionym w długim rzędzie chłopcom.

Czym były owe „witaminy"? Według kryminologa Wolfa Kempera (*Nazis on Speed: Drogen im 3. Reich* [2002]) Wehrmacht zamawiał zestaw leków poprawiających koncentrację, wytrzymałość i pobudzających gotowość ryzykowania, a jednocześnie redukujących ból, głód i zmęczenie. Od kwietnia do lipca 1940 roku niemieccy żołnierze otrzymali ponad 35 milionów trzymiligramowych dawek uzależniających i zmieniających nastrój środków opartych na amfetaminie – Pervitinu i Isaphanu.

W liście z 20 maja 1940 roku dwudziestodwuletni Heinrich Böll, stacjonujący wówczas w okupowanej Polsce, mimo swej „nieprzezwyciężalnej (i wciąż nieprzezwyciężonej) awersji do nazistów" prosił mieszkającą w Kolonii matkę o przesłanie mu szybko dodatkowych dawek Pervitinu, który niemieccy cywile wykupują spod lady na własny użytek. (Leonard L. Heston, Renate Heston, *The Medical Casebook of Adolf Hitler*, W. Kimber, London 1979, s. 127–129).

[4] Josef Mengele pochodził z Bawarii, z rodziny przemysłowców, i w oficjalnych dokumentach podawał jako swoje wyznanie katolicyzm (mimo że obowiązywała raczej formuła „wierzący"). Fascynowały go genetyczne deformacje i jako „Doktor Auschwitz" czy też „Doktor Śmierć", przeprowadzał w Auschwitz na dzieciach eksperymenty, które sąd we Frankfurcie miał później nazwać „odrażającymi zbrodniami": popełniając je, kierował się „własną wolą i żądzą krwi", dopuszczał się morderstw i wiwisekcji. „Był brutalny, ale w wytworny, zdegenerowany sposób", zeznawał jeden z więźniów, a inni opisywali Mengele jako „bardzo rozrywkowego", „typ Rudolfa Valentino", zawsze pachnącego wodą kolońską (zob. Robert Jay Lifton, *The Nazi Doctors: Medical Killing and the Psychology of Genocide*, Basic Books, New York 1986). „Czy to przeprowadzając selekcję, czy też zabijając osobiście, Mengele działał zawsze z wyszukanym dystansem – można by wręcz powiedzieć: brakiem zainteresowania – i sprawnością", podsumowuje Lifton.

Po przyjeździe nowego transportu strażnicy chodzili wzdłuż szeregów więźniów, wołając: *Zwillinge! Zwillinge!* w poszukiwaniu bliźniąt dla Mengelego do makabrycznych eksperymentów. Zmienianie koloru oczu należało do jego ulubionych doświadczeń; na ścianie gabinetu zawisł zbiór usuniętych chirurgicznie oczu, jak kolekcja motyli.

⁵ Himmler w pewnym momencie zaproponował Wernerowi Heisenbergowi utworzenie instytutu do badań nad gwiazdami lodowymi, ponieważ według kosmologii Welteislehre, teorii austriackiego inżyniera Hannsa Hörbingera (autora *Glazial-Kosmogonie*, 1913), prawie wszystkie ciała niebieskie Układu Słonecznego, z Księżycem włącznie, są gigantycznymi bryłami lodu. Hörbinger, specjalista od urządzeń chłodniczych, doszedł do tego wniosku na podstawie blasku bijącego od Księżyca i planet, a także nordyckiego mitu, głoszącego, że świat powstał w wyniku kosmicznego zderzenia ognia i lodu, z którego zwycięsko wyszedł właśnie lód. Hörbinger zmarł w 1931 roku, ale jego teoria zyskała wielu zwolenników wśród nazistowskich naukowców, a Hitler był święcie przekonany, że wyjątkowo mroźne zimy w latach czterdziestych dowodzą słuszności teorii Welteislehre. Nicholas Goodrick-Clarke w swojej książce *Okultystyczne źródła nazizmu* (Bellona, Warszawa 2001) zgłębia wpływ takich nawiedzonych okultystów jak Karl Maria Wiligut, „prywatny mag Heinricha Himmlera", i jego doktryny na ideologię, logos, ceremoniał i kreowanie wizerunku członków SS jako templariuszy dnia ostatniego i reproduktorów przyszłej aryjskiej utopii. W tym celu Himmler założył Ahnenerbe, instytut badań nad niemiecką prehistorią, archeologią i rasą, a jego kadrę ubrał w mundury SS i pseudoreligijne obrzędy, ze znacznie bardziej ambitnym zamiarem przebudowania go w przyszłości i stworzenia „watykanu SS na ogromną skalę w samym centrum tysiącletniej wielkiej Rzeszy".

⁶ Konrad Lorenz, cyt. za Ute Deichmann, *Biologists Under Hitler*, Harvard University Press, Cambridge, Mass. 1996, s. 187.

⁷ Konrad Lorenz, *Durch Domestikation verursachte Störungen artewigen Verhaltens*, „Zeitschrift für angewandte Psychologie und Charakterlerunds", t. 59 (1940), s. 69.

⁸ Hermann Göring należał do najbliższego kręgu Hitlera, szybko awansował na „ministra powietrza" oraz „Mistrza Niemieckich Łowów" i „Mistrza Niemieckich Lasów". Więcej niż tylko zapalony myśliwy – raz kazał sobie samolotem przetransportować do Francji

jelenia ze swojej posiadłości, żeby móc go wytropić i zastrzelić – Göring utożsamiał polowanie z życiem w zamku swego dzieciństwa i marzył o przywróceniu Niemcom ich utraconej świetności („Raz jeszcze nadejdzie nasz czas!" – głosił). Korzystał z każdego pretekstu, by urządzić polowanie, przy tej okazji wydawał wytworne przyjęcia. Hitler nie polował, chociaż często przebierał się w strój myśliwski, szczególnie w swojej willi w Alpach, jakby w każdej chwili miał wypuścić sokoła czy wskoczyć na siodło i pognać za pięknym rogaczem.

Nieodparty urok miało dla Hermanna Göringa polowanie na dzika, na którego wyprawiał się z ulubioną, zrobioną na zamówienie ponadmetrową dzidą z liściastym grotem z błękitnej stali, rękojeścią z ciemnego mahoniu i stalowym drzewcem z dwiema wydrążonymi komorami do grzechotania, żeby wypłoszyć zwierzynę z kryjówki.

Göring odbył mnóstwo myśliwskich wycieczek z przyjaciółmi, zagranicznymi dygnitarzami i członkami niemieckiego dowództwa najwyższego szczebla, poczynając od 1935 roku do końca 1943, a z dokumentów wynika, że nawet w styczniu i lutym 1943 roku, kiedy Niemcy przegrywały na froncie rosyjskim, Göring przebywał w swoim zamku, polując na dziki z Rominten i pruskie jelenie królewskie. (W tym samym czasie wprowadził lekcje tańca towarzyskiego dla oficerów Luftwaffe).

Rozdział 9

[1] Księgi Rodowodowe Żubra są prowadzone po dziś dzień i publikowane w Polsce. Nie prowadzi się natomiast kontroli rozmnażania dzikich żubrów, które leśnicy jedynie obserwują i przeliczają. Obszerne omówienie tego tematu zob. w: Piotr Daszkiewicz i Jean Aikhenbaum, *Aurochs, le retour... d'une supercherie nazie*. Paryż, HSTES, 1999, oraz Frank Fox, *Zagrożone gatunki: Żydzi i żubry*, „Zwoje", 29 stycznia 2002.

[2] Heck, *Tiere*, s. 89.

Rozdział 10

1 Ta plaga jednorodnych gatunkowo grup dotyczy także naszych krów mlecznych, podobnych obecnie do siebie jak klonowane.

2 *The Matrilineal Ancestry of Ashkenazi Jewry: Portrait of a Recent Founder Event*: Doron M. Behar, Ene Letspalu, Toomas Kivisild, Alessandro Achilli, Yarin Hadid, Shay Tzur, Luisa Pereira, Antonio Amorim, Lluis Quintana-Murci, Kari Majamaa, Corinna Herrnstadt, Neil Howell, Oleg Balanovsky, Ildus Bonne-Tamir, Antonio Torroni, Richard Villems i Karl Skorecki, „American Journal of Human Genetics", marzec 2006.

3 To nie znaczy, że na ziemi nie było nikogo innego, a przeżyli wyłącznie potomkowie tej jednej osoby.

4 Pierre Lecomte du Noüy, *La dignité humaine*, 1944.

5 Norman Davies, *Powstanie '44*, przeł. Elżbieta Tabakowska, Znak, Kraków 2004.

Rozdział 11

1 Zob. Stanisław Piotrowski, *Dziennik Hansa Franka*.

2 Polska straciła w czasie wojny najwyższy odsetek ludności spośród krajów europejskich: 22 procent z 36 milionów. Po wojnie Instytut Yad Vashem w Jerozolimie i Trybunał Stanu Izraela podawały w swoich opracowaniach, że oprócz 6 milionów Żydów w wojnie straciły życie 3 miliony polskich katolików, „co gorsza, Polska straciła swoje wykształcone elity, młodzież i ten element społeczny, który mógł potencjalnie stawić opór jednemu z dwóch totalitarnych reżimów... Niemiecki plan zakładał uczynienie z Polaków niewykształconych niewolników pracujących dla niemieckich panów".

Rozdział 12

1 Ukazało się tyle znakomitych książek o życiu codziennym getta, deportacjach i potwornościach obozów śmierci, że nie rozwijałam dalej tego tematu. Bardzo plastycznie zrelacjonował powstanie w getcie

Leon Najberg, który z grupą uzbrojonych niedobitków walczył w ruinach aż do końca września 1943 roku. Jego wspomnienia zostały wydane pod tytułem: *Ostatni powstańcy getta*, Warszawa 1993.

[2] Marek Stok, cyt. za: *Pamiętniki z getta warszawskiego: fragmenty i regesty*, oprac. Michał Grynberg, PWN, Warszawa 1988, s. 26.

[3] Michel Mazor, *The Vanished City: Everyday Life in the Warsaw Ghetto*, New York 1993, s. 19.

[4] Natan Żelichower, cyt. za *Pamiętniki z getta warszawskiego*, oprac. Michał Grynberg, s. 44.

Rozdział 14

[1] Orna Jagur (Irena Grodzińska), *Bunkier „Krysia"*, Oficyna Bibliofilów, Łódź 1997, s. 14.

[2] Cyt. za Davies, *Powstanie '44*, s. 251.

Rozdział 15

[1] Antonina Żabińska, w: W. Bartoszewski, Z. Lewinówna, *Ten jest z ojczyzny mojej*, Świat Książki, Warszawa, 2007; zob. też Jan E. Rostal, *In the Cage of the Pheasants*, „Nowiny i Kurier", 1 października 1965.

[2] Milton Gross, *Encyclopedia of the Great Composers and Their Music*, Doubleday, 1962, s. 560–561.

[3] Ziegler był szefem Departamentu Pracy Żydów w Arbeitsamcie. Niemieckie rozporządzenie przewidywało, że „przesiedleniu" nie podlegają pracownicy warsztatów „uznanych za ważne", czyli pracującym na potrzeby wojska – o tym, które z nich zostaną zakwalifikowane do tej grupy, współdecydował Ziegler. Barbara Engelking, Jacek Leociak, *Getto w Warszawie. Przewodnik po nieistniejącym mieście*, IFiS PAN, Warszawa, 2001 (przyp. red.).

[4] 26 października 1939 roku ogłoszono przymus pracy dla wszystkich mężczyzn Żydów od 14 (później – od 12) do 60 roku życia. Początkowo werbowaniem robotników i kierowaniem ich do poszczególnych

miejsc zwanych placówkami zajmował się Batalion Pracy. W kwietniu 1940 nadzór nad nim przejął Wydział Pracy (Arbeitsamt) w Urzędzie Szefa Dystryktu, zob. Engelking, Leociak, *Getto w Warszawie* (przyp. red.).

5 Antonina Żabińska, w: *Ten jest z ojczyzny mojej*, s. 350.

6 Philip Boehm (wstęp) w: *Words to Outlive Us: Eyewitness Accounts from Warsaw Ghetto*, oprac. Michał Grynberg, Metropolitan Books, New York 2002, s. 3.

7 Edward Reicher, *W ostrym świetle dnia: dziennik żydowskiego lekarza 1939–1945*; Jack Klajman, Ed Klajman, *Out of the Ghetto*, Vallentine Mitchell, London 2000, s. 21–22.

Rozdział 16

1 Lonia Tenenbaum, cyt. za Antonina Żabińska, w: *Ten jest z ojczyzny mojej*, s. 353.

2 Zob. Jan E. Rostal, *In the Cage of the Pheasants*.

Rozdział 17

1 Karl Friederichs, cyt. za Deichmann, *Biologists Under Hitler*, s. 160.

2 Friedrich Prinzing, *Epidemics resulting from wars*, Oxford: Clarendon Press, 1916.

3 Himmler do oficerów SS, 24 kwietnia 1943 w Charkowie, w: *Nazi Conspiracy and Aggression*, U.S. Government Printing Office, Washington, D.C. 1946, t. 4, s. 572–78.

4 Raport Ludwiga Fischera, cyt. za: Gutman, *Walka bez cienia nadziei*.

5 „Zapragnął nie mieć twarzy", cyt. za: Hanna Krall, *Zdążyć przed Panem Bogiem*, wyd. 3, Wydawnictwo Literackie, Kraków 1989, s. 23.

6 Stefan Ernest, cyt. za: *Pamiętniki z getta warszawskiego*, oprac. Michał Grynberg, PWN, Warszawa 1993, s. 43.

7 Alexander Susskind, cyt. za Daniel C. Matt, *The Essential Kabbalah: The Heart of Jewish Mysticism*, HarperCollins, San Francisco 1995, s. 71.

[8] Cytaty z pism Abrahama Joszuy Heschela pochodzą z następujących wydań: *Pańska jest ziemia: wewnętrzny świat Żyda w Europie Wschodniej*, przeł. Henryk Halkowski, Tikkun, Warszawa 1996; *Prosiłem o cud: antologia mądrości duchowej*, przeł. Aleksander Gomola, W drodze, Poznań 2001.

[9] Nehemia Polen, *The Holy Fire: The Teachings of Rabbi Kalonymus Kalman Shapira, the Rebbe of the Warsaw Ghetto*, Rowman&Little-field, Lanham, Md. 1994, s. 163.

[10] Marek Edelman, cyt. w: Hanna Krall, *Zdążyć przed Panem Bogiem*, Kraków 1977. Po wojnie Edelman został kardiologiem, gdyż, jak mówi, „kiedy dobrze zna się śmierć, ma się większą odpowiedzialność za życie".

Rozdział 18

[1] Cytat z wywiadu, którego Jan Żabiński udzielił Dance Harnish w Izraelu.

[2] Irena Sendler, w: *Ten jest z ojczyzny mojej*, s. 97.

[3] Gunnar S. Paulsson, *Utajone miasto: Żydzi po aryjskiej stronie Warszawy (1940–1945)*, przeł. Elżbieta Olender-Dmowska, Znak, Kraków 2007, s. 22.

[4] Alicja Kaczyńska, *Obok piekła: wspomnienia z okupacji niemieckiej w Warszawie*, Marpress, Gdańsk 1993, s. 48.

[5] Cyt. za Paulsson, *Utajone miasto*, s. 164.

Rozdział 20

[1] *Archiwum Ringelbluma* – t.1: *Listy o Zagładzie*, oprac. Ruta Sakowska, PWN–ŻIH, Warszawa 1997, s. 153.

[2] Janusz Korczak, *Pamiętnik*, Wydawnictwo Poznańskie, Poznań 1984.

[3] Tamże, s. 4.

[4] Tamże.

[5] Tamże, s. 40–41.

Rozdział 21

[1] Irena Tomaszewska i Tecia Werbowski, *Zegota: The Rescue of Jews in Wartime Poland*, Price Patterson, Montreal 1994.

[2] Paulsson, *Utajone miasto*, s. 22.

[3] Jan Żabiński, *The Growth of Blackbeetes and of Cockroaches on Artificial and on Incomplete Diets*, „Journal of Experimental Biology", Cambridge, t. 6, 1929, s. 360–386.

Rozdział 23

[1] Emanuel Ringelblum, *Stosunki polsko-żydowskie w czasie drugiej wojny światowej: uwagi i spostrzeżenia*, Czytelnik, Warszawa 1988, s. 71–72.

[2] Michael Wex, *Born to Kvetch: Yiddish Language and Culture in All of Its Moods*, St.Martin's Press, New York 2005, s. 93.

[3] „Żydzi, którzy bez upoważnienia opuszczają wyznaczoną im dzielnicę podlegają karze śmierci. Tej samej karze podlegają osoby, które takim Żydom [sic] świadomie dają kryjówkę". Cyt. za: Tomasz Szarota, *Okupowanej Warszawy dzień powszedni*, Czytelnik, Warszawa 1988, s. 48 (przyp. red.).

[4] Michael Wex, *Born to Kvetch*, St. Martin's Press, New York 2005, s. 117, 132, 137.

[5] Judyta Ringelblum, cyt. za Paulsson, *Utajone miasto*, s. 180.

Rozdział 24

[1] Cyt. za Otto Strasser, *Mein Kampf*, Heinrich Heine Verl., Frankfurt a. Main 1969, s. 35.

[2] Cywia Lubetkin, *Zagłada i powstanie*, z hebr. przeł. Maria Krych, KiW, Warszawa 1999, s. 115.

[3] Stefan Korboński, *Fighting Warsaw: The Story of the Polish Underground State, 1939–1945*, Hippocrene Books, New York 2004, s. 261.

Rozdział 25

[1] Lekarzem, do którego wielokrotnie zwracał się o pomoc Feliks Cywiński, był dr Jan Mockałło, wówczas inspektor Wydziału Szpitalnictwa w Warszawie, zaangażowany w działalność konspiracyjną, był m.in. współzałożycielem tajnych studiów medycznych. Zob. *Ten jest z ojczyzny mojej*, s. 301–303. (przyp. red.)

[2] Ringelblum, *Stosunki polsko-żydowskie...*, s. 83.

[3] Feliks Cywiński, w: *Ten jest z ojczyzny mojej*, s. 302.

[4] Władysław Smólski, w: *Ten jest z ojczyzny mojej*, s. 341.

[5] Schultheiss, Dirk, i in., *Uncircumcision: A Historical Review of Preputial Restoration* [Odobrzezanie: przywracanie napletka w perspektywie historycznej], „Plastic and Reconstructive Surgery", t. 101, nr 7 (czerwiec 1998), s. 1990–1998.

[6] Mada Walterowa, cyt. za: *Ten jest z ojczyzny mojej*, s. 340.

Rozdział 27

[1] Nickolas Goodrick-Clark, *The Occult Roots of Nazism. Secret Aryan Cults and Their Influence on Nazi ideology*, New York University Press, New York 2004, s. 161.

Rozdział 28

[1] Ringelblum, *Stosunki polsko-żydowskie...*, s. 81.

[2] Sophie Hodorowicz Knab, *Polish Customs, Traditions, and Folklore*, Hippocrene Books, New York 1996, s. 259.

[3] Rachela Auerbach, w: *Ten jest z ojczyzny mojej*, s. 213.

[4] Frajnd, cyt. za Paulsson, *Utajone miasto*, s. 152.

[5] Paulsson, *Utajone miasto*, s. 152.

[6] Janina Buchholtz-Bukolska, w: *Ten jest z ojczyzny mojej*, s. 220.

[7] Cyt. za Rachelą Auerbach, w: *Ten jest z ojczyzny mojej*, s. 214.

[8] Basia Temkin-Bermanowa, w: *Ten jest z ojczyzny mojej*, s. 217–218.

[9] Cyt. za Rachelą Auerbach, w: *Ten jest z ojczyzny mojej*, s. 215.

[10] Eva Hoffman, *Zagubione w przekładzie*, Aneks, Londyn 1995, s. 103.

[11] Cyt. za: *Ten jest z ojczyzny mojej*, s. 359.

Rozdział 29

[1] Arthur Schopenhauer, *Aforyzmy o mądrości życia*, przeł. Jan Garewicz, Czytelnik, Warszawa 1974, s. 236.

Rozdział 30

[1] Ludwig Leiss był komisarzem Rzeszy (komisarycznym prezydentem, starostą miejskim) w Warszawie od marca 1940 roku do sierpnia 1944. To jemu podlegał polski Zarząd Miejski pod kierownictwem Juliana Kulskiego. Burmistrz Kulski współpracował z polskimi władzami konspiracyjnymi (przyp. red.).

[2] Ofiar fali pożarów wywołanych nalotami nie dało się policzyć, ale obecnie szacuje się ją na 35 000 ludzi. Pastwą płomieni padły również cenne rękopisy osiemnastowiecznego kompozytora włoskiego Tomaso Albinioniego, którego *Adagio G-moll* uważa się za kwintesencję żałobnego nastroju w muzyce.

[3] Wielu Polaków wierzyło w znaki i gusła. Warszawiacy chętnie stawiali sobie kiedyś karcianą kabałę, dziewczęta wróżyły w kwestii przyszłego zamążpójścia, lejąc wosk na zimną wodę w andrzejki; uzyskany kształt miał stanowić zapowiedź przyszłego losu – młotek lub hełm zapowiadały chłopcu rychłą służbę wojskową, a dziewczynie – że wyjdzie za kowala lub żołnierza. Jeśli woskowa figura przypominała komodę lub inny mebel, wróżyło to ślub z cieślą, jeśli snopek lub furmankę – z rolnikiem. Skrzypce lub trąbka miały oznaczać karierę muzyczną.

W polskim folklorze śmierć przybiera postać starej kobiety w białym prześcieradle i z kosą, a jej obecność wyczuwają ponoć psy. Dlatego można dojrzeć śmierć, następując psu na ogon i patrząc między jego uszami.

Rozdział 31

[1] Stefan Korboński, *W imieniu Rzeczypospolitej*, Bellona, Warszawa 1991, s. 299.

[2] Feliks Cywiński, kapitan „Ryś", był kwatermistrzem batalionu harcerskiego „Wigry" (przyp. red.).

[3] Samuel Kenigswein dowodził oddziałem składającym się z Żydów z tzw. Gęsiówki (Feliks Cywiński, *Ten jest z ojczyzny mojej*, s. 303). Gęsiówką nazywano obóz koncentracyjny dla Żydów, mieszczący się na terenie dawnego więzienia wojskowego u zbiegu ulic Gęsiej i Zamenhoffa. Więźniów – wg danych dowództwa AK 348 osób – uwolnili 5 sierpnia żołnierze batalionu AK „Zośka" (tamże, s. 290–291) (przyp. red.).

[4] Sformowaną na początku sierpnia grupę bojową gen. Heinza Reinefartha, której zadaniem było stłumienie powstania, oprócz oddziałów Wehrmachtu, tworzyły m.in. brygada szturmowa SS Oskara Dirlewangera, w której składzie były: batalion złożony z kryminalistów niemieckich, tzw. batalion rosyjski (służyli w nim byli mieszkańcy ZSRR),Wschodniomuzułmański pułk SS oraz oddziały SS-RONA (Rosyjskiej Armii Narodowo-Wyzwoleńczej). Oddziały te wykazywały się niezwykłym okrucieństwem. Własowiec to synonim obywatela ZSRR walczącego po stronie Niemców. (Faktycznie własowcy, czyli żołnierze RONA, nie brali udziału w tłumieniu powstania) (przyp. red.).

[5] Masowe egzekucje ludności cywilnej trwały od 5 do 7 sierpnia. Szacuje się, że w tych dniach na Woli i północno-zachodniej części Śródmieścia zginęło 65 tysięcy osób (przyp. red.).

[6] Jacek Fedorowicz, cyt. za: Davies, *Powstanie '44*, s. 509–510.

Rozdział 32

[1] Korboński, *W imieniu Rzeczypospolitej*, s. 344.

Rozdział 34

[1] Reprodukcje fotografii u Daviesa, *Powstanie '44*.

Rozdział 35

[1] Joseph Tenenbaum, *In Search of a Lost People: The Old and New Poland*, Beechburst Press, New York 1948, s. 297–298.

[2] W 2003 roku fundacja Barbary Piaseckiej wystawiła rzeźbę Magdaleny Gross *Kogut* na aukcji dobroczynnej na rzecz rozwoju badań nad autyzmem w Polsce.

[3] Davies, s. 663.

[4] Rostal, *W klatce bażanta*, „Nowiny i Kurier", 1 października 1965.

Rozdział 36

[1] Heck, *Tiere*, s. 61.

[2] Herman Reichenbach, „International Zoo News", t. 50/6, nr 327 (wrzesień 2003).

[3] Bruno Schulz, *Sklepy cynamonowe. Sanatorium pod klepsydrą*, Wydawnictwo Literackie, Kraków 1992, s. 9.

BIBLIOGRAFIA

Aly Götz, Peter Chroust, Christian Pross, *Cleansing the Fatherland: Nazi Medicine and racial Hygiene*, Johns Hopkins University Press, Baltimore, Md. 1994.

Bartoszewski Władysław, Lewinówna Zofia, *Ten jest z ojczyzny mojej: Polacy z pomocą Żydom 1939–1945*, Świat Książki, Warszawa 2007.

Beebe C. William, *The Bird: Its Form and Function*, Henry Holt, New York 1906.

Block Gay, Malka Drucker, *Rescuers: Portraits of Moral Courage in the Holocaust*, TV Books, New York 1998.

Calasso Roberto, *Zaślubiny Kadmosa z Harmonią*, przeł. Stanisław Kasprzysiak, Znak, Kraków 1995.

Cooper David A., *God is a Verb: kabbalah and the Practice of Mystical Judaism*, Riverhead Books, New York 1998.

Cornwell John, *Hitler's Scientists: Science, War, and the Devil's Pact*, Penguin Books, New York 2004.

Davies Norman, *Boże igrzysko: historia Polski*, t. 1. *Od początków do roku 1795*, przeł. Elżbieta Tabakowska, Znak, Kraków 1998.

Davies Norman, *Serce Europy: krótka historia Polski*, Aneks, Londyn 1995.

Davies Norman, *Powstanie '44*, przeł. Elżbieta Tabakowska, Znak, Kraków 2006.

Davis Avram, *The Way of Flame: A Guide to the Forgotten Mystical Tradition of Jewish Meditation*, Harper-Collins, New York 1996.

Deichmann Ute, *Biologists Under Hitler*, przeł. Thomas Dunlop, Harvard University Press, Cambridge, Mass. 1996.

Edelman Marek, *Strażnik: Marek Edelman opowiada*, Znak, Kraków 2006.

Ficowski Jerzy (zebr. i oprac.), Bruno Schulz, *Listy, fragmenty. Wspomnienia o pisarzu*, Wydawnictwo Literackie, Kraków 1984.

Regiony wielkiej herezji: rzecz o Brunonie Schulzu, Słowo, Warszawa 1992.

Fogelman Eva, *Conscience and Courage: Rescuers of Jews During the Holocaust*, Anchor Books, New York 1994.

Fox Frank, *Zagrożone gatunki: Żydzi i żubry*, „Zwoje", 29 stycznia 2002.

Glass James M., *„Life Unworthy of Life": Racial Phobia and Mass Murder in Hitler's Germany*, Basic Books, New York 1997.

Goodrick-Clark Nicholas, *The Occult Roots of Nazism. Secret Aryan Cults and Their Influence on Nazi Ideology*, New York University Press, New York 2004.

Greenfield Amy Butler, *A Perfect Red: Empire, Espionage, and the Quest for the Color of Desire*, HarperCollins, New York 2005.

Grynberg Michał (oprac.), *Pamiętniki z getta warszawskiego: fragmenty i regesty*, PWN, Warszawa 1988. [*Words to Outlive Us: Eyewitness Accounts from Warsaw Ghetto*, Metropolitan Books, New York 2002].

Gutman Israel, *Walka bez cienia nadziei: powstanie w getcie warszawskim*, przeł. z jęz. ang. Marcin Stopa, Rytm, Warszawa 1998.

Hale Christopher, *Krucjata alpinistów*, przeł. Katarzyna Bażyńska-Chojnacka, Piotr Chojnacki, Bellona, Warszawa 2005.

Heck Lutz, *Tiere – mein Abenteuer: Erlebsnisse in Wildnis und Zoo*, Ullrich, Wien 1952.

Heston Leonard, Heston, Renate, *The Medical Casebook of Adolf Hitler: His Illnesses, Doctors and Drugs*, William Kimber, London 1979.

Hoffman Eva, *Zagubione w przekładzie*, Aneks, Londyn 1995.

Iranek-Osmecki Kazimierz, *Kto ratuje jedno życie: Polacy i Żydzi 1939–1945*, Krąg, Warszawa 1981.

Kater Michael, *Doctors Under Hitler*, University of North Carolina Press, Chapell Hill 1989.

Kisling Vernon, Ellis James, *Zoo and Aquarium History: Ancient Animal Collections in Zoological Gardens*, CRC Press, Boca Raton, Fl. 2001.

Kitchen Martin, *Nazi Germany at War*, Longman, New York 1995.

Klajman Jack (red.), *Out of the Ghetto*, Vallentine Mitchell, London 2000.

Knab Sophie Hodorowicz, *Polish Customs, Traditions and Folklore*, Hippocrene Books, New York 1996.

Polish Herbs, Flowers & Folk Medicine, Rev. Ed. Hippocrene Books, New York 1999.

Korboński Stefan, *Polskie Państwo Podziemne: przewodnik po Podziemiu z lat 1939–1945*, Świat Książki, Warszawa 2008.

Korboński Stefan, *W imieniu Rzeczypospolitej*, Bellona, Warszawa 1991.

Korczak Janusz, *Pamiętnik*, Wydawnictwo Poznańskie, Poznań 1984.

Krall Hanna, *Zdążyć przed Panem Bogiem*, Wydawnictwo Literackie, Kraków 1977.

Kühl Stefan, *The Nazi Connection: Eugenics, American Racism, and German National Socialism*, Oxford University Press, New York 1994.

Lemnis Maria, Vitry Henryk, *Old Polish Traditions: In the Kitchen and at the Table*, Hippocrene Books, New York 2005. [*W staropolskiej kuchni i przy polskim stole*].

Lifton Robert J., *The Nazi Doctors; Medical Killing and the Psychology of Genocide*, Basic Books, New York 1986.

Lorenz Konrad, *Durch Domestikation verusachte Störungen artewigenen Verhaltens*, „Zooschrift fur angewande Psychologie und Charakterkunde", t. 59 (1940), s. 2–81.

Macrakis Kristie, *Surviving the Svastika: Scientific Research in Nazi Germany*, Oxford University Press, New York 1993.

Matalon Lagnado, Lucette Dekel, Cohn Sheila, *Children of the Flames: Dr. Josef Mengele and the Untold Story of the Twins of Auschwitz*, William Morrow, New York 1991.

Mazor Michel, *La cité engloutie (souvenirs du ghetto de Varsovie)*, Éditions Centre [documentation juive contemporaine], Paris 1955.

Miłosz Czesław, *Postwar Polish Poetry*, wyd. 3, Univesity Of California Press, Berkeley 1983.

Oliner Samuel P., Oliner Pearl, *The Altruistic Personality: Rescuers of Jews in Nazi Europe*, Free Press, New York 1988.

Paulsson Gunnar S., *Utajone miasto: Żydzi po aryjskiej stronie Warszawy*, przeł. Elżbieta Olender-Dmowska, Znak, Kraków 2007.

Piotrowski Stanisław, *Dziennik Hansa Franka*, Wydawnictwo Prawnicze, Warszawa 1957.

Polen Nehemia, *The Holy Fire: the teachings of Rabbi Kalonymus kalman Shapira, the Rebbe of the Warsaw Ghetto*, Rowman & Littlefield, Lanham, Md. 1994.

Proctor Robert, *Racial Hygiene: Medicine Under the Nazis*, Harvard University Press, Cambridge, Mass. 1988.

Read Anthony, *The Devil's Disciples: Hitler's Inner Circle*, W.W.Norton, New York 2005.

Robertson Jenny, *Don't Go to Uncle's Wedding: Voices from the Warsaw Ghetto*, Azure, London 2000.

Rostal Jan E., *W klatce bażanta*, „Nowiny i Kurier", 1 października, 1965.

Schulz Bruno, *Sklepy cynamonowe. Sanatorium pod klepsydrą*, Wydawnictwo Literackie, Kraków 1992.

Styczyński Jan (fot.), *Zoo in Camera*, Text by Jan Żabiński, Murrays Sales, London.

Szymborska Wisława, *Miracle Fair: Selected Poems of Wislawa Szymborska*, transl. by Joanna Trzeciak, forew. by Czesław Miłosz, W.W. Norton, New York 2001.

Śliwowska Wiktoria (oprac.), *Dzieci Holocaustu mówią...*, Stowarzyszenie Dzieci Holokaustu, Warszawa 1993.

Tec Nechama, *When Light Pierced the Darkness: Christian Rescue of Jews in Nazi-Occupied Poland*, Oxford University Press, New York 1986.

Tenenbaum Joseph, *In Search of a Lost People: The Old and New Poland*, Beechburst Press, New York 1948.

Tomaszewski Irene, Werbowski Tecia, *Zegota: The Rescue of Jews in Wartime Poland*, Price-Patterson, Montreal 1994.

Ulrich Andreas, *Hitler's Drugged Soldiers*, „Spiegel" online, 6 maja 2005.

Wex Michael, *Born to Kvech: Yiddish Language and Culture in All of Its Moods*, St. Martin's Press, New York 2005.

Wiedensaul Scott, *The Ghost With Trembling Wings: Science, Wishful Thinking, and the Search for Lost Species*, North Point Press, New York 2002.

Wiesel Elie, *After the Darkness: Reflections on the Holocaust*, Schocken Books, New York 2002.

Zaloga Steven J., *Poland 1939: The Birth of Blitzkrieg*, Osprey Publ., Oxford 2002.

Zamoyski Adam, *The Polish Way: A Thousand Year History of the Poles and Their Culture*, Hippocrene Books, New York 2004. [*Własną drogą: osobliwe dzieje Polaków i ich kultury*, przeł. Aleksandra Zgorzelska, Znak, Kraków 2002].

Żabińska Antonina, *Ludzie i zwierzęta*, Czytelnik, Warszawa 1968.

Żabińska Antonina, *Nasz dom w zoo*, Czytelnik, Warszawa 1970.

Żabiński Jan, *Relacja*, „Biuletyn Żydowskiego Instytutu Historycznego" 1968, nr 5 (65–68).